續 오키나와의 자기결정권

오키나와의 아이덴티티

'우치난추'란 누구인가

한국외국어대학교 일본연구소
일본사회의 서벌턴 연구 번역총서 04

續 오키나와의 자기결정권

오키나와의 아이덴티티

'우치난추'란 누구인가

아라카키 쓰요시(新垣 毅) 저
박용구 · 김경옥 · 김경희 · 오성숙 · 이권희 · 김동규 옮김

Publishing Company

서문

회장은 정말 더웠다. 이는 강한 햇볕과 기온 때문만이 아니었다. 사람들의 열기가 대단했다. 2015년 5월 17일, 오키나와 셀룰러 스타디움 나하Okinawa Cellular Stadium Naha에서 열린 헤노코辺野古 신기지 건설 중단을 요구하는 현민 집회. 오나가 다케시翁長雄志 오키나와현 지사가 오키나와 말로 행한 호소에 큰 환호가 터져 나왔다.

"우치난추, 우세테,나이비란도(오키나와인을 무시하면 안 된다)"

오나가 지사는 나하那覇 시장 시절부터 시마쿠투바(오키나와 토박이 말)를 장려했다. 하지만 이 말은 단순한 오키나와 토박이 말 장려의 일환이 아니다. '오키나와인'이 주어이며, 오키나와인들이 무시당해 온 역사에 대한 이의 제기이다. 오나가 지사는 그동안 오키나와가 걸어온 가혹한 역사와 오키나와인에 대한 생각에 여념이 없었고 여간해서 본토에 전해지지 않는 '답답함'을 '영혼의 기아감'이라고 불러왔다.

돌이켜보면 이나미네 게이치稲嶺恵一씨도 지사 시절 오랫동안 쌓인 오키나와 사람들의 울분을 '마그마'라고 표현했다. '기아감'이나 '마그마'를 일본어로 표현하면 많은 오키나와인 당사자에게는 금방 진부한 울림이 되어버리겠지만, 가슴 속의 감정은 터질듯할 감각에 빠질 것이다. 시마쿠투바라면 조금은 자신의 감각에 가까

현민대회 인사에서 우치나 말을 섞어 강력하게 인사하는 오나가 다케시 지사
(2015년 5월 17일, 오키나와 셀룰러 스타디움 나하)

워질지 모르지만 그래도 감정을 포함하는 단어를 찾을 수 없다. 그런 감각을 품고 사는 오키나와인이 많지 않을까? 언어와 의미 세계의 한계일지도 모르겠다.

'오키나와의 마음이란?'이라는 기자의 질문에 대해, 역대 지사 중에서는 니시메 준지西銘順治 씨의 대답이 유명하다. '야마톤추(야마토인)가 되고 싶지만 될 수 없는 우치난추의 마음'. 오타 마사히데大田昌秀씨는 '평화를 사랑하는 공생의 마음', 이나미네 씨는 '이질적인 것을 녹여내는 관용'이라고 답했다. 각자의 우치나관이 들어있어 좋은데, 지사 개개의 이미지는 역사적으로 구축된 대표적인 오키나와인 이미지라 할 수 있다.

오키나와의 아이덴티티를 표현해 온 아쿠타가와芥川상 수상 작가 오시로 다쓰히로大城立裕씨는 '동화同化와 이화異化' 사이에서 흔들리는 오키나와인의 모습을 계속해서 주목해 왔다. 그는 오키나와인의 일본인으로의 동화 지향을 네 번의 기회를 통해 포착했다.

첫 번째는 1609년 사쓰마薩摩침공, 두 번째는 1879년의 류큐琉球 병합('류큐 처분'), 세 번째는 1945년의 오키나와 전투 이후 미국 통치하의 시기다. 오시로씨는 이 모두를 '오키나와인이 동화하고 싶어도 일본 측의 차별로 인해 동화는 실패했다'고 총괄한다.

그리고 네 번째는 1972년 일본 복귀다. 당시 그는 이번에야말로 진정으로 민족 통일이 완성될 것인지 '매우 흥미롭게 지켜보고 있다'고 썼다. 미국 통치하의 오키나와에서는 일정한 주체성이 자각되었고 야마토를 비판하게 되었다. 야마토 쪽도 오키나와의 역사에 대한 반성이 생겼다. 언론과 교통은 발전하였고 오키나와에서는 야마토 말밖에 할 줄 모르는 세대도 등장했다. 그는 이러한 '새로운 조건'이 복귀 후 '진정한 "마음의 민족 통일"로 가는 길을 앞당길 것'이라고 '기대'한 것이다.

그러나 오시로 씨는 최근 복귀에 의한 동화는 '실패했다'고 단언한다. 일본에 의한 '오키나와 차별'과 '일본 제국주의'가 실패의 원인이라고 주장한다.

미군 후텐마普天間 비행장의 헤노코 이전을 강행하는 일본 정부의 자세는 오키나와를 '군사 식민지'로 취급하는 차별의 상징으로 비춰지고 있다.

그렇다면 '동화에 실패한 오키나와인'이란 어떤 존재일까? 그것이 이 책의 주제이다. 중국, 일본, 미국이라는 세 개의 대국 · 문명의 사이에서 중국 세상→야마토 세상→아메리카 세상→야마토 세상으로 흔들려 온 오키나와. 그 발자취가 아이덴티티에 대한 이해를 복잡하게 하고 있다. 오키나와의 아이덴티티는 일본이라는 근대 국민 국가 형성 과정에서 그 귀속이 국가의 경계 안팎을 오가는 경험을 했기 때문에 근대성이나 근대 국민 국가의 양의성이 새겨져 있다. 큰 시간 축에서 보았을 때 먼저 그 큰 틀을 이해할 필요가 있다.

오키나와 사람들은 역사의 중요한 순간마다 근대 국민 국가의 '악마'와 '천사' 같은 두 얼굴과 대면하며 파국이나 좌절을 반복하면서 '자립'을 추구하게 되었다. 최근 강하게 외쳐지는 '자기결정권'은 그 하나의 도달점이라고 할 수 있을 것이다.

그러한 큰 역사적 시점에서 보면 오키나와의 아이덴티티는 일본이라는 근대 국민 국가의 '국민' 형성과 분리하여 생각할 수 없다. 때문에 오키나와의 아이덴티티를 고찰하는 것은 오키나와인에게 자신을 묻는 것에 그치지 않고 거울처럼 일본이라는 근대 국민 국가의 역사와 현재의 모습을 묻는 것이기도 하다. 오키나와의 역사를 따라서 오키나와인의 아이덴티티를 깊숙이 파악하려는 생각은 깊어질수록 동시에 일본이라는 국가의 '민낯'을 부각시킨다. 이 책의 문제제기가 조금이라도 일본이라는 국가의 본질이나 향방을 생각하는 데 경종이나 전망의 일조가 되기를 바란다.

또한, 이렇게 장기적이고 대국적인 시점에서 오키나와인의 아이덴티티를 파악했을 때 과연 오키나와인의 고뇌의 역사와 투쟁이 어떤 지평을 열었고, 어떤 아이덴티티를 만들어 냈는지 그 일단을 알 수 있는 계기가 되기를 바란다.

아시아 · 태평양 전쟁 이후 오키나와는 미군의 출격지가 되었고, 생명이나 인권이 위협받는 상황에서 미군 기지의 집중이 만들어 내는 다양한 사건 · 사고와 부조리에 대한 이의 제기가 반복되어 왔다. 반복된 외침이 아이덴티티로 결정화되었을 때 거기서 어떤 의미나 의의를 찾아낼 수 있을까? 그 안에는 보편적 가치나 보편적 이념을 추구하는 오키나와 사람들의 모습이 있다.

오키나와인에게는 '정의'를 설파하고, 보편적 가치의 실현을 포기하지 않는 것은 투쟁 속에서 길러온 '긍지'이기도 하다.

---

*주: '아이덴티티identity'에 대하여

아이덴티티는 넓은 의미로 '동일성', '개성', '국가 · 민족 · 조직 등 특정 집단에 대한 귀속 의식' 등의 의미로 사용되지만 이 책에서는 주로'특정 민족 등 사회 집단에 속해 있다는 자기 인식'이라는 의미로 사용하고 있다.

민족 집단을 대상으로 할 때 그 집단의 선천적 또는 후천적인 신체적 특징, 언어, 습관, 종교, 지역, 공통의 역사적 경험 등을 기준으로 민족을 정의하는 연구가 많다. 그러나 이 방법으로는 구체적인 민족 집단이 가진 복잡한 아이덴티티나 그 동태적인 모습을 포착하기 어렵다. 또한 이 책은 '민족'이나 '인종'을 다루는 학문이나 연구의 담론이 '객관성'이라는 이름 아래 특정 사람들의 신체적 특징이나 풍습 등을 관찰, 측정하여 '민족'이나 '인종'으로 분류해 온 행위 자체를 문제시하는 입장을 취하고 있다. 학문이라는 지知의 특권적 위치에서 만들어진 '타자'가 노동이나 학교 등 실천 영역에서 감시와 교정의 대상으로 되어온 역사가 있다.

1903년 오사카大阪에서 열린 내국권업박람회内国勧業博覧会에서 '류큐인琉球人'이나 아이누, '썽판生蕃'(대만 원주민) 등이 '학술 인류관' 내에서 민족 의상을 입고 '전시'된 인류관 사건은 전시를 통해 '타자'를 만들어내는 학문적 시선의 한 예이다.

이 책에서는 특정 민족 집단을 정의하는 행위 자체에 배제와 차별의 문제, 그리고 정치성이 내포되어 있다는 시각에 입각하고 있다.

언어나 종교 등 다른 민족 집단과 다른 특징을 전제로 특정 민족을 파악하지 않고 이러한 여러 요소 중 어느 것이 촉매가 되어 '우리 ~인', '그/그녀들 ~인'이라는 특정 민족 집단에 대한 자타 인식이 형성되는지를 중시하고 있다. '우리'와 '그/그녀들'이라는 자타의 선긋기가 어떤 계기에서, 어떤 이유로 발생하는지, 그 안에 어떤 정치성이 포함되어 있는지에 주목하고 있다.

그런 의미에서 '오키나와인'을 역사적이고 동태적인 범주로 파악하고 있다.

오키나와는 류큐 왕국이라는 독립 국가였던 역사가 있으며 주민들은 류큐인으로 불렸다. 메이지明治 정부의 류큐 병합(류큐 처분)의 역사적 사실을 중시하여 '류큐인'이란 말을 사용해야 한다는 견해도 있지만 이 책에서는 거의 '오키나와인'으로 통일했다. 오키나와 사람들이 자신들의 집단을 나타내는 말 '우치난추'와 동의어로 '오키나와인'을 사용하고 있다.

아울러 경칭은 생략했다.

목차

I
'오키나와인'을 어떻게 파악할 것인가?

1. 현재의 '우치난추' 의식

✦ 여론조사에 나타난 현민 의식

2014년, 나카이마 히로카즈仲井真弘多 전 지사를 약 10만 표 차이로 물리치고 압승한 오나가 지사가 선거전에서 내걸어 현민의 마음을 사로잡은 말이 있다. '이데올로기보다 아이덴티티'와 '자랑스러운 풍요로움'이다. 왜 현민의 마음을 사로잡았을까? 류큐신보가 행한 현민 의식 조사 숫자가 그것을 말해준다. 조사는 2001년 12월에 제1회, 이후 2006년, 2011년, 2016년으로 5년에 한 번씩 추적하여 실시하고 있다. 일본 복귀 45년을 지나 오키나와현민의 의식이 본토와 동일화되었는지를 아는 데에도 참고가 된다.

조사 결과의 결론부터 말하자면 오키나와의 아이덴티티 의식은 지금도 건재하다. 직전의 2016년 조사에서는 '오키나와현민임을 자랑스럽게 생각한다'가 86.3%에 달했다. 구체적으로는 '대단히 자랑스럽게 생각한다'가 53.0%, '대체로 자랑스럽게 생각한다'가 33.3%였다. '별로 자랑스럽게 생각하지 않는다'는 3.8%, '전혀 자랑스럽게 생각하지 않는다'는 불과 0.2%이다.

또한, 오키나와의 전통적 관념인 조상 숭배는 '중요하다'고 답한 사람이 90%에 이르렀고, 류큐 무용이나 가라테空手 등 오키나와 문화를 '자랑스럽게 생각한다'는 사람도 90%를 넘었다. 본토화의 물결 속에서 오키나와의 전통 문화는 버려야 할 것이 아니라 오히려 소중히 이어가야 한다는 의식이 엿보인다.

더욱 주목할 것은 본토와의 의식 차이이다. "당신은 다른 도도부현都道府県 사람들과의 사이에 위화감이 있는가?"라는 질문에 대해

'없다'는 53.2%였고, '있다'고 답한 사람이 38.3%였다. '있다'고 답한 사람은 2001년의 첫 조사 때의 28.2%에서 10포인트나 증가했다. 또한, 젊은 세대일수록 '있다'고 답한 비율이 높은 경향이 있다.

일본 복귀 45년, '우치난추' 의식은 본토화의 물결에 의해 약해지기는커녕 오히려 강해지고 있다.

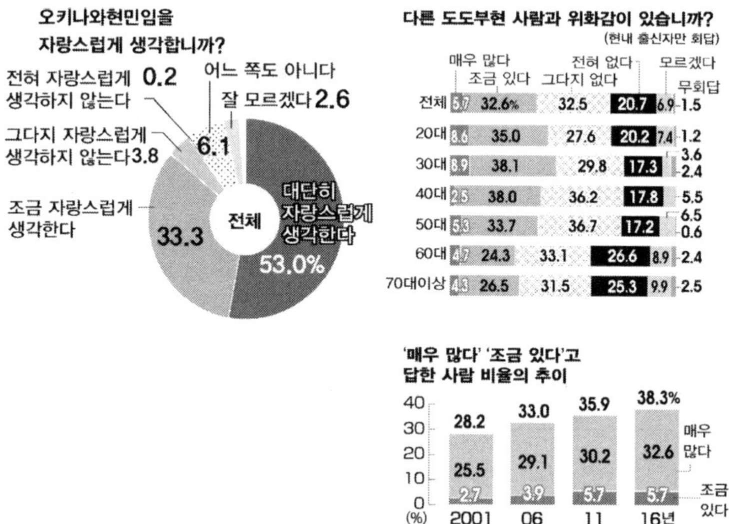

향후 일본에서 오키나와의 입장을 어떻게 생각하는가?

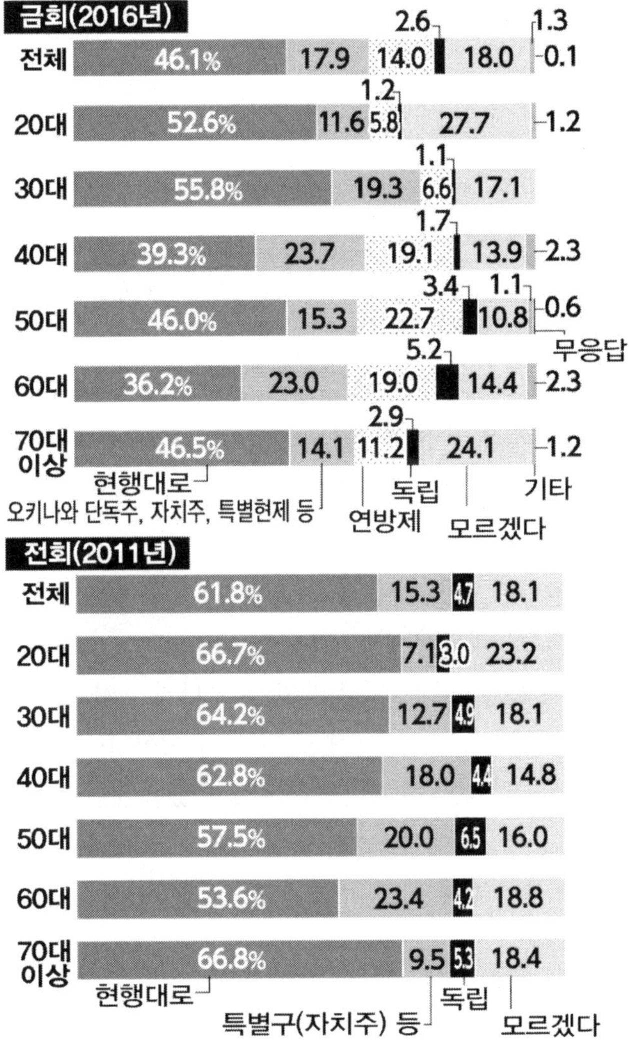

✦ 자치 의식의 고양

게다가 이 책의 주제 중 하나인 자치 의식을 묻는 항목은 특히 주목할 만하다. 이전과는 다른 경향이 두드러지게 나타나고 있다. '현재처럼 일본의 한 현으로 충분하다'라고 답한 사람은 5년 전의 61.8%에서 46.1%로 크게 줄어 절반을 밑돌았다. 한편, 내정 및 외교 면에서 오키나와의 권한을 대폭 강화하는 '연방제'나 '자치주', '독립'을 원하는 사람은 34.5%에 달해, 5년 전의 20%에서 크게 증가했다.

2015년에 류큐신보가 실시한 여론조사에서도, '자기결정권을 확대해 나가야 한다'가 87.8%에 이르렀다.

나고名護시 헤노코 신기지 건설을 둘러싸고 오키나와의 민의를 무시하고 건설을 강행하는 정부 자세가 현민 의식에 반영된 것일 것이다.

일본의 인구 비율로 보자면 오키나와는 불과 1%, 국토 면적은 0.6%다. 그러나 이제 오키나와현민은 현민임을 '자랑스럽게' 여기고, 본토 사람들과의 '위화감'을 증폭시키며, 나아가 '자기 결정'과 '자치'에 대한 요구를 강화하고 있다. 오나가 지사가 선거전에서 현민의 마음을 사로잡은 '이데올로기보다 아이덴티티'와 '자랑스러운 풍요로움'은 이러한 현민 의식에 호소했음이 틀림없다.

오키나와 사람들에게 오키나와의 아이덴티티를 반복해서 묻는 것은 일본 복귀 후 45년이 지난 지금도 여전히 '시의적절한' 주제인 것이다.

2. 왜 복귀 논의가 중요한가?

✦ 일본 복귀란 무엇이었는가?

또 하나 오키나와현민의 '아이덴티티'나 '자치', '자립' 의식을 이해하는 데 중요한 지표가 있다. 1972년의 '일본 복귀'에 대한 평가이다. 2017년 5월 15일, 복귀 45년을 앞두고 류큐신보가 실시한 여론조사에서 복귀가 '매우 좋았다'와 '어느 쪽이냐 하면 좋았다'는 응답은 총 75.5%에 달해 높은 비율을 보였다. 그러나 5년 전의 전회 조사보다 4.5% 낮아졌다.

일본 복귀는 정말로 좋았는가? 정부에 의한 헤노코 신기지 건설 강행을 목격하며 미미하지만 그런 의식이 강해지고 있는 듯하다.

일본 복귀를 어떻게 위치짓고 평가할 것인가는 오키나와의 아이덴티티를 논할 때 피할 수 없는 문제이다. 반복되어 온 오키나와의 아이덴티티에 대한 물음에는 일본 복귀란 무엇이었는가라는 문제가 지속적으로 자리 잡고 있다.

이 물음에 정면으로 답하는 것이 이 책의 주제다. 오키나와의 아이덴티티를 파악하려는 시도는 일본이라는 근대 국민 국가와 류큐/오키나와와의 관계를 묻는 것이기도 하다. 그런 의미에서 1972년의 '일본 복귀'는 큰 시발점이라 할 수 있는 정치적 이벤트였다. 일본과 오키나와의 긴 역사적 관계에 바탕하여 파악하지 않으면 오키나와인에게 이 사건이 어떤 의미를 가지고 있었는지를 이해할 수 없다.

✦ 근대 국민 국가의 형성

이 책이 중시하는 것은 그 긴 역사다. 오키나와의 아이덴티티 형성은 '국민'의 생성 · 유지라는 일본의 근대 국민 국가의 형성과 깊이 관련되어 있다는 시각을 기본으로 삼고 있다. '일본 국민', '일본인', '일본 문화', '오키나와인', '오키나와 문화'. 이 용어들을 역사적 구축물로 보고 있다. 그것들은 별개로 존재하는 것이 아니라 예를 들어 '일본인'과 '오키나와인'이라면 서로를 규정하는 대조적인 관계에서 성립되어 있다. 중시하는 것은 그것들을 성립시키는 역사다. 일본이라는 근대 국민 국가의 형성이나 메커니즘과 어떻게 관련되어 있는가이다.

즉, 일본인 혹은 일본 문화의 역사성을 묻지 않고 전제로 삼은 채, 일본이라는 근대 국민 국가 자체에 포함된 동화적 통합이나 차별적 배제의 메커니즘을 시야에 넣지 않으면 오키나와인이 어떤 아이덴티티를 가진 존재인지, 왜 여전히 '오키나와인'이라고 외쳐야 하는지 이해할 수 없다. 이것이 이 책의 기본적인 문제의식이다.

오키나와인은 어떤 자타 인식을 가지고 지금까지의 역사를 걸어왔는가? 일본이라는 근대 국민 국가의 형성 및 존속에 있어 '우리 우치난추'와 '그들/그녀들 야마톤추'라는 자타 인식이 어떤 메커니즘 아래, 어떤 장소에서 발생하며, 어떤 국면에서 '민족이라는 존재'로 나타나게 되었는가? 이 책의 물음은 거기에 있다. 이를 풀기 위해 근대성과의 관련에서 문화적 차별화가 발생하는 메커니즘을 더 다이내믹한 집단 관계의 문맥/상황context에서 파악하고, 그것이 어떻게 기능하는지(기능하고 있는지)를 확인하는 것을 중시하고 있다.

✦ 민중 운동과 역사 인식

이 시각에서 오키나와의 역사를 풀어가는 데 있어 중요한 포인트가 두 가지 있다.

첫째, 장기적인 시각에서 보면 오키나와는 대국들 사이에서 흔들리며 '도대체 우리는 누구인가?'를 반복적으로 물어온 역사가 있다. 일본과의 관계에서 보면 병합-분리-통합이라는 과정을 거쳤다. 구체적으로 독립국이었던 류큐는 1609년에 사쓰마번에 침공당하고, 1879년에는 메이지 정부에 의해 병합되었다. 그 후, 오키나와 전투를 거쳐 1952년 샌프란시스코 강화조약 발효에 따라 일본에서 분리되어 미국의 통치하에 편입되었다. 그리고 1972년에 일본에 '복귀'하였다. 이 일련의 과정에서 세 가지 민중 운동이 존재했다.

첫 번째는 '류큐 처분'이라 불리는 폭력적 병합에서 오키나와 전투에 이르는 근대사에서 '일본 국민 되기'를 철저히 한 오키나와인들의 자발적인 운동이다. 이는 '멋진 일본인으로 죽겠다'는 말로 상징되듯이 오키나와 전투에서 주민의 전장 동원(참여)이라는 파국적인 결과를 촉진했다. 두 번째는 미국 통치기에 '무국적' 상태에서 벗어나 다시 '일본 국민 되기'를 목표로 한 '조국 복귀' 운동이다. 세 번째는 일본 '복귀' 이후 미군 기지의 정리 축소나 철거를 요구하는 운동이다.

이러한 운동사나 정치 과정에서 현상적으로는 '일본인 되기' 혹은 '일본 국민 되기'라는 지향의 연속성이 유지되었지만, 독립론이나 자립론도 외쳐 왔다. 오키나와 귀속이나 아이덴티티의 역사 속 오키나와인의 자기의식에서 '찢겨 나간 자아'를 찾아볼 수 있다.

오키나와는 국민 국가의 내부인가, 외부인가, '우리'는 '일본'인가, 아닌가. 이 자기의식을 둘러싼 모호성(이율배반성)은 근대성이 내포하는 양면성과 겹치는 양상을 보인다.

둘째 포인트는 일본 본토와의 대립 관계가 심화될 때마다 환기된 역사 인식이다. 여기에는 오키나와가 미일에 의한 '이중 식민지'라는 의식이 내재되어 있다. 전후戰後의 일본 복귀 운동은 침략자로서의 미군에 대항해 '조국 복귀'의 깃발을 내걸고, 저항의 상징으로서 '일본인'이나 '히노마루(일장기)'를 내세웠다. 그러나 일본 '복귀' 이후에는 미군 기지 집중이라는 차별이 오키나와 사람들의 생명과 인권을 위협한다는 인식에서, 사쓰마 침공이나 '류큐 처분', 오키나와 전투나 미국 통치라는 '식민지 경험'의 과거를 불러일으켜 '일본인'으로서의 의식이 흔들려 왔다.

통찰해야 할 것은 '류큐인' 혹은 '오키나와인'과 '오키나와현민'의 역사적 연속성이며 그때마다 '일본인' 혹은 '일본 본토'와의 대립적 관계를 어떻게 인지하는가이다. 이 시각에서 일본과 미국과 어떤 역사적 관계 아래 '오키나와인'의 자기 인식이 어떻게 구성되고, 어떤 내용을 가지는지 파악할 필요가 있다.

그 역사적 관계는 미국의 군사 전략적 가치가 확인되어 온 오키나와에게 냉전 구조나 미군의 세계 전략 등 세계사적 전개와 강하게 결부되어 있다.

✦ 오키나와인의 '고토다마言靈'

오키나와인의 아이덴티티를 생각할 때 오키나와인에게 '일본 국민 되기(이기)'가 어떤 의미를 갖는지, 그리고 그 의미가 어떻게 변해왔는지를 파악하는 것이 이 책의 과제이다. 분석에서는오키나와 전후사에서 중요한 전환점을 1970년 전후로 보고 있다. 전환기까지의 흐름을 보기 위해 먼저 주로 전전의 역사에서 일본이라는 근대 국민 국가의 형성에 '오키나와인'이 어떻게 관련되었는지를 개관한다.

이어서 전후 '조국 복귀' 운동의 변화를 파악하고 그 문맥에서 1970년 전후에 활발해진 '조국 복귀' 논의를 분석한다. 그 속에 오키나와인의 현재 아이덴티티를 파악하는 열쇠가 숨겨져 있기 때문이다.

오키나와 전후사에는 압도적인 미군의 지배 아래 일본과의 분리가 결정된 후, 미군 기지를 둘러싼 주민 피해가 잇따르는 가운데 오키나와의 민중이 미국 군정과의 대립을 심화시키고 대규모 조직을 결성하여 '복귀'를 위해 투쟁한 사회운동의 역사가 있다. 주목할 것은 '무국적' 상태에서 벗어나 시민적 권리 획득을 목표로 하는 이 운동체에서 '조국 복귀' 개념의 중심이 변화하는 모습이다.

그러한 문맥(상황)을 바탕으로 분석 대상의 중심으로 삼은 것은 일본 복귀를 눈앞에 둔 1970년 전후의 '조국 복귀' 논의이다. 그 논의 속에서 오키나와의 역사가 어떻게 파악되었는지 주목하고자 한다. 이때, '일본(인)'이란 무엇인가, '오키나와(인)'이란 무엇인가가 근본적으로 의문시되었을 뿐만 아니라 오키나와의 역사를 다시 파악하고 '오키나와인'의 주체성을 새로이 새우는 지적 작업이 이루어졌다. 이 일련의 작업 속에서 '일본 국민 되기'의 의미가 추궁되었을 뿐만 아니라 '일본인'과 '오키나와인'의 역사적 관계를 넘어서는 새로운 의미 부여가 이루어졌다. 담론 분석discourse analysis을 통해 새롭게 의미 부여된 '오키나와인'을 묘사한 후 그 '오키나와인'이 복귀 후의 자립론에서 어떤 역할을 담당하고 있는지를 추적한다.

복귀론·반복귀론을 다루는 의의는 그 담론 내용에 오키나와인의 '혼'을 담은 말이 보석처럼 흩어져 있기 때문이기도 하다. 놀라움과 함께 이 '혼'은 오키나와인이 계승해야 할 요소를 포함한 '고토다마'가 아닐까 하는 느낌도 든다.

3. 차별과 배제의 메커니즘

✦ 역사학자 사카이 나오키의 문화론

이 책의 키워드는 '일본 국민', '일본인', '오키나와인'이다. 이를 고찰하기 위해 역사학자 사카이 나오키酒井直樹의 문화론을 단서로 삼고자 한다. 사카이의 문화론은 '일본인', '오키나와인' 등의 성립을 생각할 때 사람들의 인식이 어떤 메커니즘으로 이루어져 있는지에 대해 많은 시사점을 제공하는 개념과 논리를 제시하고 있다.

사카이는 '민족이라는 것'에 대한 공동체의 표상이 여러 개인 간에 존재하는 다양한 문화적 관계의 실상을 해소시켜 버리는 점에 주목하고 있다. 피라미드와 같은 서열 관계를 포함한 자타의 인식이 차별을 낳는다면 그 스테레오타입(편견)에 대해 '편견이다, 잘못됐다'고 비판하는 것만으로는 충분하지 않고 그러한 스테레오타입적인 '확신'이 사람들의 생활에서 어떻게 사회적 현실로 군림하게 되는지에 초점을 맞추고 있다.

그의 문화 이론을 다소 거칠게 단순화하면 다음과 같다.

개개인은 생활의 시간 속에서 다양한 실천을 펼치고 있다. 그 실천은 여러 사람이 공유할 수 있는 경험(그 행동계行動系를 문화라고 한다)을 포함한다. 예를 들어 일상에서 접하는 자동차 운전, 수영, TV 게임, 독서 등의 행동 양식의 계는 개개의 생활시간의 흐름과 함께 쪽매처럼 병존하고 있다. 수영할 수 있는 사람끼리는 수영 경험을 공유할 수 있어도 그들이 자동차 운전을 할 수 있는지 없는지에 따라 공유할 수 없는 경우도 있다.

이처럼 A씨와 B씨는 공유할 수 있는 문화와 공유할 수 없는 문화가 존재한다. 자동차 운전은 공유할 수 있어도 수영은 공유할 수 없는 경우가 있다. 이러한 공유할 수 없는 체험, 즉 문화를 '비공약성'이라고 부르자. 개개인의 관계는 이러한 비공약적 관계를 반드시 포함하고 있다. 반대로 말하면 수영이나 자동차 운전 같은 문화는 민족이나 국가를 쉽게 가로질러 퍼지기 때문에 언어나 관습의 차이와 관계없이 외국인 혹은 다른 민족과 수영이나 자동차 운전이라는 문화를 공유할 수 있다.

✦ 문화주의

그러나 문제는 이렇게 쪽매처럼 짜맞춰지는 문화가 두 개의 공동체에 대한 표상, 예를 들어 '일본인'('일본 문화')과 '서구인'('서구 문화')이라는 틀 아래에서 균질화된다는 점이다. 사카이는 "일본에 있는 여러 문화의 혼재한 집합이라는 의미에서의 일본 문화는 받아들일 수 있어도 일본인의 본래성을 담당하는 유기적 통일체로서의 일본 문화는 존재하지 않는다"고 지적한다. 그는 공동체 내에 있는 무수한 문화적 비공약성을 무시하고 문화적 비공약성을 공동체 외부와의 경계에서만 보려는 관점을 비판적인 의미를 담아 '문화주의'라고 부른다. 이 문화주의는 개별 관계가 지니는 비공약성=문화적 차이를 '일본인'과 '서구인'과 같은 미리 전제된 두 공동체 간의 차이로 치환해 버리는 것이 문제라고 한다.

사카이가 말하는 실천계로서의 문화는 일본이나 유럽 등의 지역을 지칭하는 공동체 내부에 공유할 수 없는 것(=차이)을 포함하여 무수히 존재한다. 그 문화적 차이는 각각의 공동체 내부에 다양한 실천과 함께 많이 혼재해 있다. 문화주의는 그 양상을 무시하고 '본래의 일본 문화' 혹은 '본래의 서구 문화'가 마치 존재하는 것처럼 인지하고 공동체의 문화를 표현한다.

반대로 공동체 외부로 눈을 돌리면 그 공동체의 경계를 넘어 퍼지는 일반성이 높은 문화도 있다. 예를 들어 언어의 문법이나 회화의 화법 같은 일정한 규칙이다. 문법의 차이나 화법의 차이는 문법이나 화법이라는 공동체를 초월한 차원에서의 일반성의 차이임에도 불구하고 문화주의는 '일본 문화'와 그 외 공동체의 문화의 차이인 것처럼 공동체 간의 차이로 환원해 버린다.

예를 들어 현재 일본에서 중국에서 온 관광객들에게 인기 있는 일본 전통 의상을 보자. 일본의 기모노着物는 역사를 거슬러 올라가면 중국의 한푸漢服의 영향을 받은 것으로 알려져 있다.

'민족 의상'이라는 전통적인 의상이라도 기모노풍이라는 범주로 보면 일본뿐 아니라 중국 대륙에서도 퍼져 있다. 의상의 형태 등 공통점도 많다. 한편, 공동체 내부로 눈을 돌리면 일본이나 중국의 전통이라 하더라도 각국 내에서 형태나 허리띠 등 다른 특징을 가진 의상이 있다.

그러나 문화주의는 이러한 국내에서의 의상 특징의 차이나 국경을 넘어 퍼지는 의상 문화의 일반성(공통성)에는 주목하지 않고, 예를 들어 '기모노'나 '한푸'처럼 '일본 의상'과 '중국 의상'이라는 공동체 간의 문화 차이로 설명하려고 한다. 중국 관광객 중에는 '일본 의상은 일본 고유의 민족 의상'이라는 설명을 듣고 위화감을 느끼는 사람도 있을 것이다. '한자는 일본 문자'라고 말하는 것과 같은 감각이다.

즉, 문화주의는 공동체의 경계를 넘어 퍼지는 공통의 문화에서의 다양한 요소를 모두 일본 문화와 그 외의 문화로 설명해 버리는 것이다.

왜냐하면 문화주의에서는 '일본 문화', '서구 문화', '중국 문화' 등 '본래적 문화'의 존재가 전제로 되어 있으며 그러한 문화의 존재 자체를 의심하지 않기 때문이다. 따라서 미리 그것들을 주어로 삼아 다양한 문화적 차이=비공약성을 두 공동체의 문화 차이로 표현한다.

예를 들어, '일본 문화'라는 주어가 미리 주제로 설정되어 있기 때문에 '일본 문화'가 애초에 존재한다는 가정을 문제시할 수 없게 된다.

또한, '일본 문화' 등의 속성이 서술된 주어가 단일하게 설정되어 있기 때문에 논리상 일본 문화는 균질해야 한다. 왜냐하면 '일본 문화'라는 표현은 일본이라는 공동체의 구성원이 공유하고 있는 것 혹은 공유할 수 있는 것을 전제로 하기 때문이다.

앞서 언급한 것처럼 일본이라는 공동체 내부에 있는 자동차 운전이나 수영 등의 실천계로서의 문화가 사람에 따라 공유할 수 없는 경우도 있다. 그러나 문화주의는 그 비공약성=차이를 무시하고 미리 그 차이를 배제한 표현으로 공동체의 문화를 이야기한다. 일본이라는 공동체 내부에서 '일본 문화'는 균질하게 존재하는 것을 전제로 설명하기 때문이다.

일본 문화가 균질하다는 서술이 타당한 것처럼 보이는 것은 이처럼 불균질한 것으로 일본 문화를 보는 시각이 애초에 논리적으로 배제되어 있기 때문이다. 또한, 불균질성을 굳이 말하자면 그것은 일본 사회 내에 존재하는 다른 민족 문화, 예를 들어 오키나와 문화나 조선 문화라는 또 다른 균질한 문화를 들고나올 수밖에 없게 된다. 따라서 문화주의의 시각에서는 문화의 불균질성은 민족 문화의 병존으로만 이해할 수 있게 된다.

✦ 일탈로서의 '타자'

이렇게 생각하면 아이누 문화나 조선 문화를 근거로 '일본은 단일민족 국가가 아니다'라고 비판해 온 많은 '일본 단일민족 사회설 비판'이 문화주의에 빠져 있는 것을 알 수 있다.

사카이가 주장하는 이러한 문화주의의 메커니즘을 간파하는 것이 인종이나 민족 차별 문제에서 중요한 이유는 그 메커니즘이 '균질 지향 사회성'과 결합하기 때문이다. '균질 지향 사회성'이란 개개인 상호 간에 기대되는 행위가 모순 없이 수행될 수 있다는 사회관을 말한다. 거기에는 체계적으로 정리된 사회관계가 '전제'로서 구상되어 있다. 개개인 각각의 행위는 '모두 이래야만 돼'라고 기대되는 제도적 담론으로서 일반화된 관념을 가리키고 있다.

이 사회관에서는 어머니와 자녀, 백인과 흑인, 남성과 여성 등 여러 관계의 역할에 '따라' 행위하는 것이 미리 기대된 사회적 행위에 있어 그것들이 모순 없이 수행될 수 있다고 예측되어 버린다.

즉, 그 여러 사회관계의 총체에 놓인 한 개인에게 '본래 있어야 할 자기'가 입력되어 있어서 '어머니여야만 한다' 혹은 '백인이어야만 한다'는 관계의 명령 체계가 암묵적으로 이해되는 사회관이다.

이런 사회에서는 관계에서의 좌절 가능성은 비본질적인 것으로 간주되며 개인의 적극적인 역할 수행이 기대되어 거기에서 벗어나는 행위는 '일탈' 혹은 '실패'로밖에 여겨지지 않게 된다.

그러나 사카이가 강조하듯이, 모든 '나'가 그 사람 자신에게, 그리고 일정한 사회관계를 맺고 있는 상대와의 관계에 대해 기대대로 역할을 수행할 수 있는 것은 아니다. 그 '일탈'이나 '실패'의 영역은 '나'에 대한 '타자'라고 한다. 여기서 말하는 '타자'란 사람이 결코 '나'의 기대대로의 '사람'이 되어 줄 수 없는 '어긋남'의 영역이다. 그런 의미에서, '나'의 실천적 행위는 본래적으로 기대된 행위로 성립되는 '사회'나 '문화'에 완전히 포섭되지 않는다.

문화주의적인 문화관은 균질 지향 사회성과 결합한다. 즉, 이 타자성의 문제에 직면하지 않는다. 그 이유 중 하나는 문화주의가 사회성을 '공통의 것을 가지는 것', '동의하는 것', '같은 것', '동일화하는 것', '공감하는 것' 속에서만 찾고, '차이가 있는 것', '이질적인 것', '전달할 수 없는 것'을 사회성에 있어서는 안 되는 사태로 보고 놓치는 점에 있다. 그렇게 되면 불가피하게 친밀하고 공감과 동의만으로 이루어진 원초적인 공동체의 이미지를 만들어 내버리고 만다.

✦ 가치의 이분법

사실 이 타자성이 일상에서 어떻게 처리되는가가 배제와 차별의 문제를 생각할 때 중요한 논점이 된다. 역할 기대에 따르는 사회적 규범에 기반해 규범 적합적(도덕적) 자기를 조립해 가는 일상의 실천이 이성, 청결, 근면, 문명 등의 긍정적 이미지와 광기, 고약한 냄새, 불결함, 게으름, 야만 등의 부정적 이미지라는 이분법적인 사회적 가치와 매개될 때, '어긋남'이나 '일탈'의 영역인 자아 내부의 타자성은 실체화된 타자(나와 관계를 맺는 타인)에게 쉽게 투사되고 만다.

사회의 모범(조화적인 규범)일 것이라는 '나'는 자아를 사회적 가치로 승화시키기 위해 자아 내부의 '부정적인 이물질'을 외부화하고, 타자에 대한 이미지를 실체로 창작함으로써 자기애적인 자아상을 세운다. 이때 이미지로 동원되는 '타자'야말로 자기 확인을 위해 '창작된 타자'이다. 이는 쉽게 편견이나 차별과 연결된다.

자기/타자의 관계성을 서열적으로 설정하고, 보는 자/보이는 자의 관계로 재배치·봉합해 버리는 이 논점은 프랑스 철학자 미셸 푸코와 팔레스타인계 미국인 문학 연구자 에드워드 사이드가 각각 '근대', '서양이라는 것'을 중심으로 생각하는 담론을 해체하고 재구축(탈구축)하려 한 역사 서술에서 뼈대를 이루는 논리이다. 문화주의에 내포된 균질 지향의 담론 메커니즘과 사람들에게 연대의 실감을 가져다주는 규범적 구조는 '이질적인 타자'와의 만남의 순간에 구성되는 이러한 자아상 및 자아 내부의 타자성의 행방 문제로 논의되어야 한다.

이 논의를 응용하면 '일본인'과 '오키나와인'이 일본의 근대화와 함께 생성해 온 역사를 생각할 때 '서양화해야 함'이라는 명령 체계를 실천하는 과정에서 '서양화할 수 없음'이라는 임계 영역에서 타자성을 발견하고, 이를 '일본인성'으로 형상화해 간 근대 일본사에서의 역사적 표상 속의 '서양인'과 '일본인'의 관계성과 마찬가지로, '야마토화해야 함'이라는 명령 체계에서 '일본인이 되고 싶어도 될 수 없음'(니시메 지사)이라는 영역에서 '오키나와의 마음'='오키나와인성'을 발견해 간 오키나와 사람들이 논의의 대상이 된다. 이 '오키나와인성'은 오키나와의 근대성의 심층을 이루는 '타자성'의 문제로 이해될 수 있다.

4. 전전戰前의 '일본인'과 '오키나와인'

✦ 오키나와인이 '일본인이 되는 것'

메이지 이후의 일본이라는 국민 국가의 형성은 오키나와에 어떤 의미를 지니고 있었을까. 단순화해서 말하면 근대화라는 큰 흐름은 오키나와에게 그 아래에서 자신의 존재를 규정해 가는 과정이었다. 오키나와의 근대사에서는 '일본인'이라는 균질 지향 사회성이 연출되어 간 과정이 읽힌다. 근대 오키나와의 역사적 경위에 따라 그 연출을 추적해 보자.

근세에 이미 사쓰마번의 침략을 받은 류큐 왕국은 1872년부터 1879년까지 메이지 정부의 압력과 최종적으로는 무력을 배경으로 한 병합에 의해 근대 일본 국민 국가로의 영토적 통합이 완료되었다. 1898년에는 징병제가 시행되고 1921년에는 제도적 동질화가 거의 완료되어 류큐는 명실상부하게 오키나와현이 되었다.

오키나와의 근대화에 관해서는 '내국 식민지'로 위치지어지는 등 본토에 대한 종속적 관계로 인해 근대화가 지연되었다는 지적이 있어 왔다. 그중에서도 주목하고 싶은 것은 오키나와인이 '일본인이 되는 것'을 오키나와가 근대화하기 위한 생활 실천의 문제로 논의한 역사사회학자 도미야마 이치로冨山一郎의 논의이다.

도미야마는 오키나와의 근대사를 파악하는 시각으로 '시민(양민)'='국민(신민)'='일본인(야마토인)'의 유착 구도를 설정하고 그 관념이 사람들의 생활 실천 구석구석까지 스며들어 가는 모습을 포착하고 있다. 그 구조를 관념하는 생활 실천 속에서 '오키나와인'은 지워야 할 낙인 혹은 표식으로서 기능했다고 한다.

구체적으로는 1920년 이후 '소철 지옥기'[1]라 불리는 설탕 가격 폭락에 따른 경제 붕괴로 인해 오키나와로부터 급격한 인구가 유출되어 본토 사회와 미크로네시아 노동자로 흡수되어 가는 과정을 분석하고 있다. 그러한 분석에 따라 근대 공업 부문과 식민지 농업의 노동자로서 자본주의 사회에 포섭되어 가는, 그러한 가운데 노동 능력 판정의 표식으로서 '일본인'과 '오키나와인'의 서열적 관계를 파악하고 있다.

그 과정에서 '일본인'과 '오키나와인'은 단순한 이항 대립적 관

1 1차 세계 대전 후의 공황기와 그에 이어진 장기 불황의 여파로 인해 오키나와현민의 생활이 극도의 궁핍한 상황에 놓이게 된 시기를 말한다. 1차 세계대전 당시 오키나와에서는 특산물인 설탕 수출로 돈을 버는 '설탕 벼락부자'까지 등장했다가 전쟁 후 급감한 수출로 인해 경기 불황이 이어져 쌀은커녕 구황작물 조차 입에 댈 수 없는 식량난에 빠졌다. 많은 농민들이 독성이 있는 야생 소철로 배고픔을 견뎌내었다는 뜻에서 오키나와 아사히 신문의 히가 에이쇼(比嘉栄松) 기자가 명명했다. – 역자 주.

계에 있는 것이 아니라 '일본인이 된다'는 주체의 관여 하에 한쪽은 목표로 설정되고, 다른 쪽은 치료나 교정의 대상으로 여겨진다. 이러한 힘의 벡터가 작용하는 실천에 인간이 빠져드는 모습을 역사에서 찾아볼 수 있다.

역사적으로 찾아볼 수 있는 이 '일본인'과 '오키나와인' 양자의 관계성은 '문명인' 대 '미개인'이라는 계급 서열적 관계로 대체되고 '오키나와인'으로서의 존재가 숙명성과 도덕적 범죄성을 동시에 각인시키며 '일본인 되기'라는 과정이 생활 실천 속에서 신체적 박탈을 수반한 활동으로 깊이 파고들어 간다. '일본인'과 '오키나와인'이라는 대립하는 형상화된 공동체 표상은 생활의 세부를 규정하는 카테고리로 작용하게 되었다.

✦ 생활 개선 운동

도미야마가 논의한 것처럼 차별적인 상표로 기능한 '오키나와인'은 오키나와 근대사의 다양한 분야에서의 생활 실천 사례에서 볼 수 있다.

예를 들어 1900년을 전후하여 학교를 중심으로 지역 조직을 끌어들여 전개된 풍속 개량 운동에서는 '방언'(류큐어), 모아시비[2], 돗통[3]이나 맨발 등 비위생적인 면, 우마자키[4], 산신[5] 등이 '야만'의

2 毛遊しび. 오키나와에서 청춘 남녀가 일을 마치고 밤에 야외에 모여 샤미센이나 작은 북을 치며 노래하고 춤추면서 노는 풍습. – 역자 주.

3 豚便所. 변소에서 돼지를 함께 기르던 돼지우리. – 역자 주.

4 馬酒. 오키나와 농촌지역에서는 같은 섬 사람들끼리 결혼하는 것이 규율로 되어 있었는데 이를 어기고 다른 섬의 남자에게 딸을 시집보낼 경우 마을에 납부하는 제재금. – 역자 주.

상징으로 금지되었다. 여학생의 복장이나 의식·혼례 개혁도 이루어졌다. 그 시기는 본토와의 제도적 동질화가 안정되기 시작한 때로 오키나와의 지도층은 본토와의 동화 추진에 힘을 쏟고 있었다. 오키나와 사람들이 '일종의 기이한 민족'으로 보이지 않기 위해서라도 "풍속을 혁신하고, 이를 통해 국가의 통일을 도모할 필요가 있다."는 관념 하에 풍속 개량이 추진된 것이다(풍속 개량에 대해서는 기마 소노코儀間園子, 노무라 고야野村浩也, 마시코 히데노리ましこひでのり 등의 많은 논고가 있다).

이 운동은 일본으로의 동화가 오키나와의 근대화로 이해되어 학교뿐만 아니라 행정 조직, 마을 공동체, 가정까지 운동의 주체로 동원된 '자발적' 캠페인이었다. 풍속 개량의 취지는 두 가지가 있었다. 하나는 복장 개혁처럼 '야마토풍'으로 바꾸는 것이었고, 다른 하나는 후진성을 개혁하는 것이었다. '류큐 왕국 시절까지의 풍속'='오키나와적인 것'='후진적인 것'으로 여겨졌다.

이러한 운동은 쇼와昭和 시대에 이르러 더욱 강화되었다. 1930년대 중반, 제2차 고노에近衛 내각의 '신체제 운동'의 일환으로 대정익찬회大政翼賛会가 발족하고, 정치·경제·교육·문화의 영역에 걸쳐 국민 통제가 강화되는 가운데 오키나와에서는 생활 개선 운동이 전개되었다. 오키나와 문화 중 억압의 대상이 된 것은 '방언'(류큐어), 오키나와 복장, 묘지, 성명, 유타[6], 연극 등이었다. 특히 '방언' 근절을 목표로 한 '표준어 장려 운동'이 오키나와현의 교육 행

5 三線. 오키나와의 전통적인 세 줄 현악기. – 역자 주.

6 ユタ. 영적 문제나 생활 속의 문제점을 조언하거나 해결해 주는 것을 생업으로 한 영적 능력을 가진 오키나와의 샤먼. – 역자 주.

정을 중심으로 정력적으로 추진되었다.

이 운동은 1940년에는 일본민예협회의 야나기 무네요시柳宗悦를 중심으로 많은 본토 지식인을 끌어들여 '방언 논쟁'으로 발전하였는데, 당국의 동화주의가 오키나와 문화 고유의 가치를 잃게 하는 것이라고 비판받았다. 그러나 당시 현민에게는 표준어 장려는 이민지의 생활이나 군대 생활의 필요로 인해 더욱 강하게 요구되고 있었다. 이를 배경으로 '오키나와어 박멸'은 오키나와 사람들이 스스로 적극적으로 추진한 것이다.

오키나와의 학교 현장에서 아이들을 상호 감시하기 위해 사용한 방언 표찰. 오키나와 말을 한 사람이 목에 표찰을 달고, 다음으로 오키나와 말을 한 사람을 찾아 표찰을 건네는 것으로, 마지막으로 목에 걸고 있는 아이가 벌을 받았다.

이처럼 근대화와 동화가 결합된 생활 실천의 현장에서는 오키나와의 '고유 문화적 가치'보다 '생활의 필요'를 우선하는 동기 부여가 강하게 작용했다. 도미야마는 이렇게 지적한다.

"생활 개선을 구성하는 것은 일상생활의 구체적 지적만이 아니다. 거기에는 '청결－불결', '건강－병', '과학－인습', '선진적 생활－뒤처진 생활', '부자－빈민'과 같은 이분법적인 가치 규범이 존재하고 있다. 그리고 개선해야 할 항목들은 '불결', '병', '인습', '뒤처진'과 같은 부정적 가치를 나타내는 것이고, 반대로 그 개선은 '청결', '건강', '선진적' 등의 긍정적 가치의 증거로 설정되고 있다."[7]

도미야마는 생활 개선으로 연출된 생활 속에 '일본인'화와 '양민'화라는 두 가지 벡터가 유착되어 있는 현장을 발견하고 이렇게 강조한다.

"내셔널리티와 유착되지 않은 '양민'으로 구성된 사회는 존재하지 않는다."

도미야마가 지적하고 싶은 것은 '시민(양민)'='국민(신민)'='일본인(야마토인)'이 유착되는 벡터의 현장에서 '오키나와인'이 계속 배제되는 과정이다. '오키나와인'이라는 표식은 오키나와의 근대화가 추진되는 가운데 생활과 신체의 규율화를 '공갈'과 '감시'를 통해 촉진하는 상표로 기능했다는 것이다.

✦ 규율에서 군율로

생활 개선 운동은 1945년 오키나와 전투의 전장으로 이어졌다. 도미야마는 주민의 전장 동원이 생활 개선이라는 평시의 규율을 군율로 전환시켰다고 본다. 오키나와 전투 당시 오키나와 군정을 담당한 제32군의 '오키나와 방비 대책'은 오키나와현민을 '보통어', '위생 사상', '일반적 풍속' 등 '문화 수준이 낮은' 사람으로 보고, '도벽', '향상 발전의 기개 없음' 등 신뢰할 수 없는 타자로 여겼음을 알 수 있다.[8] 특히 스파이 대책에 있어 오키나와어가 중요한 지

7 冨山一郎「忘却の共同体と戦場の記憶—『日本人』になるということ」」『日本寄せ場』6号.

8 石原昌家「沖縄戦の全体像解明に関する研究Ⅰ、Ⅱ」沖縄国際大学『文学部紀要』.

표로 채택된 것은 주목할 만하다. 이는 일상의 규율 표지와 마찬가지로 '오키나와인'성이 스파이의 표지로 낙인찍힌 것을 의미한다.

또한 군율을 철저히 하는 역할을 맡은 재향 군인이 생활 개선 운동의 고학력 지도자 중에서 기용되어 주민 전력화의 선도 역할을 맡은 것도 주목할 만하다.

이렇게 일본군에 의한 주민의 전장 동원은 그동안의 생활 개선 운동에서 '일본인 되기'라는 실천과 연속성을 유지하면서 준비되었다.

도미야마는 전장 동원이 군사적 요구에 따라 군에 의해 강제적으로 추진됐을 뿐만 아니라 평시의 심성과 공명하면서 진행되었다고 본다. 일상의 규율에서 군율로의 전환에서는 생활 개선 운동에서의 '도덕적 범죄자'가 '스파이'로 읽히고 오키나와어라는 '오키나와인'성은 죽음으로 가는 길의 표지가 되었다.

그러나 평시의 규율과 전장의 군율이 결정적으로 다른 점은 군율이 '죽음'으로의 동원이기도 하다는 점이다. '멋진 일본인으로 죽겠다'는 선택을 하며 '집단 자결'(강제 집단사)을 한 현민이 있는 반면 군율을 어긴 현민도 있었다.

미군에 투항하는 일본 병사의 모습을 보고 수용소의 많은 오키나와 주민들은 군율을 강요해 온 일본 병사에 대해 원망과 반발을 입에 담았다. 이는 단순히 그동안 감시·규율화되어 왔던 것이 한꺼번에 분출했다기보다는 일본 병사라는 타자에 대한 분노와 '멋진 일본인 되기'라는 생활 실천을 향상시켜 온 과거의 자신에 대한 강한 반성을 수반한 '회한'이라 할 수 있다. 근대화 과정에서 '오키나와인'성을 스스로 지우려 했던 것에 대한 집착과 반성, 그리고 일본군에 대한 '원망'이 거기에 있다. 이 '회한'은 전후 오키나와 사람들의 트라우마(심적 외상)로 남게 된다.

✦ '동화'란

이렇게 역사적 진보를 관념하는 '근대화'라는 과정은 오키나와에 있어 '일본인'과 '오키나와인'이라는 공동체 표상을 둘러싼 환상과 실천의 과정이기도 했다. 그것은 '동화'라고 불리는 과정에서 진행되었다. 단, '동화'란 단순히 '다른 것이 같은 것이 되는 것'이 아니다. 먼저 '우리 ~인'과 '그/그녀들 ~인'이라는 한 쌍의 형상화된 도식을 틀 지을 수 있는 조건이 갖추어져야 한다. 그 조건은 자기애적인 자기상을 조립하기 위해 타자를 필요로 하는 '균질 지향 사회성'의 출현이다. '동화'의 지향성과 실천에는 그것을 연출하는 메커니즘도 동반된다.

사카이에 따르면 '동화'는 일상의 실천 체계 아래에서 이해되어야 하는 과정이며, "여자는 '여자답게', 학생은 '학생답게', 임기응변으로 행동할 것을 예정한 기대의 체계에 따라 자신의 욕망을 만들어 내는 것"[9]으로 이해해야 한다.

거기에는 '진보'를 관념하는 '근대성'이 낳는 명령 체계의 연쇄가 항상 존재한다. 그 안에서 구축되는 '일본인'/'오키나와인'이라는 대립적 형상은 문화주의적인 공동체 표상으로 기능하며 일상생활의 실천에서 한쪽은 '목표로 해야 할 것', 다른 쪽은 '지워야 할 것'으로 서열적 가치를 부여받는다. 그 가치는 사람들의 실천에서

9 酒井他編『ナショナリティの脱構築』柏書房.

현실성을 획득한다. 다시 말해, 두 공동체 표상은 일상의 실천 방향을 잡으며 '동화'의 명령 체계를 달성하려는 일종의 도덕적 규범으로 작동했던 것이다.

✦ '일본인'을 실감하는 장치

즉, 오키나와에서의 '동화' 과정은 '있어야 할 일본 국민'이라는 공동체 표상에 기반한 규범이 강제적, 억압적, 혹은 이데올로기 주입적으로 수행되었다기보다는 그 표상이 사회적 현실성을 띤 도덕적 규범으로서 항상 주도권을 잡고 사람들을 포섭해 간 과정이었다. 더구나 이 과정은 공동체의 표상 문제만이 아니라 미셸 푸코가 논의한 것처럼 주로 교육이나 노동의 현장에서 언어, 관습, 복장, 놀이, 행동 등 일상적 실천의 구석구석부터 신체성의 수준에 이르기까지 감시와 위협을 동반하는 것이었다.

이러한 논리에서 도출할 수 있는 근대 일본에서의 '국민적 주체'의 구축이란 '일본인'의 형성과 동시에 '비일본인'='비국민'='비시민'을, 즉 그중 하나인 '오키나와인'을 '진보적 근대'와는 반대되는 부정적 이미지를 부여하고 틀 짓는 동시에 산출하는 과정이기도 했다.[10]

이 과정 속에서 '국민'이라는 공동체를 둘러싼 제도화된 담론 구성과 일상 생활 실천이 '균질 지향 사회성'에 물들어 가는 모습을 찾아야 한다. 즉, 언어나 관습 등 신체성을 띤 문화는 '개화'와 '미개', 혹은 '근대'와 '비근대'와 같은 위계 서열적 문화 공간으로 측

10 冨山一郎「国民の誕生と『日本人種』」『思想』845号.

정 · 분류 · 배치되어 가고, 민낯의 '우리 일본인'이 실감되기 위한, 따라서 '국민'으로서의 아이덴티티가 확보되기 위한 문화 장치가 갖추어져 가는 모습이다.

'일본인'과 '오키나와인'의 관계성은 '시민(양민)'='국민(신민)'='일본인(야마토인)'이라는 공동체 표상의 유착 구조를 관념하는 실천이 수행되는 장소에서 찾아야 한다.

5. 아이덴티티의 자각

✦ 문화적 종의 차

여기서 다시 사카이의 문화주의 비판 논의를 다루어 보자. 그의 논의에 따르면 문화주의란 공동체 내에 있는 무수한 문화적 비공약성을 무시하고 문화적 비공약성을 공동체 외부와의 경계에서만 보려는 관점이었다(27페이지 참조). 이 문화주의는 개개의 관계가 지니는 비공약성=문화적 차이를 미리 전제된 두 공동체 간의 차이로 치환해 버리는 것이 문제였다. 문화주의의 메커니즘을 간파하는 것이 인종이나 민족 차별 문제에서 중요한 이유는 그 메커니즘이 '균질 지향 사회성'과 결합하기 때문이다. 이 문화주의에서 '민족이라는 것'의 차원을 사카이는 '문화적 종의 차'라고 부른다.

사카이는 개인/문화적 종의 차/인류적 세계, 이 세 가지의 변증법적 관계성을 중시한다. 이 개個/종種/류類의 세 가지 관계는 개인이 인류 내에 존재함과 동시에 그 부분적인 사회 집단의 구성원이기도 하다는 의미에서 '종'의 아이덴티티는 다른 종과의 차이(종차)

에 의해 결정된다.

이 세 가지가 변증법적 관계를 작동시키는 것은 개인에게 민족 등의 '종'이 억압적 · 강제적인 존재로 인식될 때이다. 그때까지 공기처럼 지각되지 않았던 '종'이 인식의 대상으로 변하고 자기의 귀속 의식을 불러일으키는 것은 개와 종이 항쟁적 관계에 있기 때문이라고 지적한다. 개인에게 '민족' 등의 종이 각별히 신경쓰이는 것은 개의 종에 대한 부정성을 거치는 것이 전제라는 것이다. 다소 추상적이지만 이 대립적 관계의 변증법은 동태적인 아이덴티티를 파악하는 데 중요한 열쇠를 쥐고 있다. 그는 이렇게 말한다.

"부정성을 통해 개는 종을 하나의 특수성으로 발견한다. 즉, 그때까지 개에게 무규정적인 보편성이었던 종의 규율은 다른 종에서는 통용되지 않는, 이 종에만 특유한 규율로서 상대화된다."[11]

즉, 처음에는 자각되지 않았던 종이 다른 종과의 항쟁적 관계를 통해 자타의 종을 일단은 대상으로 삼고 자기 부정을 통해 그때까지 개가 맡아 왔던 과거의 유산에서 자신을 분리하고 자신을 반영함으로써 개는 종의 귀속을 인지하게 된다는 것이다.

✦ 자기 부정의 변증법

이 항쟁적 관계는 두 가지 차원이 있다. 개와 종, 그리고 종과 종의 사이이다. 자신이 어떤 종(민족)에 속하는지, 다른 종과의 관계에서 주제로 삼을 수 있는 것은 종의 차원보다 높은 위계에 있는 '류'에 호소함으로써 가능하다고 한다. 이러한 관계성을 다음과 같

11 酒井直樹「種的同一性と文化的差異—主体と基体をめぐって」『批評空間』Ⅱ-4.

이 설명하고 있다. "내가 이 공동체에 귀속된다는 자각을 가질 수 있는 것은, 내가 인종 구별을 승인하는 공동체에 의해 주어진 규율을 거부하여 공동체를 변화시키려고 마음먹고 인간의 평등이라는 공동체에 의해서는, 승인되지 않는 공동체를 초월한 원칙의 권위에 호소할 때이고, 이 공동체를 초월한 권위가 바로 '류'에 다름 아니다."[12]

개와 종의 항쟁적 관계가 발생하면 자기 부정을 통해 '종'이 문제화되는데 그때 개가 구상하는 사회는 '인간의 평등' 등 종을 초월한 유적 세계이다. 예를 들어, 1950년대 공영 버스에서 운전기사의 명령을 어기고 백인에게 자리를 양보하지 않았던 흑인 여성이 인종 분리법 위반 혐의로 체포된 것을 계기로 일어난 공민권 운동을 들 수 있다. 이 운동의 목적은 미합중국 시민(공민)으로서 법적으로 평등한 지위를 획득하는 것이었다. '법 앞의 평등'이라는 보편적 이념에 호소한 것이다.

이 논리 전개를 좀 더 구체적으로 생각해 보자. 이 개/종/류의 변증법은 개인, 민족, 국민, 시민 등의 개념의 관계성를 생각하는 데 있어 많은 시사점을 준다.

민족의 자각은 대립적인 사회관계에서 개인의 자각과 그 부정성에 관련되어 있으며, 민족 간의 부정성은 무수히 많은 문화의 차이 중 어느 종차를 자신의 귀속 민족의 규정으로 삼느냐에 달려 있다. 그 규정은 적대적인 민족 혹은 타자로서의 민족과의 비교에서만 성립한다. 그러한 다른 민족이 없다면 민족은 스스로를 다른 민족

12 酒井直樹, 앞의 책.

과 구별할 수 없다.

한편, 국가는 자유와 평등, 인권 등의 보편적 이념을 헌법 등에서 규정하고 있다. 개인은 그러한 이념에 호소함으로써 시민으로서의 주체가 될 수 있다. 자신이 속한 민족이 국가 내에서 차별받는 존재라고 개인이 자각했을 경우 그러한 헌법 등을 들어 '평등'을 호소하게 될 것이다. 그 과정에서 자각되는 것은 개인 자신의 피차별자로서의 자기와, 차별을 부정하기 위해 '평등'이라는 보편적 이념에 호소하여 '공생 사회'의 실현을 구상하는 자기, 그 두 개의 자기이다.

✦ 시민이란 누구인가

사상가 에티엔 발리바르는 그러한 자아상을 지닌 '시민 주체'에 주목한다. 시민 주체란 보편적 가치를 향유하는 권리상의 주체로서 생각되고 있고, 그 주체는 '사람은 태어날 때부터 평등하다'는 이념을 실현하는 상징성이 높은, 형식적으로 민주화된 '사회'를 상상적으로 창출하는 역할을 맡는다. "시민이란 주체다. 시민은 언제나 추정상의 주체(권리상의 주체, 심리학적 주체, 초월론적 주체)다"[13]

발리바르는 18세기 프랑스 혁명에서 '시민' 개념의 전환을 본다. 그때까지 제국의 명령 체계 하에 있던 '신민'이라는 의미의 시민은 지양되고 '신민'을 넘어서는 이상화된 추정상의 '시민'을 탄생시켰다.

"시민을 군주의 신민과 근본적으로 구별하는 것은 시민이 의사

13 バリバール, 松葉祥一訳「市民主体」『批評空間』Ⅱ-6.

형성에 참여하고 결정을 실행하는 점이다. 즉, 시민이 입법자이자 행정관이라는 사실이다."[14]

시민이 군주의 신민과 구별되는 것은 시민이 주권자가 되었기 때문이다. 거기에 새로운 시민권의 모습이 있다. 발리바르는 이 역사적인 새로운 전개를 '시민 주체-생성'이라고 부른다.

그는 '누가 시민인가?'(혹은 '누구 누구가 시민인가')가 아니라 '시민이란 누구인가?'라는 질문의 반복에서 시민 주체의 근원적 가능성을 찾는다. '누가 시민인가?'라는 질문은 '정치의 도덕화=인간화(배제의 논리)'를 유발할 수 있다. 즉, '비시민'을 창출하는 힘이 작용하는 장에서 자기애적인 자기를 드러내 버리는 계기가 된다. 이는 미셸 푸코의 권력론의 '주체' 논리에서의 자아상이다.

반면에, '시민이란 누구인가?'라는 질문은 능동적으로 평등 원리를 실질화하려는 주체를 탄생시킨다. '시민'은 권리상의 주체로서 언제나 '추정상의 주체'이기 때문이다. 그것은 때로는 사회에 대해 기존의 '불평등'을 파괴하고 '실질적 평등'을 창출하는 주체가 된다.

'시민'은 자유와 평등 등 모든 자연권을 가진다. 그 주체는 미래를 향해 자신이 변화할 가능성을 제기하는 주체이며, 보편적 이념을 추구한다는 의미에서 상징성과 형식성이 높은 주체이다.

마이너리티가 위기 상황에 처했을 때 차별적 상황을 고발하고 평등의 이념을 계속해서 질문하며 그 위기를 극복하기 위한 실천에 나설 때, 이러한 시민 주체의 자격을 가진 자아를 자각하는 경험

14 앞의 책.

이 바탕이 된다. 발리바르는 ‘누가 시민인가?’라는 질문처럼 위계 서열적인 상표에 의한 배제의 메커니즘이 작동하는 실천계와 ‘시민이란 누구인가?’라는 질문처럼 시민 주체를 추구하는 실천계 사이의 긴장적, 대립적 관계의 영역에 정치를 설정한다.

이 모순된 유동적 관계가 복합하면서 역사적 영향을 미치는 과정에서 ‘시민 주체－생성’에 의한 시민 주체화의 정치를 보려 한다.

✦ ‘근대’의 두 얼굴

이러한 실천계의 이중성에 주목했을 때 ‘국민이다’라는 이중성이 떠오른다. 그것은 일종의 ‘근대’를 시대 구분으로서가 아니라 일반성이 높은 추상적 개념으로서의 ‘근대성’으로 파악했을 때 드러나는 이중성이다. 하나의 측면은 예를 들어 ‘인간성’(휴머니즘)과 같은, 일견 보편적 가치를 체현하는 듯한 개념을 바탕으로 ‘비인간성’=‘야만’, ‘후진적’, ‘미개’ 등의 위계 서열적 가치 기준으로 사람들을 차별하는 ‘근대성’이다. 또 다른 측면은 그러한 차별에 대해 프랑스 혁명 이래로 사람들이 세계적으로 공유하려고 노력해 온 ‘자유, 평등, 박애’ 혹은 ‘공생, 평화, 인권’ 등의 상징성과 형식성이 높은 보편적 가치를 노래한 이상으로서의 ‘근대성’이다.

이 두 측면은 모순으로 가득 차 있으며 항상 대립적, 항쟁적 관계를 야기한다. ‘국민이라는 것’의 의미에도 이러한 대립적, 항쟁적 이중성이 항상 내포되어 있다. 그렇게 생각하면, ‘국민이라는 것’은 국민 국가가 ‘평등’, ‘인권 보장’ 등의 보편적 가치를 헌법 등에서 규정하고 있는 한, 종차의 인지를 불러일으키는 계기를 포함하고 있으며, 그 의미에서 애초에 국민 국가란 소위 ‘다민족 국가’로서밖에 구상할 수 없다.

그뿐만 아니라 국가 내에서 종차로서의 민족이 '시민 주체'를 소환하려 할 때 '평등'과 '인권'이 국가 내에서 위협받고, 현상 타개의 전망이 서지 않으면 국가적 경계까지 뛰어넘는 논리적 계기를 품고 있다. 그렇게 생각하면 국민을 하나의 민족과 동일시할 경우의 '민족' 개념은 점점 그 자명성을 잃게 된다. 일본이 '단일민족'이라는 것이 '신화'인 이유이다.

국가에 소속함으로써 '국민이라는 것'에 포함되는, 개인이 시민 주체로서 '주체화'하는 계기에는 처음에는 자각되지 않았던 종이 다른 종과의 항쟁적 관계를 통해 자타의 종을 한 번 대상화하고, 자기 부정을 통해 그때까지 개가 떠맡아 왔던 과거의 유산에서 자신을 분리하고 자신을 반영함으로써 개는 종의 귀속을 인지한다는, 개의 종과의 항쟁 관계를 불러일으키는 계기도 포함되어 있다.

하지만 '단일민족국가'나 '진정한 일본인' 등의 발상에는 이러한 개인의 시민 주체로서의 실천이나 그동안 떠맡을 수밖에 없었던 '민족'을 문제시하고, '자기 부정'을 통해 '민족'의 자각에 이르는 개의 실천 과정은 시야에 들어오지 않는다. 그 실천을 무시함으로써 개의 실천적 시간의 배제라는 인식론적 폭력을 초래할 수 있다.

사카이의 말을 빌리면 "민족인 한 민족이라는 말에서는 순수성이란 것을 상정할 수 없고, 민족의 순수성이라는 생각을 무작정 가정하는 소위 민족주의에서 민족은 개가 저절로 타자로서 설정됨으로써 자신을 주체로 매개하는 부정성의 운동에서 분리되고, 관념으로서 배외한 소외 상태에 있는 종으로서만 이해될 수 있다."[15]는 것이다.

✦ 공동체 관계를 보는 열쇠

여기서 사카이가 말하는 개가 '주체화'를 목표로 하는 '부정성의 운동'이라는 실천에 주목하자. 그 과정에는 종의 인지를 둘러싼 개의 발화 행위와 '분절화/절합'(이하 '분절화'로 용어 통일/articulation[16])이라는 실천이 존재한다.

'분절화'란 발화 행위나 표명을 통해 어떤 것과 어떤 것을 분석하거나 결합하는 것이다. 그 과정에서의 발화는 기존의 언어나 담론에서 이질적인 요소를 끌어오면서도 개인의 감성이나 체험, 경험, 인식 등을 말로 표현하는 행위이다. 이는 개인이 귀속을 의식하는 사회적 속성이나 지위, 놓인 상황 등에 따라 다르기 때문에 새로운 우발적 의미의 결합을 만들어내는 활동이기도 하다.

이 활동은 개인이 자신의 역할을 의식하여 어떤 아이덴티티를 구성할 것인지, 그리고 그 의식화와 언어화를 통해 타자나 사회와의 관계를 어떻게 구축・재구축할 것인가를 아는 데 열쇠가 된다.

예를 들어 '나는 일본인 남성이다. 65세이고 회사에서는 임원이다. 스마트폰 보급 때문인지 요즘 신입사원의 생각을 이해하기 어렵다'는 발화가 있다고 하자. 그는 '일본인', '남성', '연령', '회사 임원' 등의 아이덴티티를 표명하고 있다. 발화 행위를 통해 '분절화'된 것은 이러한 다른 의미 요소의 결합이다.

'일본인', '남성'이라는 각각의 요소는 기존 언어로 성립되지만

15 酒井直樹「種的同一性と文化的差異—主体と基体をめぐって②」『批評空間』Ⅱ－6.

16 문화연구에서 종종 사용되는 articulation이란 말은 일본어로 分節/節合으로 번역된다. 말 그대로 뭉쳐 있던 것이 작은 가지로 나뉘는 것(分節)과 작은 가지들이 연결되어 통합(節合)된다는 양의성을 가진다.－역자 주.

'스마트폰 보급' 등의 배경은 그 시대의 특징을 나타내며 그 상황에서 '이해하기 어렵다'는 부정성을 통해 담론을 만들어내고 있다. 이 발화를 들은 '신입사원'은 이 표명으로 인해 그에게 거리를 둘 수도 있고 반대로 이 임원에게 자신을 이해시키려고 더 노력할 수도 있다. 개인의 담론은 이처럼 타인이나 사회와의 관계를 변화시키는 요소를 내포하고 있다.

이 예를 응용하면 예를 들어 '일본인'이나 '오키나와인'이라는 아이덴티티를 고찰할 때 누가, 언제, 어떤 상황(문맥)에서, 어떤 의미 요소를 바탕으로 '일본인'이나 '오키나와인'을 표명했는가 하는 분석이 중요해진다. 왜냐하면 유동적·동태적 아이덴티티를 파악하고 그것이 어떤 담론, 더 나아가 사회관계를 만들어냈는지를 알 수 있는 단서를 얻을 수 있기 때문이다.

'일본인', '남성'이라는 담론은 과거에 '비일본인'으로서 선별되어 차별의 대상이 된 '오키나와인'이라는 권력관계, 그리고 '남성', '여성'의 사회적 힘의 불균형 등의 문제를 내포하고 있다. 그러한 권력관계를 배경으로 개인의 발화 행위에서 어떻게 새로운 사회관계를 만들어내는 의미 요소의 결합 시도가 있었는지가 중요하다.

이러한 발화에서의 분절화라는 개인의 실천에 주목함으로써 그것이 어떻게 시민 주체로서 의식화되고 의미의 분절·접합을 통해 '민족이라는 것'과의 관계성을 변화시키거나 만들어 내었는지를 추출할 수 있다.

✦ 개인 실천의 박탈

어떤 마이너리티가 위기 상황에 빠지고 그 귀속을 자각한 개인이 그 상황에 대해 어떤 아이덴티티를 표명하고 타자와의 관계를 어떻게 설정하는가. 여기서 표명된 '민족이라는 것'의 의미야 말로 문제 삼아야 한다. 이 경우 발화자의 경험이나 위치, 놓인 상황이나 시대적 배경 등의 문맥context에 주의를 기울여 분석하고 그 의미를 명확히 해 나갈 필요가 있다.

이 관점에서 볼 때 그러한 개인의 실천이 박탈되는 메커니즘(구조)에도 주의를 기울여야 한다. 문화적 차이를 전제로 하여 개인이 타자와 실천적 관계를 맺는 발화나 분절화의 과정을 무시하고 문화적 차이를 처음부터 이문화의 만남이나 하나의 문화와 다른 문화의 접촉이라는 공간적 비유로 이해해 버리면 문화적 차이를 문화적 종차와 동일시해 버리는 비약이 발생한다. 여기에는 항상 문화주의나 전통주의의 유혹이 도사리고 있다. 그러한 담론 아래에서는 문화적 차이는 오직 영역적 실체로서의 하나의 종과 다른 실체로서의 종의 공간적 만남으로만 표상된다.

예를 들어 알제리의 정신분석의이자 혁명가였던 프란츠 파농은 백인 식민자에 의한 '오리엔탈리즘적 문화주의'[17]뿐만 아니라, 피식민자의 토착주의적 문화 서술에서도 억압적 역사를 회수해 버리는 메커니즘이 있다는 것을 간파했다. 이 때문에 파농은 철학자 사르트르와의 논쟁 속에서 발화를 잃으면서도 "나는 어떤 잠재성이 아니다. 나는 완전히 내가 현재 그것이라는 것이다. …… 내 흑인 의식은 결여로서 주어지는 것이 아니다. 그것은 존재한다. 그것 자체에 점착되어 있다"[18]

17 サイード, 板垣雄三訳『オリエンタリズム』平凡社.

18 ファノン, 海老坂武他訳『黒い皮膚・白い仮面』みすず書房.

는 외침과 같은 표현을 할 수밖에 없었다. 그가 거기에서 '존재한다'고 표명한 것은 더 이상 백인의 문화도, 흑인의 문화도 아니다. 자기 내부에 '점착된' 신체성이라고 밖에 말할 수 없는 '흑인성'이라는 자기 내부의 '타자'이다.

두 문화의 만남이라는 문화주의나 전통주의의 공간적 표상은 개인을 기점으로 하는 문화적 차이나 발화 행위·분절화의 실천을 무시하고 문화적 종차로 비약적으로 회수해 버린다. 예를 들어 파농이 '흑인성'을 철저히 거부하는 태도와 같은 자기 부정이라는 부정성의 실천, 그것을 "내 흑인 의식은 결여로서 주어지는 것이 아니다."라고 표명하는 발화와 분절화의 실천은 무시된다.

사카이는 이 '개인 실천의 박탈'이라는 문제를 중시한다. 개인의 출신 종을 '문화적 종차'와 동일시하는 것은 개가 자신의 '종'에 대한 자각에 이르게 하는 자기 부정의 운동을 억압하는 것이라고 비판한다. 자기 부정이 없는 '문화적 종차'로의 동일시는 개에 의한 자기 부정 운동이라는 시간을 부인하고 있다는 것이다. 민족이나 국민 문화의 아이덴티티를 자기 부정의 계기 없이 설정하는 문화주의나 전통주의는 "반드시, 개의 종에 대한 부정성을 무시하고, 개의 종에 대한 자유를 부인하는 결과가 될 것이다"[19]라고 지적한다.

19 酒井直樹, 앞의 책.

6. ‘국민’의 창출

✦ 기억의 공유화가 본질적 요건

그런데 이러한 문화주의나 전통주의에 의한 개인 실천의 박탈은 ‘민족이라는 것’ 혹은 ‘국민이라는 것’과 같은 아이덴티티를 만들어내는 기초라고 할 수 있는 ‘과거’(역사)에도 영향을 미친다. 다수적 과거 혹은 폭력적 과거를 부정하고 균질적인 ‘국민’으로의 아이덴티티를 조달하는 국민 공동체의 창출에 대해서는 프랑스 사상가 에른스트 르낭이 국민의 본질적 존립 조건으로 위치 지운 ‘망각’이라는 논점이 존재한다.

르낭은 국민의 본질이란 과거의 폭력이나 침략을 망각하는 것, 즉 모든 개인이 많은 일을 공유하고 또 모두가 많은 것을 잊고 있는 것이라고 했다. 민족지학적인 의미에서의 종족이나 언어, 종교, 이해관계, 지리 등의 요소는 국민성에 있어서 본질이 아니며, ‘위인들이나 영광으로 이루어진 영웅적 과거’, ‘함께 괴로워하고, 기뻐하고, 바랐던 것’, ‘사람들이 과거에 행했고 앞으로도 계속해서 행할 준비가 된 희생의 감정’ 등의 기억을 공유하는 것이야말로 국민이나 민족의 본질적 요건이라고 주장했다.[20]

여기에서 보이는 ‘국민’이 공유하는 시간에 대한 도취적 감상은 사카이가 말하는 ‘균질 지향 사회성’과 공명하는 관계에 있다.

한편, 영국의 역사학자 에릭 홉스봄은 ‘국민’의 창출을 ‘전통의 날조’라는 시각에서 파악했다. “지식의 기초 혹은 국민nation, 정치

20 ルナン, 鵜飼哲訳 「国民とは何か?」『批評空間』9号.

국가state 내지 운동의 이데올로기의 일부가 된 역사는 실제로 민중의 기억에 저장된 것이 아니라 그 역할을 맡은 사람들에 의해 선택되고, 쓰여지고, 묘사되고, 그리고 제도화된 것이다"[21]라고 하며, 의례, 관습, 건축, 축제, 정치 제도 등의 안에 의인화된 내셔널리티(국민성)를 분별하려고 한다.

르낭과 마찬가지로 홉스봄도 '국민이라는 것'이나 '민족이라는 것'이 자연화되고, 비역사화된 '영원한 공동체'로서 연출되는 과정을 문제화했다. 이 논점은 자본주의의 침투와 인쇄 기술(예를 들면 신문이나 근대 소설)의 발달에 따른 '같은 공동체를 동시에 상상할 기회의 확대'라는 시각에서 '균질한 시간'의 연출 속에 'nation'의 동일성을 찾아낸 미국 정치학자 베네딕트 앤더슨의 '상상의 공동체'[22]와 불가분하게 연결되어 있다.

✦ 자연화가 숨기는 것

이러한 논의에서 주목해야 할 점은 '국민' 또는 '민족'이 창출되는 과정에서 균질적인 동일한 시간을 함께 살아가고 있음을 상상하게 만드는 공동체의 표상이 다양한 문화적 장치를 작동시키면서 개인의 발화와 분절화, 또는 시민 주체화와 같은 실천을 박탈하는 방식이다.

이러한 개인의 실천을 박탈하는 문화주의나 전통주의는 '민족'을 비판 없이 믿어도 좋은 종교인 것처럼 자연화하고 국민이나 민

21 ホブスバウム, 前川啓治訳『創られた伝統』紀伊国屋書店.

22 アンダーソン, 白石隆他訳『想像の共同体』リブロポート参照.

족의 역사를 비역사화하는 메커니즘을 가지고 있다. 그 문제성을 사카이는 이렇게 지적한다.

"인간에게 민족, 국민, 문화와 같은 집단성의 범주를 소위 비역사적인, 개인에 의해 부정되고 변경된 적이 없는 '인종'과 같은 범주로 재해석하는 것이며, 그 한에서 민족, 국민, 문화와 같은 범주를 인종주의적으로 재구성하는 것을 의미"한다.[23]

사카이의 문화주의에 대한 경계심은 인종주의와 유사한 논리구조가 남아 있으면서 그것 자체는 예를 들어 미국 문화인류학의 문화 상대주의와 같이 인종주의 비판으로서 정당화될 수 있는 곳을 향하고 있다. 다음 지적에서의 '인종'은 '문화주의'로 대체할 수 있다.

"'인종'에는 역사성이 박탈된 한에서의 인간의 아이덴티티가 기입되어 있다. 거기에는 개가 스스로를 부정하면서 자신을 초월하는 운동이 완전히 잊혀져 있다. 과거가 미래를 억누르고 움직임을 고정화한다. 현재의 절대 부정이 작용할 여지 없이 시간성이 소멸한다."[24]

즉, '민족이라는 것'이라는 종의 공동체 공간의 연출이 문제인 것은 하나의 종의 공간성이 다른 종의 역사적 과거를 날조하는 측면뿐만 아니라 역사적 과거의 창출 자체가 하나의 실천인 이상 문화주의적인 종의 표상은 민족이나 인종이라는 아이덴티티 자체가 끊임없이 만들어지고 있음을 은폐하고, 그 의미에서 역사성을 거

23 酒井直樹, 앞의 책.

24 酒井直樹, 앞의 책.

부하는 점이다.

사카이는 역사성을 거절하는 종의 공간성과 개의 실천적 시간성과의 긴장 관계에 '정치'라는 영역을 설정한다. 즉, "종의 공간성은 시간성을 부정하고 종의 자기 부정의 탈자적脫自的 시간성은 그 공간성을 부정한다."[25]

현존하는 자아를 부정하고 다른 것으로 변모할 가능성을 지닌 '탈자적 시간성'을 부정하는 것은 개인이 살아가거나 생존할 '미래'를 박탈하는 것이다. 이 '미래'를 되찾는 개인의 발화나 분절화라는 실천에는 동일성(아이덴티티)을 둘러싼 '정치'가 존재한다. 즉, 종의 공간성의 부정이다.

7. '위기'와 '결락'의 고통

✦ 작가 서경식의 중요한 지적

이러한 정치를 생각할 때 민족으로서 자신을 동일화하는 것의 정치성은 '문화적 종차'에 의한 주어진 자연화뿐만 아니라 예를 들어 오키나와의 토지 투쟁처럼 토지의 소유를 통해 지연적으로 존재하는 곳에 다른 종이 침입하여, 토지 소유를 둘러싸고 항쟁적인 만남이 일어나는 곳에서 발휘된다. 다소 거친 표현을 쓰면 착취, 탄압, 침략 등의 항쟁이 없는 곳에서는 '민족' 등의 동일성=아이덴티티가 문제가 되지 않는다. 이 관점에서 매우 중요하고 간결한 지적

25 酒井直樹, 앞의 책.

을 한 사람이 작가 서경식이다. 그는 문화주의의 논리와 겹치는 문화적 다원주의나 문화 상대주의를 언급하면서 문화나 민족을 정의하는 행위 자체가 재일 조선인을 문화에서 떼어내고 문화의 '결락자'로 만들고 있다고 주장한다.

"〈문화〉에 의해 '민족'을 인정하는 것과 〈문화〉와의 단절(즉, '결락')을 통해 개인의 민족적 소속을 부정하는 것은 사실상 같은 고정관념에서 비롯된다. 둘 다 〈문화〉를 정태적이고 주어진 것으로 보는 스테레오타입이다.…제국주의와 식민지 지배가 무수한 사람들을 〈문화〉에서 떼어놓은 오늘날 이러한 단절의 경험은 재일 조선인만의 것이 아니다. '선진 자본주의'－많은 경우, 과거의 종주국－에 사는 '제3세계인'에게 공통된 것일 거다. 이들은 보통 말하듯이 타자의 〈문화〉와의 차이 때문이 아니라 오히려 이러한 떼어냄과 '결락'의 고통 때문에 주어진 〈문화〉로 충전된 '국민'이나 '시민'의 무리 속에 자신을 녹아들게 하지 않고 '우리'로 남아 있는 것이다. 지금 요구되는 것은 이들 〈문화〉에서 떼어진 자들 스스로의 동적이고 창조적인 문화관을 다듬는 것이다. …어떤 사람들이 그 민족적 소속 때문에 차별받고 억압받는 현실이 있고 어떤 형태로든 그에 대한 저항이 있는 이상, 그들이 〈문화〉 없는 '결락자'일지라도 그곳에서야말로 문화는 표명되는 것이다."[26]

✦ 분절화의 실천

문화주의 아래에서 '민족'이나 '문화'가 주어진 것으로 이야기

26 徐京植「文化ということ」『思想』859号.

되고 자연화된 채 지속되는 경우가 적지 않다. 이 상태를 사카이는 억압받는 집단이 '역사를 다시 물을 가능성을 상실한 상황'이라고 규정하며 다음과 같이 지적한다.

"과거 민족의 기원을 소급적으로 찾으려는 소위 소수민족에게 많이 보이는 고대 취향을, 현재의 역사적 실천의 시간성=미래가 압살되고 있는 사실, 즉 역사적 항쟁에서 패배한 자가 그 역사를 다시 물을 가능성이 상실된 채 끊임없이 발화해야 하는 사실, 의 징후 …로 생각할 수밖에 없다. 사회 편제 속에 있는 차별이나 과거의 역사적 폭력의 유제를 부정하고, 부정함으로써 자신의 역사적 기초를 대상화하는 발화 행위에 참여하며, 그렇게 함으로써 자신과 자신이 참여하는 사회의 편제를 새롭게 '분절화'하고 변혁하는 실천의 가능성이 닫혀 있는 곳에서는 사람들은 자신의 기원을 소급적으로 찾을 수밖에 없다."[27]

이 지적에 있는 '역사를 다시 물을 가능성이 상실된 채의 상황'을 생각할 때 오키나와 근대사에서 강렬한 동화 정책이 추진되는 가운데 '류큐 처분'이라는 폭력적 합병을 '망각'하고, '일류동조론日琉同祖論'을 종종 역사를 거슬러 실증하려 한 오키나와의 토착 지식인들의 활동이 떠오른다. '민족이라는 것'의 공동체 표상의 역사에서 정치를 발견할 수 있는 것은 억압적 · 폭력적 역사의 '망각'이라는 시간의 박탈을 가져오는 지배적 역사의 폭력과 자기 부정할 때 끌어내는 폭력의 역사 사이의 그 실천적 관계의 '지금'(발화와 분절화의 순간)인 것이다.

27 酒井直樹, 앞의 책.

그런 의미에서 서경식이 강조하는 ‘그곳에서야말로 문화는 표명된다’는 지적은 중요하다. 서경식은 ‘문화’를 미리 설정된 속성으로서가 아니라 오히려 ‘문화’나 ‘민족’을 정의하는 행위 자체가 떼어냄이나 ‘결락’의 고통을 가져오며 차별이나 억압에 대한 저항으로 표명되는 것으로 위치 지웠다.

이 ‘결락’의 고통’이 공유될 때 ‘우리(=동일성)’가 생기고, 어떤 ‘민족’의 귀속을 이유로 차별이나 억압이 있기 때문에 ‘조선인’ 혹은 ‘오키나와인’이 표명된다. 중요한 점은 그 순간이야말로 ‘민족이라는 것’, ‘문화라는 것’을 생각할 때의 시작점으로 삼아야 할 포인트라는 것이다.

이 책의 과제 중 하나는 이러한 동일성 표명이라는 실천이 수행된 흔적을 ‘일본인’과 ‘오키나와인’이라는 관계성을 분절화한 담론이나 사회 편제의 역사 속에서 찾아내는 것이다. 문제 삼아야 할 것은 어떤 상황=문맥(콘텍스트)에서 누가, 언제, 누구에게, 어떤 요구와 함께 민족적 명칭을 던졌는가이다. 즉, ‘일본인’과 ‘오키나와인’의 차별/피차별 관계가 과거의 역사적 연속성의 주장과 함께 분절화에 의해 결정된 순간이다.

이 책이 내셔널리티 형성이라는 동태적 시점에서 ‘오키나와인’ 범주의 역사화에 집착하는 이유는 ‘오키나와인’의 의미 내용이 어떤 정치적 · 역사적 상황(콘텍스트)에서 결정되어왔는지를 명확히 하고 싶기 때문이다.

다음 장부터는 콘텍스트를 기술한 후 담론을 분석한다. 담론 분석의 초점은 1970년 전후의 일본으로의 복귀론 · 반복귀론이다. 거기에서 표현된 ‘오키나와인’은 어떤 의미 내용을 포함하고 있는 것일까? 또 그것이 1972년의 복귀 후 오키나와 자립론이라는 정치적 담론의 자기장으로 어떻게 전이되었는가? 이것들을 밝히고자 한다.

Ⅱ
조국 복귀 개념의 변천

1. 전후 오키나와 역사에서의 '복귀'와 '오키나와인'

✦ 전후 오키나와의 내셔널리티를 해독하는 세 가지 포인트

전후 오키나와의 역사에는 '일본 국민이 되는 것'의 의미를 반복해서 확인하는 과정이 나타난다. 그 최대의 확인 작업이 바로 '조국 복귀' 논의이다. 과연 이 논의의 장에서 전후 오키나와의 역사를 새길 때 '일본 국민'이라는 내셔널리티는 어떻게 구성되고 그 구성과 '오키나와인'은 어떻게 관련되었을까. 이 문제를 밝히기 위해 전후 오키나와의 내셔널리티를 해독하는 세 가지 포인트를 설정했다.

첫 번째 포인트는 1950년 이후 점차 고조되는 일본 복귀 운동의 전개와 '조국 복귀' 개념의 변형이다. 일본 복귀 운동의 전개 과정에서 '조국 복귀'의 의미가 재고되는 가운데 그 내용의 축이 변형되고 있다는 점이 중요하다. 냉전 구조의 구축과 베트남 전쟁이라는 세계 정세의 변동을 배경으로 오키나와에서의 '일본 복귀'라는 내셔널리즘 운동이 민주주의적 성격을 강화하는 과정에서 앞서 언급한 '시민' = '국민' = '일본인'의 결합 구조가 새롭게 분절화되는 문맥(상황)과 그 계기가 준비되어갔다. 인권 보장과 자치권 획득을 요구하는 복귀 운동은 결과적으로 '오키나와인'이라는 '시민 주체'의 형식성 또는 상징성을 높이는 역할을 하게 되었다.

이 과정에서 특히 중요한 것은 오키나와 반환 프로그램이 확정되고 복귀가 눈앞에 다가온 1970년 전후 오키나와의 지식인들에 의해 '조국 복귀'를 근본적으로 재검토하는 논의가 활발해진 점이다. 이것이 두 번째 포인트다. '조국 복귀'의 재정의는 '오키나와의 자립' 사상을 탄생시키는 지적 작업이기도 했다. 이 사상에서 읽을 수 있는 주체의 논리 즉 '시민 주체화의 정치' '분절화의 정치'는 어떤 양상을 띠고 있었는지 밝혀내고자 한다.

세 번째 포인트는 이러한 검토를 통해, '오키나와의 자립'이라는 주체성이 '대항해 시대의 재현'을 내건 경제 전략이나 '생명은 보물이다'라는 평화 구상 및 기지 정책, 정기적으로 개최되는 '세계 우치난추 대회' 등 오키나와의 정체성을 둘러싼 여러 정책에 어떻게 반영되어 있는지를 보는 것이다. 즉, '오키나와의 자립' 담론이 이러한 실천 프로그램을 지탱하는 가치 지향성으로서 어떻게 기능하고 있는지를 고찰함으로써 '복귀'의 재확인 작업에서 분절화된 '오키나와인'이 실제로 어떻게 기능하고 있는지를 파악하고자 한다.

오키나와의 정체성을 주제로 전후 오키나와 역사의 시각에서 이루어져야 할 것은 근대 일본의 국가 형성 과정에서 '류큐 처분'(류큐 병합) 이후 새겨진 차별적 표지로서 기능한 '오키나와인'이라는 표상이 '조국 복귀' 논의 속에서 새롭게 분절화되는 정치를 발견하고, '일본'과의 새로운 사회 편제를 '재기입'한 흔적을 부각시켜 '오키나와 문제'의 깊은 곳에 접근하는 시도라고 생각한다.

2. 왜 '복귀'인가

✦ '조국 복귀' 개념

전후 오키나와에서의 일본 복귀 운동은 1950년경부터 많은 민중을 조직적으로 포섭하면서 전개되어 1972년 복귀 실현과 함께 해소되었다. 그 운동사는 압도적인 미군 지배하에서 일본과의 분리가 결정된 후 미군 기지를 둘러싼 주민 피해가 잇따르는 가운데 미국 군정과의 대립 관계가 깊어지며 거대한 조직으로 발전해 나가는 사회 운동의 역사이다.

이 운동에서 '조국 복귀'라는 개념은 어떻게 변용 되었을까? 표면적으로는 일관되게 일본 내셔널리즘 운동으로 보이는 이 운동에서 '일본 복귀'는 어떻게 정당화(정통화)되었는지, 그리고 그 논리는 왜 변모했으며 일본 복귀가 결정된 후에도 왜 '조국 복귀'가 재검토되어야 했는지, 이러한 논점을 중심으로 1970년 전후 '조국 복귀' 논의가 활발해지기까지의 역사적 문맥을 준비했다.

일본 복귀 운동은 냉전 구조의 구축에서 베트남 전쟁에 이르는 세계 정세와 밀접하게 연관되며 주로 미군 기지를 둘러싼 문제를 축으로 전개된다. 미군에 의한 기지 건설을 위한 토지 수탈, 그리고 오키나와 기지의 기능 강화, 더 나아가 베트남 전쟁의 수렁에 빠지는 과정은 반전 운동의 고조를 유발하며 전후 오키나와의 사상에서도 '기지 오키나와'로부터의 '탈피'를 목표로 하는 것이 큰 과제로 다루어진다.

이 과정에서 토지 수탈과 기지 피해를 둘러싼 인권 보장의 문제가 초점화되며 이에 더해 '공생'과 '평화'의 이념이 '반전'의 슬로건 아래 등장한다. 이러한 전개를 바탕으로 '조국 복귀'의 의미 내용도 해독되어야 한다.

또한, 일미 관계에서의 오키나와 반환 협상이라는 배경도 염두에 두어야 한다. 1972년 복귀 직전의 오키나와 반환 문제는 베트남 전쟁 발발 이후 미국이 아시아 전략의 좌절감을 깊이 느끼며 오키나와에 대한 정책도 파탄에 이르는 가운데 일본 정부가 오키나와 정책에 대한 영향력을 강화해 나가는 과정에서 논의되었다. 이 변화에 호응하며 복귀 운동은 점차 대항 축을 일본 정부로 이동시킨다.

✦ 세 가지 의미

이러한 역사적 배경을 염두에 두고 '조국 복귀' 개념의 내용을 세 가지 카테고리로 유형화하였다. 이 세 가지 카테고리는 서로 배타적이라기보다는 상호 관계를 유지하면서 강조점을 이동시키는 역사적 카테고리로 설정되었다.

첫 번째 유형은 1950년경 '조국 복귀' 요구가 민중 동원을 수반한 운동으로 구체화되어, 더욱이 '토지 문제'를 축으로 '섬 전체 투쟁'으로 발전하는 기간에 중점을 둔 것이다. 이 시기에 주장된 복귀 내용의 특징을 '민족주의적 복귀'라고 하겠다.

두 번째 유형은, 1960년에 결성된 '오키나와현 조국 복귀 협의회'라는 대규모 조직을 중심으로 하여, '토지 투쟁'의 교훈을 반영한 보다 구체적이고 광범위한 자치권과 인권의 획득을 주로 일본 헌법에 요구하고자 한 것이다. 이를 '헌법 복귀'라고 하겠다.

세 번째 유형은 1965년 베트남 전쟁의 격화를 계기로 기지 문제가 평화 문제로 부각되면서 '복귀' 요구가 국제적 시야에서 검토되기 시작한 시대적 배경을 반영한 것이다. 그 요구를 '반전 복귀'라고 하겠다.

이제 복귀 운동 속에서 '조국 복귀'의 강조점이 이동해가는 역사적 구체적 과정을 그려보겠다. 그 과정에서 염두에 두고 있는 것은 전전에 구축된 '시민(양민)'='국민(신민)'='일본인(야마토인/야마토츄)'이라는 결합 구조가 위협받는 양상이다.

'조국 복귀' 개념의 변용을 세 가지 카테고리를 설정함으로써 포착하고자 하는 것은 그 변용이 '요구의 고조'와 함께 시민성 이념을 근본적으로 묻고, 그 실현 요구의 성격을 띠는 흐름이기 때문이다. 이 흐름이 '일본인'과 '오키나와인'의 관계를 새롭게 분절화하는 계기를 준비하는 것이다.

마침내 1970년 전후 오키나와 반환 프로그램이 명확해지기 시작한 시기에 복귀론과 반복귀론 모두 '일본(인)' 대 '오키나와(인)' 이라는 양쪽에 실체를 부여하는 대립적인 공동체 표상을 등장시켰다. '조국 복귀' 개념의 역사적 귀결을 이해하기 위해서도 여기서 등장하는 대립적으로 형상화된 공동체 표상의 역사적 의미를 정확히 분석할 수 있는 정치적·역사적 문맥이 설정되어야 한다.

【칼럼 ❶】 천황 메시지 / 미국에 자유 사용 촉구

1945년 포츠담 선언과 점령 초기의 미국의 대일본 방침 등에 따르면 미국은 당초 일본을 완전히 비무장화·비군사화하는 방침이었다. 그러나 그 중에서도 오키나와에 대해서는 극동 전략의 일환으로 일본 본토와는 다른 위치를 부여했다. 특히 군부는 오키나와의 전략적 지위를 중시했다. 미국령으로 소유하는 것도 불사하며 오키나와를 일관되게 미국의 지배하에 두려고 했다.

오키나와 전투에서 미군이 오키나와 본섬에 상륙한 직후인

1945년 4월 3일 오키나와를 일본으로부터 분리하기로 결정한다. 연합군 총사령부(GHQ)는 1946년 1월 29일 '오키나와 분리' 지령을 내린다. '오키나와인은 일본인과는 다른 소수 민족'이라는 인식도 작용하고 있었다. 그 후 미군부는 소련과 중국 등 공산권의 움직임에 대한 경계를 강화하며 오키나와를 군사 거점으로 명확하게 위치시키게 된다.

◇ 와타리니 후네渡りに船[28]

오키나와 분리 방침을 둘러싸고, 미국 국무부는 군부와 날카롭게 대립했다. 국무부는 '영토 불확대 원칙'을 중시했기 때문이다. 이 원칙은 1941년에 미국과 영국이 선언하였고, 1943년의 미영중 카이로 선언에서 확인되었으며 연합국의 포츠담 선언에서 이행이 약속되었다. 국무부는 당초 오키나와의 조기 반환을 주장했다.

그러나 미국 정부 내에서는 점차 소련을 견제하려는 의견이 강해졌다. 그런 가운데 '천황 메시지'가 들어왔다. 25~50년 또는 그 이상에 걸친 장기 대여(리스)라는 '허구'를 통해 오키나와의 군사 점령을 지속하려는 내용은 '대여'라는 명목 하에 오키나와를 '자유롭게 사용해도 좋다'는 것이었다. 대일 정책을 둘러싸고 혼란스러웠던 미국 정부에게 이 제안은 마치 "호박이 넝쿨

28 渡りに船(わたりにふね)는 일본어 속담으로 상황이 나에게 매우 유리하게 돌아갈 때 사용하는 표현이다. 직역하면 '강을 건너려던참에 만난 배'라는 뜻으로, 배를 타고 강이나 바다를 건너야 하는 상황에서 마침 배가 다가와 큰 도움이 되는 상황을 의미한다. 비슷한 한국어 표현으로는 '호박이 넝쿨째 굴러왔다'나 '가뭄에 단비'가 있다. – 역자 주.

짜 굴러온" 것이었다.

오키나와를 '영구적'으로 '군사의 요충지'로 삼음으로써 소련과 중국에 대항하는 정책에 일조하려는 일본 측의 제안으로 미국 정부는 받아들였다. 이 메시지가 미국의 점령기 대일 정책을 민주화에서 무장화로 전환시키는 계기가 되었다고 연구자들은 지적하고 있다.

기념 촬영을 하는 히로히토 천황(오른쪽)과 맥아더(1945년 9월 27일, 미국 대사관저)

이 생각은 평화 조약을 위한 일미 교섭의 자리에서 구체화된다. 1951년 1월, 요시다 시게루吉田茂 총리는 평화 조약 체결 시 오키나와를 '버뮤다 방식[29](99년 임대)'으로 미군에 대여할 것을 요청하는 문구를 넣도록 니시무라 쿠마오西村熊雄 조약국장에게 지시했다.

◇ 딜레머

이 총리의 방침은 미국 측의 환영을 받아 1952년 샌프란시스코 평화 조약에 반영되었다. 제3조 전반부는 '만약 미국이 오키

29 버뮤다 방식이란 대서양의 영국령 버뮤다 제도 일부를 미국에 99년간 빌려줘 군사기지를 건설한 데서 유래했다. – 역자 주.

나와를 유엔의 신탁 통치 하에 두기로 결정하면 일본은 반드시 그 제안을 동의한다'는 내용이다. 영토권을 일본에 남겨두면서도 미국에게는 '리스' 상태, 즉 일본에는 '잠재 주권'이 있다는 것이었다.

그러나 미국은 오키나와를 신탁 통치로 만드는 제안을 할 의사가 없었다. 실제로 유엔에 제안하더라도 대립 관계에 있는 소련이 거부권을 행사할 것이 예상되었기 때문이다.

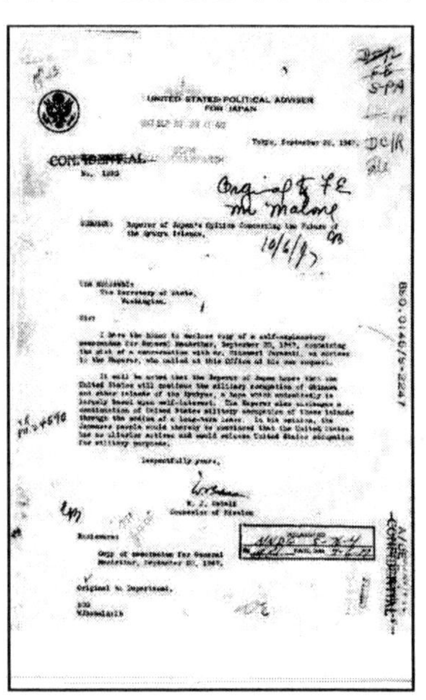

UNITED STATES POLITICAL ADVISER
FOR JAPAN

CONFIDENTIAL

Respectfully yours,

Original to Department.

천황의 고용인이었던 데라시마 히데나리寺島英成가 시볼트 미국 외교국장에게 보낸 천황의 '오키나와 메시지'(오키나와현 공문서관 소장)

따라서 국제적으로 인정된 '신탁 통치' 제도를 문서에 포함시킴으로써 국제 사회에 오키나와에 대한 지배를 '정당화'하면서도 실제로는 제안하지 않아 오키나와를 '영구 통치'하려는 것이 평화 조약에 담긴 미국의 의도였다.

제3조 후반부는 '미국은 오키나와에 대해 통치권을 전부 행사할 수도 있고 일부 행사할 수도 있다'는 내용이다. 일부만 행사할 수 있다는 것은 예를 들어 일본과 기지 협정을 맺고 기지에 대한 행정권만 행사하고 나머지 행정권은 반환할 수도 있다는 의미로 해석된다.

이러한 문구에 담긴 미국의 최대 목표는 '기지의 자유 사용'을 보장하는 '배타적 통치권'이었다. 제3조는 이를 '정당화'하고 국제 사회나 일본 국민의 비판의 눈을 피하려는 다양한 딜레마를 회피하려는 조치의 일환으로 볼 수 있다.

가령 오키나와를 일본에 반환하면 기지를 위한 '토지 확보'나 '자유 사용'에 지장이 생길 뿐 아니라 전국과 연대한 강력한 반대 운동도 예상될 수 있다. 반면 오키나와를 신탁 통치로 하면 유엔의 감독 하에 오키나와 주민이 자치권이나 독립을 주장하고 기지를 몰아낼 가능성이 있다고 미국 정부는 생각했다.

유엔 헌장은 '자결권'의 원칙을 인정하고 있기 때문에 오키나와 주민이 이를 행사해 독립을 선언하고 주민 투표 결과 기지가 불필요하다는 결론이 나올 경우 미국이 기지를 유지하는 것은 매우 어려워질 것이다. 게다가 그 가능성은 높았기 때문에 오키나와는 일본의 일부로 두어 주민에게 자결권을 부여하지 않고 독립할 수 없게 할 필요가 있다고 미국 정부는 판단했다.

3. '민족주의적 복귀'론

✦ 초기에는 '민족 문제'로서 위치

오키나와에서 당초 '일본 복귀'가 큰 문제로 부상한 것은 오키나와가 일본으로부터의 '분리'가 결정적이 된 국면이었다. 이 과정에서 문제로 삼아야 할 것은 '분리'의 사태가 오키나와의 민중 운동에서 어떻게 해석되었고 어떤 목표가 설정되었는가이다. 초기의 복귀 운동이 조직화되는 과정에서 오키나와의 귀속 문제는 '민족 문제'로 위치 지어졌다. '오키나와가 일본으로 돌아가는' 것은 '본래의 자연스러운 모습'이며 '자식이 어머니에게 돌아가는 것과 같다'는 논조가 주류를 이루었다. 특히 '섬 전체의 토지 투쟁'이 확대되고 격화되는 시점에서 미군의 토지 수용이 국토 박탈의 문제로 인식되었고 '민족의 위기'가 외쳐질 때 그 경향은 절정에 이르게 되었다.

여기서 주의해야 할 것은 오키나와전 이전과 운동의 연속성이다. 오키나와 근대사에서 '일본인이 되다'라는 생활 실천을 적극적으로 이끌어간 지식인, 학력 엘리트, 교직원들이 중심이 되어 '조국 복귀'를 주장하고 초기의 복귀 운동을 조직했기 때문이다. 이 관점에서 주목할 것은 초기 복귀 운동에서 내걸었던 '국토 탈환'이라는 슬로건이다. 거기에는 '토지'와 '혈통'의 허구와 함께 '오키나와인' = '일본인'이라는 상징성을 부여하여 민중의 강렬한 열정을 유도하려는 의도가 보인다.

'세계에 군림하는 미군'이라는 '압도적 타자' 앞에서 '일류동조日琉同祖'를 '자명한 근거'로 한 유토피아적인 '일본'이 환시되었다. 이때 미국군이라는 '강력한 타자'의 침입 과정에서 오키나와 전투에 이르기까지 본토 일본인에 의한 오키나와인 차별이라는 역사 인식이 어떻게 처리되었는가가 중요하다. 당초 그것은 '조국 복귀'를 정당화하기 위해 '일류동조'라는 전전의 자타 인식을 자명한 전제로 삼아 표면적으로는 망각된 상태였다.

이런 의미에서 초기 복귀 운동은 전전의 '국민이 되다' = '일본인이 되다'라는 자발적 운동과 연속성을 유지하면서 전개되었다고 할 수 있다.

✦ 맥아더의 오키나와 인식

종전 직후의 오키나와 귀속 문제는 미군정의 주도권 하에서 전개되었다. 1945년 4월 오키나와 본섬에 상륙한 미군은 해군 원수 체스터 윌리엄 니미츠Chester William Nimitz의 명의로 '미 해군 군정부 포고 제1호'를 발령하여 '일본 제국 정부의 모든 행정권을 정지'하고 군정부 수립을 선언했다. 그러나 8월 14일 일본이 포츠담 선언을 수락하고 연합국에 무조건 항복하면서 군정부 수립의 필요성이 사라져 일본은 연합군의 점령 하에 놓이게 되었다.

이 시기에 연합국 총사령부(GHQ)가 북위 30도 이남의 남서 제도를 일본 본토로부터 분리하는 방침을 밝히면서 오키나와의 귀속 문제 논의에 불을 지폈다. 이른바 'GHQ 각서'다. 여기서 오키나와의 위치는 '일본국'의 최종적인 영토 확정 작업의 일환으로 북방 영토 등과 함께 얄타 협정 및 카이로 선언 이래의 연합국 내에서의 협약에 대응한 것이며 미국의 국제 전략 전망과 깊이 연관되어 있었다. 그것은 단순히 소련에 대한 정치 전략상의 목적뿐만 아니라 미·소의 의도를 넘어 유동화된 아시아 정세에 대처하기 위한 군사적 가치에 기반한 것이었다.

미군의 군사적 정치 전략에 대한 오키나와 인식은 1947년 7월 맥아더 연합국군 최고사령관의 발언에 명확히 드러나 있다. '류큐는 우리의 자연적인 국경이다. 오키나와인이 일본인이 아닌 이상 미국의 오키나와 점령에 반대하는 일은 없을 것이다.'[30]

이 발언에서 읽을 수 있는 중요한 포인트는 미군정 하에 있는 오

30 中野好夫編『戦後沖縄資料』日本評論社.

키나와인은 일본인과는 다른 민족이며 류큐 제도는 독자적인 문화권과 사회권을 가진 지역으로 인식되었다는 점이다. 더욱이 그 인식이 대소 정치 전략에서 영토 문제를 정당화하는 논리로 사용되었다. 이 이중 논리에 의해 미국이 오키나와를 군사 기지화하는 것이 '필연화=자연화'되고 마치 그것이 '오키나와의 운명'인 것처럼 이야기되고 있다.

✦ 귀속 논쟁

이러한 정세를 배경으로 오키나와의 귀속 문제는 오키나와에서 어떻게 논의되었을까. 오키나와 제도에서는 1947년을 기점으로 각 군도 단위를 활동 영역으로 한 여러 정당이 결성되었다. 각 정당에게 귀속 문제는 당연히 최대의 정치 과제였다. 독립이냐 일본 복귀냐를 두고 의견이 양분되는 논쟁은 '오키나와의 경제 문제'와 '본토의 차별적 역사 인식'을 주요 쟁점으로 하여 정당 간의 토의에서 군도 회의의 수준에 이르기까지 발전적으로 진행되었다. 각 정당에 공통된 점은 포츠담 선언을 참조한 '민주화'를 최대의 슬로건으로 내세운 것과 점령 미군에 대한 협력적인 태도였다. 그러나 복귀론과 독립론의 큰 차이점은 일본인과의 관계에 대한 민족적 역사관에 있었다.

예를 들어, 복귀론의 입장에서는 언어, 풍속, 습관 등을 보더라도 류큐인은 일본인과 동일한 민족임을 '부정할 수 없다'고 하며 동일 민족이 동일한 정치 체제에 놓이는 것은 '인류 사회의 자연스러운 모습'이라고 주장되었다.

경제 측면에서도 류큐 경제는 전쟁 직전까지 일본의 국내 경제의 한 분업 단위였으므로 어떤 일이 있어도 일본을 중심으로 한 아시아의 경제권에서 벗어날 수 없기 때문에 일본 귀속이 오키나와 민족의 미래를 위해서도 필요하다는 입장이었다.

이와 같은 '조국 복귀'론이 '자연스러운 모습'으로서의 민족관은 전후 즉시의 복귀 청원에서 볼 수 있는 주장들의 기조였다. 초기 복귀 운동사에서 '복귀 남'으로 불리는 전 신문 기자 나카요시 요시미쓰仲吉良光는 복귀 청원에 즈음하여 '일류동조론日琉同祖論'에 사로잡혔음을 다음과 같이 고백하고 있다.

"전방에 오래된 쿠다카久高섬이 보인다. 300년 전 하네지羽地 왕자 쇼조켄向象賢의 유명한 일류동조론은 쿠다카섬 참배를 폐지할 것을 '왕'에게 건의한 진언서에 있다. 이 나라의 기원은 일본에서 왔다는 것은 의심할 여지가 없다. 그러므로 초목과 조수의 이름이 모두 서로 통한다 … 라는 문구가 자연스럽게 입에 나온다. 몇 번이고 반복하며 나는 결국 그것에 사로잡혔다. 친구들에게 이야기하며 우리도 의사 표시를 하고 일본 복귀를 원하자고 말했다. … 결국 내가 앞장서기로 이야기가 정리되어 경찰서에서 연필과 종이를 받아와 진정서를 썼다. '대일 평화 조약 체결 시 오키나와는 역시 일본의 일부로 남도록 워싱턴 정부에 진언해 주기를 바란다. 여기에는 논리도 이유도 없다. 오키나와인은 일본인이므로 자식이 부모의 집으로 돌아가고 싶어하는 것처럼 인간의 자연스러운 감정에서 비롯된 것이다. 부디 동정해 주길 바란다'를 골자로 하는 진정서였다."[31]

31 仲吉良光『沖縄祖国復帰運動記』沖縄タイムス社

✦ 부정적인 현실

그러나 독립론에서는 이러한 입장을 철저히 거부했다. 민주동맹의 소네 무네하루祖根宗春는 이렇게 주장했다.

“우리의 주장은 류큐의 최종적인 결정은 어디까지나 독립이어야 하며, 독립하더라도 일본 귀속론자가 주장하는 것처럼 우리는 일본과 문화, 사상, 경제적으로 독립한다고 해서 일본어를 사용해서는 안 되고, 일본식 교육을 받아서는 안 되고, 일본에 유학해서는 안 된다는 것이 아니다. 독립하더라도 가능하다. 단지 행정적으로 국가의 주권 및 행정권이 류큐 독립론에 따라 류큐국을 세우고 류큐의 주권은 류큐인의 손에 의해 관리되고 류큐의 정치는 류큐인이 스스로 하는 것이다. 이것이 우리의 주장이며 그러한 점에서 일본 귀속과 다르다.”

오키나와 경제에 대해서는 과잉 인구의 해외 이민과 전쟁 피해를 전면에 내세워 일미 양국에 경제 지원을 요구하는 것이었다.[32]

복귀론에는 명백히 오키나와 전투 이전에 ‘일본인이 되는 것’과의 멘탈리티의 연속성이 보인다. 독립론 역시 문화적 측면에서 오키나와의 민족성을 ‘일본인’과 동일한 것으로 해석하면서도 주권을 획득하려는 입장을 견지하고 있다. 그러나 양측 모두 경제적 지원을 기대한다는 점에서는 차이가 없었다. 종전 직후의 막대한 피해와 혼란한 정세를 반영하여 경제 문제는 시급한 과제였다.

전후 몇 년 후에는 미군을 해방군으로 보는 시각이 쇠퇴하고 오키나와의 귀속에 관한 새로운 모색이 시작되었다. 그렇다면 어떤

32 中野好夫編, 앞의 책.

이유로 복귀 운동이 시작되었을까. 독립이냐 복귀냐는 논의를 거쳐 복귀 운동으로 이행해가는 상황에 대해 오키나와 현대사 연구자인 아라사키 모리테루新崎盛暉는 다음과 같이 설명하고 있다.

"일시적, 단편적으로는 일반 민중에게 일본군과의 이질성을 느끼게 했던 미국식 휴머니즘은 난폭한 미군 범죄 앞에서 완전히 퇴색되었다. 민중의 기본적인 권리는 박탈된 채로 고압적인 지배자의 자의적 정책(예를 들어, 식량 대폭 인상, 식량 배급 중단 사건)은 민중의 반발과 권리 의식을 강화했다. 그리고 경제적으로도 많은 민중은 빈곤 상태에 있었다. 부정적인 현실에 놓인 민중은 문화적 복귀론을 단서로 하여 거기서 탈피할 길을 일본 복귀 방향에서 찾고 있었다."[33]

✦ 조직적 운동의 시작

이러한 상황을 배경으로 대부분의 독립론자들이 복귀론으로 전환하고 오키나와에 대한 일본 본토의 역사적 차별 지배의 책임은 전적으로 전전의 천황 중심주의적 비민주주의(=제국주의) 일본에 있으며 현재의 일본은 '신헌법 하에 새로 태어난 일본'으로 인식하게 되었다. '평화 국가 일본'과 '민주 국가 일본'은 경제적 발전을 위한 조건도 갖춘 이상적인 국가였고, '동일 민족은 근대적인 민족 통합을 향해 나아가야 한다'고 여겨졌다. 이렇게 해서 초기 복귀 운동의 기조가 되어가던 문화론적으로 민족의 동일성을 호소하는 '조국 복귀' 운동은 1951년 3월 18일의 오키나와 군도 회의에서 15대

33 新崎盛暉『戦後沖縄史』日本評論社.

서명 운동을 전개한 일본 복귀 촉진 기성회의 회원들(1951년, 나하시 역사박물관 제공)

3으로 '일본 복귀' 의견이 통일된 때부터 구체적인 조직적 운동으로 시작되었다. 같은 해 4월 29일에는 일본 복귀 촉진 기성회가 결성되었고 곧이어 사대당 청년부의 신진회를 중심으로 일본 복귀 촉진 청년 동지회도 결성되었다.

이 두 단체에 의해 지역 간담회와 서명 운동이 조직되었고 불과 3개월 만에 유권자 27만 6천명 중 72.1%에 해당하는 19만 9천명의 서명을 모았다. 군도 지사도 존 포스터 덜레스John Foster Dulles 특사, 요시다 시게루吉田茂 총리, 평화 회의 의장에게 복귀 요청 전보를 보냈다. 같은 해 5월 12일에 결성된 '류큐 일본 복귀 기성회'는 '우리는 여기서 류큐의 역사적, 지리적, 경제적, 문화적, 민족적 관계로부터, 신속히 일본에 복귀하는 것이 류큐인에게 번영과 행복을 가져다줄 것이라고 믿으며 류큐의 일본 복귀 촉진 기성회를 결성했다'고 선언하며 이를 결의했다.

✦ 일본과의 분리

1952년 4월 28일, 대일 평화 조약이 발효되면서 남서 제도는 일본과 분리되었다. 다음 해 1월에 결성된 '일본 복귀 기성회'가 결의한 내용은 다음과 같았다.

"평화 조약 제3조를 철폐하고 조국으로의 즉시 완전 복귀를 기약한다. 우리는 조국을 가지고 있으면서도 그 의지에 반하여 민족적 고아가 되어 타국의 행정 하에 놓여 있다. 이는 분명 기형적인 모습이며 민족적인 비극이다. 이 상황을 탈피하여 민족의 행복과 번영을 추구하는 것은 독자적인 민족적 문화와 역사를 가진 우리 본래의 욕구이다."

초기 복귀 운동은 철저히 '민족주의'적인 '복귀'가 기조였으며 전면적인 평화와 기지 반대와 같은 정치적 주장을 적극적으로 배제하는 경향이 있었다. 그러나 운동은 미국 대통령 아이젠하워의 '연두교서'(1954년 1월 7일) 이후 미군 군정의 억압에 직면하게 된다. 초기 억압은 운동 조직의 중심인 교직원회의 지도자들의 출국 거부로 표면화되었다. 이 시기에 방공 문제에 대한 신념을 발표한 데이비드 에어스 드푸 오그던David A. D. Ogden 고등 판무관은 교직원들을 비난하며 '그들은 공산주의를 가르치며 공산당원의 보급을 목적으로 교육하고 있다'고 비난했다. 이러한 반공 공격 속에서 조국 복귀 기성회는 1954년 중반에 자연 소멸하게 된다.

그러나 1953년경부터 냉전 체제를 구축하기 위해 군사화를 추진하던 미국이 군사 기지 사용을 위한 토지 수용을 강화하면서 전후 오키나와 최대 규모의 민중 운동을 유발하게 된다. 이른바 '섬 전체의 토지 투쟁'이다. 이 운동에서 민족주의적 논조가 최고조에 달하자 토지 문제를 중심으로 한 오키나와 문제 전체가 민족 문제로서 뿐만 아니라 인권 문제로도 부각되었다. 운동 측은 민주주의 획득을 내세우며 미군 군정과 대립하는 동시에 평화 헌법을 갖춘 독립된 '일본'이 '유토피아'로서 상상되어 권리 획득에 대한 열망이 일본 헌법에 대한 지향성을 강화해 나갔다.

✦ 섬 전체의 투쟁

군용지 문제의 발단은 1950년 12월 5일 '류큐 열도 미국 민정부에 관한 지령'에서 구체화되었다. 이는 '미국 정부가 영구적으로 필요로 하는' 토지를 '구매 또는 수용하여 그 소유권을 획득한다'는 의미였다. 1953년경부터 1955년경에 걸쳐 토지가 수용되었다. 무장한 미군과 오키나와인 특경대를 동원한 이러한 폭력적인 토지 수용은 한국 전쟁으로 그 중요성이 입증된 오키나와 미군 기지의 정비・확장 정책의 구체적 전개였다. 그리고 이러한 강압적 정책에 대한 농민들의 강한 저항은 반공 정책의 일환으로 모두 공산주의자들의 선동에 의한 것으로 간주되었다. 이렇게 미군 군정은 오키나와 민중 운동과의 대립을 심화시켜 나갔다.

한편, 토지 수용 문제가 '인권 문제'로 부각되는 과정에서 이른바 '아사히 보도'가 큰 역할을 했다. 1955년 1월 14일자 '아사히 신문' 사설은 다음과 같이 적었다.

"오키나와 섬민은 우리 동포이다. 패전의 결과로 미국의 지배하에 놓이게 되었지만 우리는 동포이다. 그 동포가 토지의 강제 수용, 임금의 인종적 차별, 기본적 인권의 침해 등으로 문자 그대로 최저의 생활조차 할 수 없는 상태에 놓여 있다는 것은 일본인의 강한 관심을 불러일으키지 않을 수 없다."

이 보도는 일본 본토에서 '오키나와 문제'라는 명칭이 사용되는 계기가 되었다. 여기서 읽을 수 있는 것은, 오키나와 문제가 전후 일본의 민족주의에 중요한 역할을 한다는 점이다. 동시에 전후 10년

동안 거의 본토 저널리즘에 모습을 드러내지 않았던 오키나와가 다루어짐으로써 복귀 운동에서 '조국'의 모습이 더욱 강해졌고, '조국 복귀'의 정당성은 '일본 민족과의 혈연'을 재확인함으로써 더욱 견고히 뿌리내리게 되었다.

✦ 프라이스 권고

1955년 4월 30일, 입법부는 '군용지 처리에 관한 청원'을 만장일치로 채택했다. 이 청원에서는 나중에 '토지를 지키는 네 가지 원칙'으로 불리게 될 일괄 지급 반대, 적정 보상, 손해 배상, 신규 수용 반대의 네 가지 요구가 명확히 제시되었다.

이 청원과 동시에 행정부, 입법부, 시정촌市町村장회, 토지 연합회는 사자 협의회를 결성하고 미국 민정부와 협상하기로 했다. 현지 협상이 진전을 보이지 않자 미국 본국 정부와 협상하기로 하여 방미 대표단을 파견했다. 이 대표단의 요청에 따라 미국 하원 군사위원회는 M. 프라이스Melvin Price 의원을 위원장으로 하는 조사단을 오키나와에 파견했다. 프라이스 조사단은 1955년 10월 14일부터 11월 23일까지 40일간 현지 조사를 실시하고 이른바 프라이스 권고를 의회에 제출했다.

이 내용이 입법부 결의를 전면 부정하는 내용이었기 때문에 이에 분노한 민중들이 수십만 단위로 결집하여 운동을 전개하게 되었다. 이러한 이른바 '프라이스 권고 반대 투쟁' 속에서 국토 방위론, 영토권 방위론이 일거에 표면화된 것은 이 '섬 전체의 투쟁'이 복귀 사상에 의해 지탱되었음을 보여주었다. 1954년경 미군의 탄압에 의해 자연 소멸한 초기 복귀 운동의 '민족주의'적 기조가 이 운동에도 계승되었고 그것이 프라이스 권고를 계기로 국토 방위론, 영토권 방위론으로 전면화되었다.

15만 명의 군민이 결집한 토지를 지키기 위한 4원칙 관철 군민대회(1956년 7월 28일 밤, 나하 고등학교 교정)

예를 들어, 1956년 6월 '군용지 네 가지 원칙 관철 주민 대회' 개최에 앞서 교직원회가 발행한 격문은 다음과 같이 적고 있다.

"팔십만 동포를 희생시킨 십 년의 성의 있는 협력에도 불구하고 프라이스 권고는 '자유 국가들을 지킨다'는 미명과 '강렬한 민족 투쟁이 없다'는 경멸 아래 네 가지 원칙을 짓밟고 일괄 지급이라는 이름으로 실질적으로 토지를 사들이고 절대 소유권을 빼앗으려 하고 있다. 민족의 분노가 이보다 클 수 있겠는가. … 우리는 더 이상 도마 위에 놓인 물고기가 아니다. 고귀한 인간성과 민족 의식을 깨달은 인간들의 집단이다. 우리 오천 교사는 지금이야말로 민족적 양심을 결집하여 우리 국토와 교육을 지키자. 그리고 총력을 다해 모든 동포와 함께 철저히 싸울 태세를 갖추자."[34]

✦ 미군의 탄압과 투쟁의 종결

1956년 7월 28일에 열린 '네 가지 원칙 관철 현민 대회'를 앞두

34 1956年6月1日付朝刊『琉球新報』.

고 '오키나와 토지를 지키는 모임'이 7월 19일 발표한 성명문은 다음과 같다.

"하나, 우리는 전 현민과 함께 국토의 한 평도 미국에 팔지 않기 위해 민족의 무한한 저력을 발휘하여 싸울 것이다. / 하나, 우리는 전 현민과 함께 네 가지 원칙을 허물기 위한 모든 허위를 세계 앞에 폭로하고 압력을 분쇄하여 끝까지 싸울 것이다. / 하나, 우리는 전 현민과 함께 주민 조직을 완성하고 철의 결속을 다져 어떤 어려움에도 굴하지 않고 끝까지 싸울 것이다. / 하나, 우리는 전 현민과 함께 독립과 평화와 민주주의의 깃발을 높이 들고 조국과 민족을 지키기 위해 끝까지 싸울 것이다."

이렇게 강렬한 민족주의 운동으로서의 '섬 전체의 토지 투쟁'은 절정에 달했다. 그때까지 미군은 행정부, 입법부, 시정촌장회, 토지 연합회, 시정촌 의장회 등으로 구성된 오키나와 토지 협의회(오키나와 토지를 지키는 모임의 전신)의 프라이스 권고에 대한 반론을 무시하고 규정된 방침을 고수하는 강경한 태도를 보였지만 운동에 대한 직접적인 방해나 탄압은 하지 않았다.

그러나 미군은 토지 협의회가 거대한 민중 운동으로 떠오르자 이에 대해 탄압을 시작했다. 오키나와 본섬 중부 지역에 대한 미군 관계자의 오프리미츠Off Limits(출입 금지) 선언과 류큐 대학에 대한 반미 학생 처분 요구가 그 예이다. 미군은 '주민 대회나 시위에서 선동적 의견 또는 행동의 결과로 발생할 수 있는 류큐인과 미군 간의 충돌을 피하기 위한 예방 조치'로서, 고자시(현재의 오키나와시)를 중심으로 한 중부 지역 일대를 무기한 오프리미츠 지역으로 선언했다.

이 사건을 계기로 '섬 전체의 토지 투쟁'은 수그러들기 시작했다. 오키나와의 대규모 민중 운동은 다시 시작될 1960년대의 복귀 운동을 기다리게 되었다. 그러나 이 운동이 초기 복귀 운동에서 나타난 '민족주의'적 기조뿐만 아니라, '인권'과 '민주주의' 획득을 내세운 민주적인 민중 운동의 성격도 띠고 있었다는 점은 주목할 만하다. 이 성격은 후의 복귀 운동에서 더욱 두드러지게 나타난다.

【칼럼 ❷】 파탄한 평화 조약 3조 / 국제법상 근거 상실 / 일본의 '동의'로 통치 계속

'3조는 효력을 상실하고 있다' – 샌프란시스코 평화 조약 체결 약 2개월 후인 1951년 11월 5일, 국회에서 이러한 지적이 나왔다. 유엔 회원국의 지역에는 신탁 통치 제도가 적용되지 않기 때문에(유엔 헌장 78조) 일본의 유엔 가입 후에는 제도 적용을 규정한 3조의 효력이 소멸하는 것이 아닌가 – 하는 것이었다. 이에 대해 니시무라 쿠마오西村熊雄 조약국장은 다음과 같이 답변했다.

"독립국이 있어 그 소유의 식민지 일부를 신탁 통치에 부칠 수 있다는 것은 이미 유엔 헌장(77조 1항 c)에 의해 예견된 것입니다. 아무런 문제가 없습니다."

유엔 헌장은 신탁 통치 제도의 목적이 식민지에 놓인 지역을 유엔 감독하에 '자치 또는 독립을 향해 주민의 점진적인 발전을 촉진하는 것'으로, 77조에서 지역을 세 가지로 규정하고 있다. 니시무라 국장은 오키나와는 일본의 고유 영토라고 답변한 한편으로 '일본의 식민지 일부'로서 '자발적으로 제도 하에 놓이든 지역'에도 위치할 수 있다는 모순된 '어려운 답변'을 했다.

3조를 둘러싸고 국제법 연구자들로부터도 비판이 쏟아졌다. '비민주적인 영토 변경 금지에 저촉된다', '일시적·편의적인 신탁 통치 제도의 이용은 제도의 남용이며 정치적 목적의 미화이다' 등의 비판이 제기되었다.

샌프란시스코 평화 조약 제3조

일본은, 북위 29도 이남의 남서 제도(류큐 제도 및 다이토大東 제도를 포함)와 마리아나 제도 남부 남방제도(오가사와라 제도, 니시노시마 및 화산열도를 포함)와 함께 오시마 및 미나미오시마를 합중국을 유일한 시설 관할권을 가지는 신탁 통치 제도의 하에 둔다. 이는 국제 연합에 대한 미국의 제안을 승인하여야 하며, 그러한 제안이 거부되거나 수정되지 않는 한, 그 섬들을 포함한 모든 섬 지역 및 그 주민들에 대하여 행정, 입법 및 사법 권한의 전부 또는 일부를 행사할 권한을 가진다.

국제 연합 헌장

제77조 [신탁 통치 지역]

1. 신탁 통치 제도는 신탁통치협정에 의해 다음 종류의 지역에서 적용되며 이러한 제도 하에 놓이게 된다.

a. 현재 위임 통치하에 있는 지역
b. 제2차 세계 대전의 결과로 적국으로부터 분리되는 지역
c. 해당 지역의 주민들이 독립적으로 결정하여 이 제도의 하에 두기로 동의한 지역

제78조 [국제 연합의 가맹국이 된 지역]

국제 연합 회원국의 관계는 주권의 존중을 바탕으로 하기 때문에 신탁 통치 제도는 이러한 지역에는 적용되지 않는다.

◈ 미국에 추종

1956년 12월 12일, 중의원 외무위원회에서 나카가와 토오루 외무사무관 겸 아시아 국장은 "미국 측은 신탁 통치를 요구할 생각이 없다는 것을 여러 번 비공식적으로 의사 표시해왔다"고 밝혔다. 같은 달, 일본의 유엔 가입 후 중의원 법무위원회에서도 이와 같은 지적이 나왔다.

"3조는 미국이 언제까지나 오랫동안 시정권을 갖는 취지가

아니며, 미국은 오키나와를 신탁 통치로 만들 의도도 없고 법률상으로나 사실상으로도 신탁 통치로 할 수 없다. … 이 제도의 목적은 오키나와에 적용되지 않는다. 일본이 유엔에 가입한 후에는 77조도 적용되지 않는다. 유엔에 제안한다고 해도 안전보장이사회에서 소련의 거부권 행사는 뻔하다. 3조는 근거를 잃었다. 불가능한 조건을 붙인 조항은 무효다."

이 시점에서 일본 정부가 3조 무효론・실효론을 주장하며 시정권 반환을 강력히 요구했다면, 조약상의 일본의 '동의'는 깨지고 미국의 통치권 행사를 중단시킬 수 있었을지도 모른다. 1957년, 기시 노부스케 총리는 맥아더 주일 미국 대사(맥아더 GHQ 최고사령관의 조카)에게 "류큐는 일본 고유의 영토다. 일본인은 미국의 오키나와 통치의 정당성에 의문을 갖고 있다"고 말했지만, 명확한 법적 주장을 하지는 않았다.

그 후, 케네디 미국 대통령은 1962년 3월 성명에서 "나는 류큐 제도가 일본 본토의 일부임을 인정한다. 자유 세계의 안보상의 이익이 류큐 제도를 일본국의 완전한 주권 아래로 복귀시키는 것을 허용하는 날을 기대하고 있다"고 발표했다.

오키나와를 신탁 통치하에 두겠다는 제안을 명확히 포기한 것이다. 이에 따라, 3조 무효・실효론의 설득력이 커지고 미국에 의한 오키나와 통치의 불법성이 강해졌다. 그러나 일본 정부는 계속해서 니시무라 씨의 답변 논리로 두 논리를 모두 배제했다.

오키나와는 조약 발효 이후 1972년 일본 복귀까지 무려 20년간 국제법상 실질적인 근거를 결여한 채 통치되었다. 그 상태는 일본의 '동의' 없이는 성립할 수 없었다. '동의'의 이유를 설명한 국회 답변에는 오키나와를 식민지로 위치시키는 논리가 숨어 있었다.

4. '헌법 복귀'론

✦ 일본국 헌법 하의 '복귀'

'섬 전체의 토지 투쟁'은 일단락을 맞이했지만 이 운동이 복귀 운동의 새로운 전개에 큰 영향을 미친 것은 확실하다. 토지를 둘러싼 '인권'과 '민주주의' 개념이 오키나와의 부정적인 현실을 타개하기 위한 깃발로서 확고한 위치를 차지하게 되었다. 초기에는 '어머니 조국'으로의 순수한 민족주의로 시작된 복귀 운동은 1960년대에 들어서면서 민주주의적 성격을 분명히 띠게 되었고 '민족주의'적 성격은 퇴조하기 시작했다.

그동안 미군정에 대한 권리 요구와 일본에 대한 청원이라는 형태를 취하고 있던 '조국 복귀' 운동은 다양한 권리 침해 등을 앞에 두고 명확한 불신감과 강경한 항의 의사를 표명하게 되었다. 본토 정부와 본토 정당들에 대한 복귀 운동 측의 호소에서 볼 수 있듯이 어떻게 오키나와의 '잠재적 주권'을 실질적인 주권으로 바꿀 것인가, 즉 일본의 '민주 헌법' 아래로 어떻게 '복귀'할 것인가가 초점이 되었다.

'조국 복귀' 운동이 일본의 '주권' 개념을 강하게 의식하게 된 계기는 1957년 6월 21일의 기시岸-아이젠하워 회담에서 나온 '일미 신시대 협력 체제' 구상에 있다. 1960년 안보 문제를 둘러싸고 일미 간의 협상이 계속되는 가운데 미국은 '모든 미 지상 전투 부대의 신속한 철수를 포함한' 주일 미 지상군의 대폭 감축을 약속했다. 그러나 이 감축은 해공군에 비중을 둔 극동 전략의 재편성이었으며 그 거점인 오키나와 기지의 비중을 높이는 것을 의미했다. 이는 '태평양의 요석'이라고 불리는 오키나와에 대한 군사 기능의 집중화를 의미했다. 이것이 미국 측의 오키나와 문제에 대한 강경한 태도와 결합될 때, 단순히 현실의 벽의 두께뿐만 아니라 오키나와에 대한 '본토 철수 부담 전가'라는 인상을 강하게 주게 되었다. 이 회담은 섬 전체의 토지 투쟁이 마무리되어 가는 시점에 이루어졌으며 미군의 오키나와 관리 체제 강화에 대한 우려를 운동 지도자들은 느끼고 있었다.

'오키나와에 대한 기지 부담 전가'라는 인식이 높아지면서 초기 토지 투쟁의 주요 주체였던 운동 지도자들 사이에는 일본 정부에 의존하는 것에 한계가 있을 뿐만 아니라 국민 여론이나 본토 진보 세력도 강력한 동맹자가 아니라는 고립감이 강해졌다. 안보 조약 개정을 둘러싸고 '공동 방위 지역' 논의가 일어날 때 오키나와의 위치가 논의되었다. 본토 정부의 오키나와에 대한 태도가 문제시 되었다.

즉, 안보 조약이 규정하는 '공동 방위 지역'에 오키나와를 포함시킬지 여부에서 일본 측이 오키나와를 행정권의 수준뿐만 아니라 국민의 일원으로 간주하고 있는지 여부가 오키나와의 언론에서는 논점이 되었다.

✦ 본토 불신

신자키 모리하루新崎盛暉는 이 논조 속에서 '본토 불신'을 읽고 그 예로 '기지 부담 전가'론과 '불 속의 밤송이火中の栗'론[35]을 제시했다. 두 논조에서는 토지 투쟁의 고조와 본토에 대한 기대 상실감이라는 격차가 공공연한 분노로 나타났다. '기지 부담 전가'론의 대표적인 견해는 '오키나와 타임스'의 다음 사설에서 볼 수 있다.

"본토의 여론은 사회당을 비롯한 보도 기관의 논조가 중심이 되어 형성되고 있는 듯하지만, 평소에 오키나와나 오가사와라의 현실에 동정을 표하고 그 복귀를 강조하면서도 외부로부터 침략이 있을 경우 이를 방어한다는 단계에서는 '죽게 내버려두자'는 것은 정 없는 이야기입니다. … 일본 정부가 오키나와 · 오가사와라를 적용 지역에 포함시키지 않는다면 그것은 자국의 영토를 포기하는 것과 다름없습니다. … 대전 중 '본토 방위'라는 이름으로 오키나와를 '철의 폭풍'에 몰아넣어 본토의 피해를 피한 것처럼 언제까지나 국가의 희생을 이 섬들에만 떠넘기려는 '교활함'이라고 해도 과언이 아닙니다."[36]

이 말의 이면에는 전후 '섬 전체의 토지 투쟁'을 거쳐 일본 본토에 청원을 계속해 온 오키나와에서의 일련의 운동이 방치되고 있다는 '초조함'이 있다. 또한, 오키나와의 기지와 오키나와 자체의 위치를 둘러싼 본토 정부나 여론의 대응을 오키나와 전투의 역사와의 유추로 비판하고 있다. 같은 시기에 '류큐 신보'에서의 '불 속

35 자신에게 이익이 되지 않는데도 위험을 감수하는 것을 비유적으로 말한 표현. 또한, 위험을 알고도 일부러 문제 해결이나 책임 있는 위치를 맡는 것을 비유적으로 말한 표현. – 역자 주.

36 1957年11月21日付朝刊「沖縄タイムス」.

의 밤송이'론은 그 논리를 드러내고 있다.

"오키나와의 방어는 과연 행정권의 방어만을 의미하는 것인가. 그 누구도 이에 동의하지 않을 것입니다. 방어란 첫째는 국민이고, 둘째는 국토입니다. … 지금 변칙적으로 오키나와의 행정, 사법, 입법의 삼권을 미국이 장악하고 있다고 해서, 오키나와의 방어권을 일본이 포기한다고 한다면, 매우 이상한 일입니다. … 오키나와를 불 속의 밤송이로 볼 것인가, 자신의 신체의 일부로 볼 것인가는 그 사람에 따라 다를 수 있지만, 오키나와를 불 속의 밤송이로 보고 공동 방위에서 제외한다면 일본 정부는 오키나와에 대해 잘못을 반복하게 될 것입니다. … 일본 사회당이나 자민당 일부의, 오키나와를 안보 조약에 포함시키는 것에 반대하는 숨은 의도는 전쟁이 일어났을 경우 불 속의 밤송이가 되는 오키나와 때문에 부상을 당하고 싶지 않다는 것 외에 다름 아닙니다. 이는 매우 이상한 일입니다. 이를 뒤집어 말한다면, 만약 전쟁이 일어났을 경우 오키나와인만 전쟁 피해에 노출시키고 일본 국민은 방관하자는 것입니다."[37]

✦ 복귀 운동의 변조

이상과 같은 '기지 부담 전가'론과 '불 속의 밤송이'론에 대해, 신자키新崎는 '이러한 심정은 포함 찬성론과 복귀 우선론의 차이를 넘어서 상당히 광범위하게 존재했다'고 지적한다. 그리고 "복귀 사상은 여전히 정통적인 혁신 사상으로서의 지위를 유지하고 있지만, 그 내면에서는 본토에 대한 끌림과 반발이라는 양면성을 강화

37 1957年10月8日付朝刊「琉球新報」

하고 있으며, 1951년의 복귀 운동부터 섬 전체의 투쟁 시기까지와는 다른 경향을 증가시키면서 복귀협復帰協이라는 대중 조직의 확립으로 나아가고 있다"고 말한다. 이 끌림과 반발이라는 양면성이'복귀'를 둘러싼 논조 속에 나타나는 것은 중요하다.

'국민이 된다' = '일본인이 된다'는 밀착 구조가 '민족주의'적 논조의 퇴조와 함께 위협받게 되는 모습을 볼 수 있기 때문이다. 다소 도식적으로 말하자면 '일본인'이 된다는 주체의 개입의 정당성이 '인권 옹호'와 '민주주의 획득'과 같은 시민 원리에 근거하게 됨으로써 불신의 대상이 된 '본토 일본인'이 헌법상 보장된 '일본 국민'과 구별되며, '일류동조론日琉同祖論'적인 동일 민족이라는 신비성이 붕괴될 조짐을 읽을 수 있다.

그러나 이 단계의 운동 수준에서 '일본 국민'과 '일본인'의 분리가 명확하게 나타난 것은 아니다.

✦ 본토에 대한 흡인과 반발

많은 주민을 동원한 토지 투쟁 이후, 현 전체로 진행되는 운동이 저지되고 있던 상황을 뒤집은 것은 1960년 4월 28일 '오키나와현 조국 복귀 협의회'의 결성이었다. 이 운동이 내건 기본 목표는 1950년대 오키나와 제도 조국 복귀 기성회와 기본적으로 변하지 않았지만, '법령과 포고의 철폐 및 일본의 여러 법규의 적용 촉진', '일장기 게양 및 출국의 자유 획득', '주석 공선 추진', '국회에 오키나와 대표 참가' 등 보다 구체적인 개별 요구를 내건 점은 새로웠다. 또한, 구성원 중에서 관공노 등 노동조합의 비중이 커졌으며, 류큐 대학 학생회가 조직으로서 운동의 전면에 떠오른 것도 다른 점이다.

오키나와현 조국 복귀 협의회 결성 대회(1960년 4월 28일)

하지만 가장 중요한 것은 '조국 복귀' 개념 자체의 미묘한 변용이다. 운동의 내실은 '복귀'가 곧 현 상황을 타개할 수 있다는 인식과 본토와의 단절감이라는 양가적인 요소를 내포하고 있었다. 이 점을 파악한 신자키는 1960년 초반의 복귀 사상의 변질을 다음과 같이 기술했다.

"복귀협의 결성은 실질적으로는 1953년의 복귀 기성회의 재건을 의미했다. 따라서 복귀협의 운동에 있는 사상은 말할 것도 없이 이미 섬 전체의 지배적인 사상으로서 지위를 확립한 복귀 사상에 다름 아니었다. 하지만 그것은 전후 역사 제3기(암흑 시대, 1952년 4월~1956년 6월) 탄압 아래에서 민족주의적 순화를 강화하고 섬 전체의 투쟁 속에서 전면적으로 발현한 복귀 사상과는 어느 정도 성격을 달리하고 있었다. 이 변화는 반드시 표면에 드러난 것은 아니지만 기지 부담 전가론으로 인한 고립감의 심화, 나아가 불 속의 밤송이론에 대한 강한 반발이라는 경험을 거친 복귀 사상이 기존과 같은 민족 의식의 결집을 핵으로 하여 성립하고 있을 리 없었다. 이 표면화하기 어려운 복귀 사상의 변용은 민족주의적 순도의 희박화라고 표현할 수도 있으며, 열정적인 민족 의식의 이완이라고도 할 수 있다. 또 다른 표현으로는, 일본에 대한 (구심과 원심이라는) 양가적인 지향의 증가, 혹은 복귀 사상의 내면에서의 표면적 명분과 본심의 분리라고 할 수도 있다."[38]

이 양가적인 양상을 민감하게 느끼고 비판적으로 표현한 것이 류큐 대학 학생회를 중심으로 한 학생 운동이었을 것이다. 이 시기의 학생 운동은 안보 투쟁의 영향뿐만 아니라 이승만을 몰아낸 한국의 학생 시위와 터키의 학생 반정부 운동 등 세계적인 동향에 호응하면서 전개되었다.[39] 후에 '조국 복귀'에 대한 근본적인 의문을 제기한 것도 이 시기 활동했던 '신좌파'라고 불리는 학생들이 중심이었다. 어떤 의미에서는 행동적인 급진주의라는 면에서 1960년 초에 이미 반복귀론이 시작되었다고 볼 수 있다. 그러나 오키나와의 토착 사상으로서의 반복귀론은 1970년경에 결정화된다.

✦ 2.1 결의

'시민성' 원리를 강하게 요구하는 운동의 새로운 전개에 박차를 가한 것은 소위 '2.1 결의'라고 불리는 인권 옹호와 자치권 확대를 내건 일련의 구체적인 요구였다. 1962년 2월 1일, 입법부는 1960년 12월 제15차 유엔 총회에서 채택된 '식민지 국가 및 인민에 대한 독립 허용 선언'에서 '모든 형태의 식민지주의를 신속히 그리고 무조건적으로 종식시킬 필요성을 엄숙히 선언한다'는 부분을 인용하여 강경한 태도로 복귀 결의를 했다. 결의문은 그 선언을 인용하며

38 新崎盛暉、앞의 책.

39 鹿野政直『戦後沖縄の思想像』朝日新聞社参照.

‘일본 영토 내에서 주민의 의사에 반하여 부당한 지배가 이루어지고 있는 것에 대해, 유엔 가입국들이 주의를 환기하도록 요청하며, 오키나와에 대한 일본의 주권이 신속히 그리고 완전하게 회복되도록 노력할 것을 강력히 요청한다’고 했다.

오키나와의 일본 복귀를 목표로 샌프란시스코 강화조약이 체결된 4월 28일에 매년 열렸던 집회(1964년 4월 28일, 나하시 역사박물관 제공)

유엔 가입국들에 대한 복귀 결의를 만장일치로 채택한 것은 획기적이었다. 이 결의는 일미 양국에 큰 충격을 주었으며 유엔의 ‘독립 허용 선언’에 서명한 일본 외무성은 ‘오키나와는 식민지에 해당하지 않는다’는 견해까지 표명했다. 이 결의가 복귀 운동에 미친 영향은 컸다. 1962년 2월 23일의 ‘오키나와 해방 현민 대회’에서는 ‘오키나와 해방’이라는 슬로건이 내걸렸으며 세계적인 민족 독립 운동과의 ‘인민적 연대’가 자각되기 시작했다. 이 운동을 계기로 고등판무관 폴 와이엇 캐러웨이Paul Wyatt Caraway의 고압적인 지배가 시작되었지만 베트남 반전 평화 운동과 연계된 ‘해방’의 개념의 싹을 볼 수 있었다.

‘2.1 결의’를 기점으로 한 자치권 확대 운동은 현재의 지사에 해당하는 주석의 공선과 국정 참여 요구를 강화하였으며, 복귀 운동은 ‘섬 전체 투쟁’이라고 불릴 만큼 큰 성과를 보이기 시작했다. 1964년 6월 26일의 ‘주석 공선 · 자치권 획득 현민 대회’는 같은 해

10월 27일의 '주석 지명 저지 기습 대회'에서 오키나와 입법부의 내부 모순의 격화로 이어져 '주석 지명 저지 투쟁'으로 폭력적 충돌로까지 발전했다.

정례 기자회견에서 코멘트를 하는 캐러웨이 고등판무관(왼쪽)(1962년 7월 5일)

주석 지명을 위한 입법부 임시 회의의 본회의에는 천 명의 경찰이 출동하여 피켓을 들고 있는 운동원을 배제하려 했고, 수십 명이 부상당하고 수십 명이 검거되었으며 약 20명이 건조물 침입, 기물 파손, 공무 집행 방해 등으로 기소되었다. 류큐 정부가 복귀 협의회 수준의 민중 운동을 강력히 탄압한 것은 이번이 처음이었다. 이 무렵 오키나와의 정당 간에도 내부 모순이 진행되고 있었으며 입법부 결의라는 내부 해결로는 해결되지 않는 상황이 있었다.

이러한 내부 모순을 초래한 계기가 된 것은 캐러웨이에 의한 '자치권 신화론'이었다. 그는 1963년 3월 연설에서 "자치는 주권 국가에서만 가능한 것이다. 평화 조약에 의해 미국의 시정 하에 있는 오키나와에서는 주민에 의한 자치 정부는 있을 수 없다. 독립하지 않는 한, 자치권을 요구하는 것은 신화다"라고 말하며 강경 정책을 고수했다. 이로 인해 친미적 여당인 오키나와 자민당까지 실망시켰다.

이를 계기로 당내 대립이 진행되어 1964년 6월에는 자민당이 분열되었고 새로 결성된 민정 클럽은 야당, 민간 53 단체와 연계하여 '고등판무관의 직접 통치 항의', '주석 공선 요구'를 결의하게 되었다. 또한 나하那覇 시의회를 비롯한 각 시정촌도 잇달아 '주석 공선'과 '일본 복귀'를 결의했다.

미군정 비판과 복귀 운동의 고조 속에서 1964년 8월, 마침내 캐러웨이 고등판무관이 해임되었고 오타 세이사쿠大田政作 주석도 입법부에서 다수결로 '즉각 퇴진'을 요구받았다. 이러한 가운데 '주석 지명 저지 투쟁'은 이제 '민족적 통일'을 위한 운동이라기보다는 일본국 헌법을 쟁취하고 자치권을 확보하는 성격을 강하게 띠게 되었다.

【칼럼 ❸】 미군 사건의 재판 / 내용, 판결을 공개하지 않음 / 오키나와의 체포·재판권 부족

1955년 9월 3일, 구 이시카와石川 시에서 유치원에 다니던 6세 여아가 실종되었고, 다음 날 가데나嘉手納 마을(현재의 가데나 마을)에서 시신이 발견되었다. 범인은 여아를 차로 납치하여 가데나 기지로 데려가 군 시설 내에서 여러 차례 폭행하고 살해한 뒤 시신을 가데나 기지의 쓰레기장에 버렸다(유미코 사건). 그로부터 단 일주일 후에도 9세 여아가 미군에게 납치되어 폭행당하는 사건이 발생했다.이러한 사건의 재판은 오키나와 법원이 아닌 미군 군사법원에서 다루어졌으며 공개되지 않았다. '오키나와 사람들은 죽임을 당하고 맞고, 마치 오키나와 사람들의 인권이 짓밟히고 세계 인권 선언의 정신이 무시되고 있는 듯한 느낌을

ハートに死刑の判決
法廷外も物々しい警戒
平然として断罪受く
宣告と同時にガチッと手錠
盆踊り見に出かけて
石川の幼女殺人事件
遺留品全部発見さる
由美子ちゃん殺し
容疑者ホープ軍曹検挙

'유미코짱 사건'을 보도한 당시의 류큐 신보(1955년 9월)

받게 한다.'

14일 입법부는 과거에도 많은 유사한 사건이 발생했지만 공개되지 않았다며, 판결의 공개와 과거 군사 재판의 전모 공개를 요구하는 결의안을 가결했다. 16일 이시카와 시에서 사건에 항의하는 주민 대회가 열렸고 천 명이 모여 범인의 '사형'과 '치외법권의 철폐'를 외치며 '류큐인에 의한 재판'을 요구했다.

'유미코 사건'의 범인인 미군 상사는 사건 발생 1주일 후에 체포되었다. 12월 6일 미군 군사법정에서 '사형' 판결을 받았으나 이후 미국 본국으로 송환되어 45년의 중노동형으로 감형되었다.

미군인·군속의 범죄는 빈번했지만 오키나와의 사법권은 미군이 장악하고 있었으며 류큐 경찰은 제한된 경우의 현행범 체포권을 제외하고는 권한이 거의 없어 수사·처리를 거의 할 수 없었다. 체포권·수사권·재판권도 오키나와 측에는 부족했기 때문에 군사법정이 사건을 어떻게 처리했는지 경찰이나 오키나와 주민들에게 알려지지 않았다. 이 체제가 범죄를 조장했다. 베트남 전쟁 당시 전장에 가기보다 오키나와에서 사건을 일으켜 가벼운 죄로 군 교도소에 들어가는 것이 낫다고 생각한 미군에 의한 범죄도 발생했다.

5. '반전 복귀'론

✦ 복귀 운동의 질적 전환

오키나와 주민의 자치 요구는 활발해졌고 '인민 해방'을 기치로 한 민중 운동과 결합하며 세계적 동향과 연동하여 전개되었다. 이에 따라 복귀 운동은 급격한 전환의 필요성을 절감하게 되었다. 1965년 이후, 베트남 전쟁의 '수렁화'가 언급되면서 미국의 국제적 위신이나 경제, 국내 사정의 악화 등으로 인해 대오키나와 정책이 크게 전환되기 시작한 때부터 복귀 운동의 질적 변용이 시작되었다.

더 나아가 오키나와에 대한 정책적 관여에 일본 정부가 참여하게 되면서 복귀 운동은 대미 항의뿐만 아니라 대일 항의로도 전개되기 시작했다. '오키나와 반환'의 구체적인 프로그램이 명확해지기 시작할 때는 반환에 따른 '요구의 고조'가 절정에 이르렀고 정당 간의 주도권 다툼과 맞물리면서 '조국 복귀'의 내용이 다양성을 띠게 되었다.

이러한 복귀 운동의 질적 전환이 세계적인 반전 평화 운동의 영향을 받고 있다는 것은 말할 필요도 없다. 여기서는 '조국 복귀' 요구가 '반전 평화'라는 국제적 시각을 포함하며 새로운 전개를 모색하는 과정에서 결국 좌절에 이르는 과정을 따라간다.

1960년대 후반의 대오키나와 정책의 변용은 사토佐藤 내각의 출범과 베트남 전쟁이 계기가 되었다. 1964년 11월에 출범한 사토 내각은 오키나와 반환 요구를 중점 정책 중 하나로 내세웠다. 그 결과 당시 미국 대통령 존슨Lyndon B. Johnson과 사토 에이사쿠佐藤榮作 총리 간의 회담은 운동 측의 주목을 받았다. 그러나 이 회담은 일미 양국이 오키나와의 군사 기지에 대한 공통의 이익을 확인하는 결과로 끝났다. 일본 측이 일미 공동 성명에서 오키나와 기지의 중요성을 인정한 것은 이때가 처음이다. 또한, 이 회담 한 달 후 미국은 베트남에서 북폭을 시작하며 지상 전투에도 전면적으로 개입하게 되었다. 그 최대의 군사 거점은 오키나와였다.

북폭이 시작된 후, 미군의 기지 사용이 활발해짐에 따라 오키나와에서는 기지 피해와 미군 범죄가 급증했다. 미군 예인선의 오키나와인 승무원에게 베트남행 명령을 내리거나, 태풍 대피라는 구실로 후쿠오카福岡현 이타즈케板付 기지로 올 예정이었던 B-52 폭격기가 갑자기 대피지를 오키나와로 변경하여 그곳에서 직접 남베트남으로 출격하는 등의 사태가 잇따라 발생하며 오키나와 전체에 큰 문제가 되었다.

이러한 사태에 대응하여 입법부는 만장일치로 '전쟁 행위의 즉

사토 에이사쿠 총리가 오키나와를 방문했을 때 총리의 차를 둘러싸는 오키나와 주민들(1965년 8월 19일, 나하시내)

각 중단에 관한 요청 결의안'을 채택했다. 이 결의안은 오키나와 전투의 참극에서부터 이야기를 시작하여, '오키나와의 미군 기지가 베트남으로의 출격 기지가 되면서 오키나와가 직접 전쟁에 휘말리는 것은 현민에게 직접적인 전쟁의 불안과 공포를 주며 단순히 오키나와의 안전뿐만 아니라 본토의 안전도 위협한다'는 내용을 담고 있었다.

✦ 미국 통치의 근거 없음

미일 공동선언과 베트남 전쟁의 격화로 인한 기지 피해 악화는 운동에서 '조국 복귀' 개념에 어떤 영향을 미쳤는가.

1968년 8월 19일 사토 에이사쿠 총리의 오키나와 방문 시 개최된 '조국 복귀 요구 현민 대회'는 정당, 노동조합, 교직원회, 기타 여러 단체, 일반 시민 등 15만 명을 동원한 대규모 대회였다. 대회에서는 총리에 대한 다음과 같은 요구 결의가 채택되었다.

“오키나와 전투에서 20만 명의 소중한 생명이 희생되고, 폐허 속에서 일어난 우리는 점령 상태가 빨리 끝나기를 고대했다. 그러나 일본 정부는 대일 평화 조약을 체결할 때 오키나와 현민이 일본 복귀를 청원했음에도 불구하고 결국 미국의 지배하에 두었다. … 특히 최근에는 베트남 전쟁에 오키나와 기지가 사용되어 B-52의 도하 폭격 등으로 인해 전 현민이 전쟁의 불안에 떨고 있다. 이러한 사태에 현민을 방치하고 조국 정부는 미국에 추종하여 북베트남 폭격을 지지하고 전쟁의 위기에 현민을 노출시키고 방관하고 있다. 그러나 이제 미국이 오키나와를 이 상태로 계속 지배할 수 있는 것은 대일 평화 조약 제3조 자체가 무효이며 이미 통치의 근거를 잃었고 유엔 헌장이나 세계 인권 선언의 ‘자신의 의사에 반하는 지배’는 허용되지 않는 시대가 되었다.”[40]

운동 내부에는 사토 총리에 대한 불만이 높아지고 있었다. 이 결의문을 총리에게 전달하려고 총리 숙소인 호텔에 몰려든 시위대와 경찰 사이에 충돌이 발생할 정도였다. 정치학자 가베 마사오我部政男는 이 불만 속에서 베트남으로의 출격 기지화에 대한 불안을 읽어내고 있다.

“그곳에는 20년간 다른 민족의 지배하에 놓였던 사람들의 억눌린 감정의 폭발과 정부가 복귀에 대해 아무런 구체적인 대책을 제시하지 않는 것에 대한 불만이 있었다. 시위대 전체 안에는 전후 처음으로 오키나와에 온 조국의 총리에게 직접 만나서 다른 민족의 지배의 고통과 복귀의 염원, 베트남 출격 기지화의 불안을 직접 호

40 沖縄県祖国復帰闘争史編纂委員会編『沖縄県祖国復帰闘争史　資料編』沖縄時事出版.

소하고 싶은 마음이 강하게 작용하고 있었다."[41]

✦ 교공 이법教公二法 저지 투쟁

한편, 복귀 운동의 변질은 일미 양국 정부에 의한 대오키나와 정책의 전환만으로 설명할 수 없다. 운동의 변질을 내부에서 강력히 추진한 것 중 하나로, 이른바 '교공 이법 저지 투쟁'이 있었다. 교공 이법에는 복귀 운동의 중심을 맡고 있는 교직원회의 정치 활동 제한과 쟁의 행위 금지, 근무 평정 등의 내용이 포함되어 있었다. 교공 이법 저지 투쟁은 민주당과 그 배후의 이익 집단(주로 경제 관련 단체)의 위기의식에서 나타난 공격에 대한 혁신 세력의 대응으로 시작되어 교직원회의 문제에서 혁신 세력 전체의 문제로 발전해갔다.

1968년에 들어서자 보수 세력과 혁신 세력은 전면적인 대립 자세를 분명히 하였고 만 명을 넘는 민중을 동원하는 운동으로 발전해갔다. 법안이 가결되면 '조국 복귀' 운동의 원동력인 교직원회에 대한 탄압이 정당화될 것이기 때문에 운동 측은 실력 행사에 나섰다.

2월 24일의 입법부 본회의에서는 약 9천 명의 경찰관과 2만 명의 시위대가 충돌하였고 본회의는 중지되었다. 이 운동은 "'본토 수준'이나 '일체화'를 추구해온 1960년대의 복귀 운동이 '본토 수준' 요구를 역이용한 민주당의 공격에 직면하여 자신이 가지고 있는 '본토 이상의 권리'를 자각하기 시작하는 계기"로도 볼 수 있다.[42]

41 我部政男「60年代復帰運動の展開」『近代日本と沖縄』三一書房.

42 新崎盛暉, 앞의 책

이렇게 교공 이법 저지 투쟁의 고조는 미국의 베트남 전쟁의 '수렁화'라는 상황과 맞물려 일미 양국 정부에게 대오키나와 정책을 전면적으로 재검토하게 하는 공통의 기반을 제공하게 된다. 재검토는 구체적으로는 반환 문제로 떠오른다. 반환 문제에서 최대의 초점으로 논의된 것은 당연히 군사 기지의 처리를 어떻게 할 것인가 하는 문제였다. 여기 이르러 오키나와 반환 문제는 단순히 반환하면 되는 것이 아니라 이를 결절점으로 하여 일본 전체의 방위, 극동의 안전 보장에 관한 정책의 큰 전환을 가져오는 것이었다.

반환 문제는 오키나와 기지의 자유 사용을 보장하는 것이 시정권 반환의 전제 조건이며 핵 기지의 용인을 포함한 기지의 자유 사용이라는 시모다 타케소下田武三 외무사무차관의 제안이 시발점이 되어 핵 포함 여부로 큰 논쟁을 일으키게 된다. 베트남 전쟁과 미국의 아시아 전략에 일본이 공동화하는 세계적 상황 변화 속에서 복귀 운동은 '기지 반대' 입장을 취하며 '반전 평화'의 슬로건을 전면적으로 내세우게 된다.

✦ 무조건 전면 반환

구체적으로는 1967년 10월 12일에 열린 복귀협의 임시 총회에서 '오키나와 현의 즉시 · 무조건 · 전면 반환 요구 결의'가 채택되었다. 이 결의는 단계적 반환론, '핵 포함' 혹은 '핵 제외 기지 자유 사용', 더 나아가 교육 분리 반환론이나 지역별 부분 반환론 등 그동안 제기되어 온 반환 구상을 거부하는 의미를 가지고 있었다.

"우리 오키나와 현민은 더 이상 군사적 식민지 지배를 용인할 수 없다. 민족의 부당하고 불법적인 분단에 반대하며 일본국이 진정한 독립을 이룰 수 있도록 여기서 전 현민의 뜻을 모아 오키나와 현의 즉시 무조건 전면 반환을 강력히 요구한다."

'즉시 · 무조건 · 전면 반환'은 그 후 복귀 운동 · 반환 운동의 통일된 슬로건이 된다.

그 후, 복귀 운동의 질적 전환에 강한 영향을 미친 것은 제2차 사토-존슨 회담이었다. 이 회담에 의한 일미 공동 성명에서 양국은 오키나와에 있는 미군 시설이 일본과 극동의 자유 국가들의 안전을 보장하기 위해 중요한 역할을 하고 있다고 확인했다. 이 내용에 대해 운동 측은 안보 조약의 장기 체제화와 오키나와의 현상 고착화를 중첩하여 이해하고, '즉시 무조건 반환 현민 총 결기 대회'를 개최하여 수십만 명의 참가자를 동원하고 총리에 대한 항의 의사를 명확히 했다. 사토 총리가 미국을 방문할 때 제출된 복귀협의 성명문은 대략 다음과 같은 내용이었다.

"이번 방문은 반환을 실현할 절호의 기회이지만, 정부 · 자민당의 정치 자세로는 '진정한 오키나와 해방'은 있을 수 없다. 방문에 의해 '기지에 대한 새로운 협정'이나 협의가 이루어져 군사적 지배가 합리화될 것조차 예상된다. 이제 다른 민족의 지배에 대한 22년이라는 민족적 굴욕은 폭발점에 이르렀으며 방문의 결과가 오키나와 현민을 만족시키지 못하면 정부 · 자민당에 대한 불신감이 높아질 것이다. 그리고 복귀 운동 자체도 질적 전환을 맞아 격렬한 투쟁이 될 것이다."

이 성명의 저변에는 본토 정부에 대한 기대 상실과 불신감이 읽혀진다. 복귀 운동의 격화라는 상황 변화에 따라 운동의 초점은 일본 정부로 이동하게 된다.

✦ 고조되는 반기지 감정

1967년 11월 20일에 열린 '항의 현민 대회'에서는 다음과 같은 '일미 공동 성명에 대한 항의 성명'이 발표되었다.

"공동 성명의 내용은 사토 정부의 외교 정책의 한계를 보여주는 것이며 우리가 방문 전에 지적한 대로 오키나와의 군사 기지의 중요성을 인정하고 아시아의 방위와 미국의 베트남 침략 전쟁에 보다 적극적으로 가담하는 것을 확인한 것이며 오키나와의 반환은 핵 기지의 철거와 동시에 해결되어야 한다는 것을 명확히 하고 있다"[43]

이어 채택된 일미 양국에 대한 항의 문서는 '기지를 철거하지 않는 한, 오키나와의 조국 복귀는 실현될 수 없다'는 방침을 명확히 밝히고, '존슨 정부의 베트남 침략 전쟁과 오키나와 지배에 분노를 담아 항의하며, 사토 자민당 정부의 매국적인 외교 정책을 철저히 규탄하고, 즉시 퇴진할 것을 요구한다'고 엄중히 지적하고 있다. 대회는 11만 명을 동원해 비가 오는 가운데서도 미동 없이 계속되었다고 한다.[44] 게다가 대회 종료 후에는 사토 내각에 대한 불신을 표명하기 위해 장송 시위가 감행되었다. 이러한 정세에서 읽어낼 수 있는 운동의 질적 전환이란 사토 내각의 대오키나와 정책을 명확히 거부함과 동시에, '기지'와의 대결을 명확히 한 것이었다.

복귀협은 1968년 4월 12일의 정기 총회에서 '핵 기지 철거, 군사 기지 반대'의 운동 방침을 명확히 제기하고, 복귀 운동이 '단순한 민족 운동이 아니다'라는 견해를 밝혔다.

---

43 沖縄県祖国復帰闘争史編纂委員会, 앞의 책.

44 앞의 책.

✦ 빈번한 기지 피해

복귀 운동의 질적 전환에 영향을 미친 요소 중 하나는 베트남 전쟁의 격화에 따른 빈번한 기지의 피해였다. 오키나와 기지는 베트남으로 가는 전진 기지로서 군사 기능이 집중되어 있었다. B-52의 도래와 폭음, 해수 오염, 우물 오염, 미군 범죄 증가 등 주민의 불안은 높아지고 있었다. 이 불안은 반기지 운동에 반영되었다.

예를 들어, 1968년 2월 9일 오키나와 원수협은 가데나 공군 기지 게이트 앞에서 항의 대회를 열고, '반전 평화의 입장에서, 이번 B-52의 도래에 항의하며 모든 군사 기지의 철거와 B-52의 즉시 철수를 요구한다'는 성명서를 채택했다. 또한, 2월 27일에는 가데나 마을(당시)에서 1만 3천 명이 참가한 현민 총궐기 대회를 열었다. 이러한 B-52 철수 투쟁은 현로협, 관공로, 교직원회의 조직 노동자 외에도 가데나 마을 의회, 오키나와 시정촌 회의, 나하那覇 시의회, 고자コザ 시의회, 니시하라西原 마을 의회, 대학생 및 고등학생에게도 파급되었다.

1968년 2월 28일의 'B-52 철수 요구 현민 대회'는 광범위한 상황을 상징하며 1만 여명의 사람들이 동원되어 일부 시위대는 기지에 돌입하는 등 기지 철수에 대한 감정의 격렬함이 행동으로 나타났다.

이러한 반기지 운동의 격화는 기지 내 노동자에게도 영향을 미쳐 전군로를 중심으로 한 기지 노동자들의 운동이 1968년경부터 활발해졌다. 현로협県労協은 1968년 봄 투쟁을 '복귀 봄 투쟁'이라고 부르며, 주요 투쟁 목표 중 하나로 '부령 116호의 전면 철폐'를 결정하고, 4월부터 전 조직이 파업을 포함한 모든 실력 행사에 호소하는 최대한의 힘을 발휘하는 계획으로 '총력적 제네스트 체제'를 운동 목표로 삼았다.

미군의 대량 해고를 철회시키기 위해 투쟁하는 전군로의 조합원들(오른쪽). 미군 헌병대는 노동자들에게 총검을 겨누었다(1969년 6월 5일, 캠프 즈케이란 게이트 앞)

미국 정부 부령 116호 '류큐인 피고용자에 관한 노동 기준 및 노동 관계 법'은 기지 내 노동자에 대해 노동 기본권을 제한하는 내용을 담고 있었으며 그 철폐가 부령 발표 초기부터 군 노동자들에 의해 강하게 요구되었다. 1968년부터 전군로는 미국 정부와 여러 차례 협상을 벌였으나 성과를 얻지 못했고 마침내 100% 연차 사용을 결정했다.

1968년 2월 23일, 첫 번째 단체 교섭이 시작되었으나 결렬되었다. 그날 전군로全軍労는 '100% 연차 사용은 전군로 최초의 역사적인 투쟁이다'라고 전 조합원에게 통지하고 기노완 시에 약 1만 여 명의 조합원을 동원했다. 이 자리에서 4월 24일, 100% 연차 사용이 선언되었고 마침내 100% 연차 사용 파업이 결행되었다. 현로협, 교직원회의 지원 조합원도 포함하여, 69곳의 미군 기지 입구에 피켓이 세워졌다. 전군로는 부령 116호의 완전 철폐, 파업권의 회복을 목표로 내걸고, '어떤 탄압에도 굴하지 않고 끝까지 싸우겠다'고 선언했다.

이들 피켓대에 대해 미군은 야전복을 입고 카빈총을 든 무장 헌

첫 주석 공선에서 당선이 확정된 야라 초나오屋良朝苗씨(중앙)(1968년 11월)

병으로 배제하며 충돌을 반복했다. 미군 당국은 '기지 운영에 지장은 없다'고 했으나, 베트남 전쟁이 계속되는 가운데 기지 기능을 일시적이라도 중단시킨 것은 미군에게도 충격적이었을 것으로 보인다.

✦ 총동원 총파업

이렇게 포고령의 엄격한 규칙 하에서 싸운 전군노의 100% 연차 투쟁은, 결과적으로 포고령의 파업권 금지 조항을 사실상 무력화하는 데 성공하였고, 이로써 단체 교섭권을 획득하고 조직을 강화하는 성과를 남겼다. 전군노는 100% 연차 투쟁의 총괄에서 '이 투쟁은 단순한 경제 투쟁이나 권리 투쟁으로 평가되는 것에 그치지 않고, 오키나와 기지의 성격이나 극동 정세와 관련하여, 복귀 투쟁과도 연관되며 대외적으로도 큰 반향을 일으켰다'고 평가하고 있다.[45]

기지 반대 운동은 이러한 반기지 파업 투쟁에 국한되지 않고 점점 더 격화되었다. 1968년 11월 10일, 첫 주석 공선에서 복귀 운동의 선도자인 야라 조메이屋良朝苗가 선출된 지 9일 만에 발진에 실

45 我部政男, 앞의 책 참조.

패한 B-52가 가데나 기지 내에서 대폭발을 일으킨 사고를 계기로 기지를 둘러싼 문제가 운동의 초점으로 구체성을 띠기 시작했다. 이를 계기로 기지 주변(요미탄讀谷, 가데나嘉手納, 미사토美里)의 핵 저

2.4 제네스트의 성공을 위해 시위 행진을 하는 시민들 (1969년 1월 24일)

장고나 탄약 집적소의 위치가 드러나기 시작하면서 복귀 운동의 결의와 선언문에 '불안', '공포', '위기감' 등의 단어가 두드러지게 되었다. 핵의 존재가 명확해지면서 긴장된 정세 속에서 여러 운동체는 결국 전 지역에 걸친 '총파업 체제'를 구축하는 운동을 시작했다. 1968년 11월 20일, 복귀협은 앞으로 '반전 평화', '기지 투쟁'을 어떻게 진행할지 논의했고 다음 날에는 그동안 분열되어 있던 두 개의 원수협과 공동 회의를 열게 되었다. 이렇게 결성된 '생명을 지키는 현민 공동 투쟁회의'를 시작으로 계속되는 현노협 간사회는 12월 중순을 목표로 B-52 철거와 핵잠수함 기항 저지를 위해 복귀협, 원수협, 교직원회 등과 협력하여 총파업을 벌이기로 결의했다. 교직원회 이사회도 총파업 참가를 결정하고 지역과 지부에서 토의를 거쳐 1만 명 전원 참가를 결정했다. 관공노도 제14차 임시대회에서 총파업 참가를 결정했다.

이렇게 결성된 현민 공동 투쟁회의는 1969년 2월 4일에 총파업

을 결행하기로 결의했다(1969년 1월 6일). 이는 10만 명을 동원하여 가데나 기지를 포위하고 B-52의 1년 이상의 상주에 대한 항의 행동을 벌이려는 거대한 계획이었다. 한편 전군노는 파업권 확립을 위한 임시 대회를 열고 현민 공동 투쟁회의, 현노협과의 공동 태세를 갖추면서 총파업을 싸워내기로 결정했다. 이 계획이 예정대로 수행되어 오키나와의 기지 기능이 완전히 정지되면 베트남 전쟁의 정세에 영향을 미칠 만큼 큰 영향을 미칠 것이다.

✦ 총파업의 좌절

이 움직임에 위기를 느낀 사토 총리는 '총파업으로는 아무것도 해결되지 않는다'며 파업 중지를 호소했다. 이를 받아 야라屋良 주석은 협상의 궤도에 올라있던 '오키나와 반환 협정'이 암초에 오르는 것을 우려해 '총파업은 오키나와의 조기 복귀에 장애가 된다'고 발언하며 1월 30일에'총파업 회피 요청서'를 발표했고, 2월 1일에 관공노, 자치로 등의 반대를 무릅쓰고 총파업 회피를 결정했다. 결국 2 · 4 총파업은 결행되지 않았지만 결행파 노조원의 격렬한 비난과 지도부에 대한 불신감이 고조되어 회피파의 지도력이 후퇴하는 결과를 낳았다.

이런 가운데 2월 4일에 10할 연차를 사용하는 교직원회, 5할 연차를 사용하는 관공노를 비롯 17개의 노동조합이 파업에 참가하고 학생, 청년, 여성, 종교자 단체를 합쳐 3만여 명이 모여 '현민 총궐기 대회'를 열고 'B-52 즉시 철거, 핵잠수함 기항 저지, 모든 핵무기 철거, 종합 노동 법령 철폐를 요구하는 결의'를 채택했다. '2 · 4 총파업 투쟁'은 전후 오키나와 역사상 최대의 운동 전략이었기 때문에 그것을 결행하지 않은 여파도 컸다.

한편 '2 · 4 투쟁'의 평가에 관해서는 복귀 운동사 연구에서 큰 논점이 되고 있다. 예를 들어 가부 마사오我部政男는 투쟁의 의미 부여에 대해 이렇게 말했다.

"'2 · 4 투쟁'은 단순히 B-52 철거를 목적으로 한 것이 아니라, 그것이 70년 안보 투쟁과 결합될 때 '극동 안보 체제' 타파의 일환으로 위치 지워지는 측면을 가지고 있었다. 총파업의 결행이 안보 체제의 '요체'인 미군 기지에 대해 직접 타격을 주는 행동 형태라면 그것은 오키나와 민중이 할 수 있는 최대의 투쟁이기도 했다."[46]

신자키 모리히新崎盛暉는 다음과 같이 의미 부여한다.

"결국 2 · 4 총파업은 사상적으로는 '조국 복귀를 지연시킬 것이다'라는 일본 정부의 협박에 의해 무너졌다. 일본 정부 측에서 보면, 국민적 비원으로서의 조국 복귀, 국민적 소망으로서의 오키나와 반환을 선점하여 이를 이용해 전후 오키나와의 여러 모순의 근원이었던 기지에 향하고 있던 대중 운동의 화살을 돌리려는 의도가 구체적인 반기지 투쟁에 대해 유효성을 발휘했다고 볼 수 있다. 2 · 4 총파업의 좌절은 기본적으로는 조국 복귀 운동의 패배와 오키나와 반환 정책의 성공을 의미했다"[47]

✦ 기지 철거를 명확히 하다

이러한 논의에서 이해할 수 있듯이 이미 운동 측의 '요구'는 '반

46 我部政男, 앞의 책.

47 新崎盛暉, 앞의 책.

환 협정'에 담길 내용이 아니었다. '기지 철거'를 내건 '반전 평화'의 이념이 오키나와의 '영토적 반환'에 대해 초과성을 낳았다. 구체적으로 말하면 전군노를 축으로 한 2·4 총파업 투쟁의 격렬한 항의 자세와 연계된 복귀협도 이미 '반전 복귀'를 전면에 내세우기 시작했다. 제2차 사토-존슨 회담 무렵부터 복귀협은 기지의 철거를 실현하지 않는 한 조국 복귀의 실현은 있을 수 없다는 인식에 서서, 1969년 3월에는 종래의 '기지 반대, 핵기지 철거'를 '기지 철거'로 바꾸고 새롭게 '안보 조약의 폐기'를 내세웠다. 이렇게 분명하게 '기지 철거'를 운동 방침으로 내건 복귀협은 '반전 평화'의 이념 아래 '복귀'를 구상하게 되었다.

예를 들어 제14차 총회(1969년 3월 22일)에 제시된 집행위원회의 견해는 다음과 같았다.

"미국의 오키나와 통치 목적이 극동의 전략 중추를 이루는 군사기지의 효과적인 사용에 있으며 더욱이 기지의 역할이 해마다 증대하고 있는 현재 복귀 운동은 동시에 반전 운동이 되어야 한다. 기지 철거 요구를 전면에 내세워 대중 운동의 질적 전환을 도모해야 한다. 오키나와의 기지가 극동에 있어서 안보 체제의 요체인 이상, 복귀, 반전 운동과 안보 폐기 투쟁을 결합하지 않으면 평화 헌법 아래의 진정한 복귀는 있을 수 없다"

종래 협의회적 성격을 가지고 초당파 집단으로서 투쟁을 전개해 온 복귀협이 '복귀'와 '반전'을 결합시키고 기지 철거를 분명히 주장하며 복귀 운동의 질적 전환을 도모한 것은 주목할 만하다. '반전 복귀'를 기치로 내걸고 복귀협은 11월의 사토 총리 방미에 맞추어 '안보 폐기', '기지 철거'를 운동 목표의 축으로 삼고 '즉시 무조건 전면 반환'의 싸움을 강력히 전개할 기본 노선을 분명히 했다.

'사토 방미 저지'를 기조로 하는 방침을 제안한 복귀협은 '사토 자민당 정부가 추진하는 오키나와 반환이 전혀 현민의 요구를 짓밟고 군국주의 부활, 아시아 핵 안보 체제를 목표로 하는 매우 위험한 것'임을 지적하고, '이러한 사토 방미의 의도에 반대함과 동시에 즉시 무조건 전면 반환의 싸움을 전력을 다해 싸워야 한다'는 '11월 투쟁 행동 요강'을 결정했다. 11월의 사토 방미 저지 투쟁의 기본적 요구는 '즉시 무조건 전면 반환'이며, 그 내용은 네 가지 목표로 구성되어 있었다. 즉, ① 대일 평화 조약 제3조의 철폐, ② 평화 헌법의 완전 적용, ③ 모든 군사 기지 철거, ④ 안보 조약의 폐기-이다.

'11.13 전국 통일 행동'에 호응하여 '핵 포함 · 기지 자유 사용을 계획하는 사토 방미 · 군사 기지 철거 · 안보 조약 폐기 현민 총결기 대회'는 복귀협이 중심이 되어 24시간 스트라이크, 16단체(2만 5천명), 기타 정당, 여성, 학생, 기지 주변의 시정촌 등 비정치적 조합을 포함한 여러 단체(4만 3천명), 총 약 10만 명을 동원하였다.

✦ 반환 협정에 대한 반발

이러한 상황 속에서 1969년 11월 22일, 사토와 닉슨의 회담 결과 공동 성명이 발표되었다. 성명은 일본과 미국의 군사적, 정치적 일체화를 확인하고, 이를 전제로 이른바 '72년, 비핵화, 본토와 동일한 수준'의 오키나와 반환을 발표했다. 이에 대해 복귀협은 첫째, 오키나와의 핵 포함, 기지 자유 사용 반환을 실질적으로 규정한 것이라며, 둘째, 이로 인해 아시아 핵 안보 체제를 확립한 것이나 다름없다고 하고, 셋째, 자위대의 핵무장과 군국주의 부활의 길을 더욱 강화한 것이라는 항의 성명을 발표했다.

26일에는 항의 대회를 열어 '사토 자민당 내각 타도'라는 슬로건도 채택했다. 이어지는 70년 5월 4일에는 복귀협 집행부 외에 현 노동 협의회, 교직원회, 전 오키나와 노동 연합, 오키나와 청년 협의회, 부인 연합, 사회 대중당, 인민당, 사회당으로 구성된 5·19 제네스트 투쟁 위원회가 설립되어 다시 제네스트 태세를 확립하고 '반환 협정 분쇄 제네스트'로서 결행되었다. 이는 이 시기 수행된 일미 양국 정부에 대한 복귀 운동 측의 최대 항의 행동이었다.

그러나 71년 6월 17일, 도쿄와 워싱턴을 우주 중계로 연결하여 오키나와 반환 협정이 마침내 조인되었다.

복귀협은 '현민의 반환 협정 조인에 항의하는 성명'에서 "우리는 전쟁 체험에 기반한 반전 평화의 입장에서 모든 군사 기지 철거와 안보 조약 폐기를 통한 완전한 복귀를 강조해왔음에도 불구하고, 지난 사반세기 동안 현민의 치열한 요구를 전혀 무시한 채 조인된 '반환' 협정을 단호히 거부하며 분노를 담아 항의한다"고 밝혔다. 복귀협이 주장하는 '협정의 미비'는 다음과 같은 내용이었다. ① 핵 철거가 명기되지 않음, ② 대미 청구권 포기, ③ 미 자산의 유상 인수, ④ 대규모 군사 기지 제공 등이다.

운동 측의 협정에 대한 인식을 요약하면, 미군 기지의 합법화 및 안보 조약 강화에 따른 오키나와 기지의 고정화라고 할 수 있다. '복귀에 의해 오키나와 민중의 기지에 대한 불안은 해소되지 않는다'고 강조하며 시정권의 반환에 국한된 것에 복귀 운동의 '좌절' 감정을 표명하게 되었다.

'복귀 요구'를 축소한 내용의 반환 협정은 '조국 복귀'의 본질을 근본적으로 재고할 필요성을 일으켰다. 이를 계기로 오키나와의 지식인들이 일제히 '조국 복귀'를 재고하는 논의를 시작하게 된 것이다.

6. 높아지는 요구 – 본 장의 요약

이 장에서는 일본 복귀 운동의 전개에서 '요구의 고조'를 '민족주의적 복귀', '헌법 복귀', '반전 복귀'라는 '조국 복귀' 개념의 변용에 따라 파악하고 그 역사 · 정치적 과정을 개관해 왔다.

이 '요구의 고조'가 의미하는 것은 '자식이 어머니의 품으로 돌아간다'는 말로 상징되는 소박한 민족주의에 기초한 '조국 복귀'에서, 자치, 인권, 평등, 평화에 상징되는 '시민성' 이념의 추구를 체현하는 '조국 복귀' 개념으로의 이행이다.

이 과정에는 예를 들어 '평등'이나 '평화'라는 헌법 이념에 대한 근본적인 질문이 오키나와의 동일성에 깊이 관련된 '복귀' 개념을 '민족'이나 '국민'을 넘어 베트남, 아시아로 확장시키는 이념에 도달하게 하는 전개가 존재한다. 이 일련의 전개에서 주목해야 할 것은, 전후에 구축된 '시민(양민)' = '국민(신민)' = '일본인(야마토인)'이라는 결착 구조를 '시민성' 이념의 실현을 목표로 하는 지점에서 해체해 나가는 과정이다.

첫 번째 '민족주의적 복귀'가 이 결착 구조를 체현한 복귀론이었던 것에 반해, '헌법 복귀'에서 '반전 복귀'로 '복귀' 주장이 이행하는 과정에서는 '일본인'과 '국민', 더 나아가 '국민'과 '시민' 각 의미 내용을 반사적으로 질문하게 하는(=분절화하는) 논리적 계기가 준비되고 있는 것이다.

여기서 말하는 논리적 계기는 '복귀 요구의 좌절'의 지점에서 시작되는 '일본 국민이 된다'는 것의 의미 추구의 출발점이며, '일본 국민'에 소속되는 것의 정통성을 역사적 존재로서의 '오키나와인'을 등장시키며 모색하거나 질문할 때의 원점이기도 하다. '헌법', '국민', '일본인' – 이 용어들은 '오키나와 반환'이 군사 전략을 포함한 '일미 양국의 거래' = '영토 반환'으로 정의된 순간 각 카테고리의 정통성 혹은 정당성을 확보할 논거의 필요성을 일으켰다. 복귀 운동 내에서는 오키나와 미군 기지가 '평화 헌법 형해화'의 요인이 되고 '오키나와에 과중한 부담을 강요하고 있다'는 상황 인식이 70년 전후에는 압도적으로 주류였다. 그런 상황 속에서 앞으로 어떤 '오키나와'를 구상해야 하는가 하는 문제가 오키나와의 동일성을 둘러싼 논의, 즉 복귀론·반복귀론의 최대 논점으로 부상하게 된다.

【칼럼 ④】 야라屋良 건의서 / 현민 본위의 시책 제기 / 국회는 '오키나와의 호소' 무시

"원래 우리는 오키나와 기지를 용인하지 않습니다" – 1969년 11월 10일 오후 3시 50분, 총리 관저. 야라 조나오屋良朝苗 주석은 사토 에이사쿠 총리 앞에서 일어서서 문서를 읽기 시작했다. 놀란 총리는 "앉아서 하세요"라고 했지만, 야라 주석은 "오키나와

건의서를 들고 상경하여 오키나와 반환 협정이 강행 처리된 것을 기자로부터 듣고 말문이 막힌 야라 조나오 씨(1971년 11월 17일 오후 4시경, 도쿄도)

에서의 마지막 목소리입니다. 중요한 것이니까요"라고 말하며 계속해서 문서를 읽었다. 9일 후 닉슨 대통령과의 회담을 앞두고 있던 총리에게 오키나와의 즉시 무조건 전면 반환과 오키나와 기지의 자유 사용 및 공격 무기의 발진 불허 등을 요구한 것이다.

13일, 오키나와에서는 사토 방미 항의 통일 스트라이크가 진행되었다. 나하시의 요기 공원에서 열린 '핵 포함, 기지 자유 사용 반환을 기획하는 사토 방미 반대, 모든 군사 기지 철거, 안보 폐기'를 요구한 현민 대회에는 5만 7천 명이 참가하여 '핵 포함, 기지 자유 사용 반환은 새로운 차별과 굴욕을 초래한다'고 규탄했다.

그러나 21일에 발표된 미일 공동 성명은 '1972년 반환'을 명기했음에도 오키나와의 기지 유지를 합의한 내용이었다. 미국은 기지의 최대한의 자유 사용을 확보하고 일본 측은 이를 인정한 것이다.

"평화로운 섬을 건설하고 싶다는 현민의 바람과는 양립할 수 없다." 야라 주석은 반환 후에도 기지가 남는 것에 불만을 표명했다. 복귀협은 "복귀는 당연하다. 기지 문제는 납득할 수 없다"고 반발했다. 26일에 요기与儀공원에서 열린 공동 성명에 항의하는 현민 대회에는 2만 명이 참가했다.

1970년 5월 15일, 야라 주석은 정부가 각의 결정한 복귀 관련 7법안의 총점검을 류큐 정부 직원에게 지시했다. 점검 작업은 '복귀 조치의 총점검 = 류큐 처분에 대한 현민의 호소'라는 문서로 정리되었고, 마지막에는 '복귀 조치에 관한 건의서'(야라 건의서)라는 제목으로 결실을 맺었다. 지방 자치의 확립, 반전 평화, 기본적 인권의 확립, 현민 본위의 경제 개발을 기본 이념으로 삼아 132페이지에 이르는 방대한 내용이었다. 기지 철거를 전제로 오키나와가 자기결정권을 행사하며 새로운 현 만들기에 임할 생각을 담았다.

법안에서는 진흥 개발 계획의 작성 권자가 국가로 되어 있었으나, '지역 주민의 총의'를 계획에 포함할 것을 건의서는 요구하며 국가는 지방 자치 단체가 작성한 계획을 재정적으로 뒷받침하기 위한 '책임을 진다'고 주장했다. 현민의 의사에 따른 계획이 대전제가 되어야 한다고 강조한 것이다. 미군 기지에 대해서는, 현민의 인권을 침해하고 생활을 파괴하는 '악의 근원'이라고 지적하며 철거를 요구했으며 동시에 자위대의 오키나와 배치에도 반대했다.

11월 17일 오후 3시 16분, 중의원 오키나와 반환 협정 특별 위원회는 고함과 욕설이 난무하는 대혼란 속에서 반환 협정을 강행 처리했다. 오키나와에서의 공청회도 없었고 참고인도 부르지 않았으며 심의는 겨우 23시간에 불과했다. 이날 질문에 나설 예정이었던 오키나와 출신의 아사토 쓰미치요安里積千代, 세나가 카메지로瀬長亀次郎 두 의원의 질문은 봉쇄되었다. 시정권 반환 전에 국정 참여가 실현된 것은 협정의 심의에 참여하기 위해서였지만 오키나와 자신들의 운명에 관련된 중대한 국면에서 오키나와 대표와 현민의 목소리는 무시되었다.

'완전히 엉망이다' – 오후 3시 17분, 야라 주석은 건의서에 담은 '오키나와의 마지막 호소'를 국회에 전달하려고 도쿄 하네다 공항에 도착해 있었다. 호텔에서 기자단에게 의결 소식을 듣고 말문이 막혔다. 그날의 일기에는 이렇게 적혀 있었다. "당리당략을 위해서는 오키나와 현민의 마음이라는 것은 마치 헌신짝처럼 짓밟히는 것이다. 오키나와 문제를 생각하는 그들의 태도, 행동, 상징적인 방식이다."

【칼럼 ❺】 미일의 오키나와 통치 방침 / 기지 '자유 사용'으로 일관

미국의 오키나와 통치는 1940년대 후반부터 오키나와 기지의 '영구화'를 최대 목표로 삼았다. 그 이후, 오키나와 기지의 최대한의 '자유 사용'은 현재까지 미일의 일관된 방침이 되었다. 60년대 후반, 복귀 운동이 격화되면서 '기지 철거'를 요구하기에 이르렀다. 안보 투쟁과 맞물려 기지 기능의 유지가 어려운 상황에 빠질 것을 두려워한 미국 정부는 시정권 반환이 '합리적'이라고 판단하고 그 실현으로 상황을 회피했다. 하지만 오키나와 주민에게는 '비합리적'인 기지 집중에 의한 피해는 변하지 않았으며 인권이나 자치권 보장 등 오키나와의 요구와의 모순은 깊게 남았다.

일본 정부는 '자유 사용'에 적극적으로 협력해 왔다. 유사시 미국군에 의한 핵무기 반입이나 군용지의 원상 회복 비용을 대신 부담하는 등 비밀 협약의 존재는 자국민의 의사를 무시하고라도 미국의 이익에 봉사하는 모습을 엿볼 수 있다.

미국에게 종전 후의 오키나와 통치는 기지를 정치적, 경제적으로 얼마나 효율적으로 유지할 수 있는가가 최우선 과제였다. 전쟁 중에는 오키나와의 기지를 본토 폭격에 사용하고 종전 직후에는 대일 감시 역할을 부여했다. 일본에 대한 점령 정책이 안정되자 재오키나와 기지의 군사적 중요성은 크게 낮아졌고 오키나와의 통치 정책은 방치되어 혼란스러웠다. 미군 상륙부터 1946년 7월까지 군 정부 장관은 육군 → 해군 → 육군 → 해군 → 육군으로 빈번히 바뀌었고 정책은 임기응변식이었다.

◇ 고압적 태도와 시간 벌기 전략

1947~48년, 미국의 대일 정책이 '적국'에서 '동맹국'으로 전환되고 공산주의 국가에 대한 '위협론'이 강화되면서 오키나와의 '장기 보유' 정책이 주류가 되었다. 미국은 경제 원조로 오키나와의 복구를 촉진하고 통치의 경제적 비용을 경감하는 한편, 정치적으로는 고압적 태도를 취했다. '군 정부는 오키나와에서 최고의 통치 주체'라고 선언하며 '군 정부가 통치하는 한 영 구적인 민주 정부의 확립은 불가능하다'고 단언했다.

1950년에는 오키나와 군도 정부를 설립하고 군도 지사를 공선하는 등의 '연방제'가 구상되었다. 그러나 군도 정부는 1952년에 폐지되고, 지사 공선도 무기한 연기되면서 류큐 정부에 의한 간접 통치가 이루어졌다. 이는 공선이 기지 기능의 유지를 어렵게 할 것을 우려했기 때문이었다.

군 정부는 경제 원조 등을 통해 주민의 '묵인'을 얻으려 했으나 실패했다. 주민들의 높아지는 요구에 조금씩 양보하며 오키나와 통치의 연명을 도모하는 한편, 워싱턴에서는 1966년에 '오키나와 특별반'을 결성하여 시정권 반환에 따른 오키나와 기지 기능의 영향을 검토했다. 그 결과, B52 등의 자유 발진만이 영향을 받을 것이라고 판단하고 기지 기능 유지를 전제로 한 시정권 반환으로 전환했다.

주석 공선 서명 운동(1965년 10월 15일)

고등 행정관인 페르디난드 토머스 앙거Ferdinand Thomas Unger (1966~69), 제임스 벤자민 램퍼트James Benjamin Lampert (1969~72)의 주요 임무는 오키나와 특별반 및 도쿄의 미국 대사관과 긴밀히 연락을 취하면서 일미 양국이 오키나와 반환에 합의할 때까지 복귀 운동이 폭발점에 이르지 않도록 시간을 벌기 위한 것이었다. 이를 위해 1968년에 지사 공선을 인정하는 등 주민 요구에 양보하기도 했다.

한편, 일본 정부는 미국에 적극적으로 협력했다. 예를 들어, 캐러웨이Paul Wyatt Caraway 고등 행정관의 '자치권 신화' 발언이나 강경한 이탈 정책으로 분열된 오키나와 자민당의 합동을 위

오키나와의 일본 복귀 기념식에서 인사말을 하는 야라 조나오 씨(1972년 5월 15일)

해 본토 자민당은 오키나와 보수 세력에 열심히 압력을 가했다. B52 폭발 사고를 계기로 2·4 제네스트가 결정되었을 때 일본 정부는 야라 아사오屋良朝苗 지사에게 이를 회피하도록 강하게 권유했다.

시정권 반환은 일미 양국 정부의 의도대로 진행되었다. 양국 정부는 이를 방치하면 1960년 안보 투쟁보다 더 격렬한 대중 운동이 일어날 것으로 예상했다. 반환 협정의 비준을 둘러싼 공청회에서 반복적으로 강조된 것은 비준이 지연되면 일미 관계가 극도로 악화되고 오키나와뿐만 아니라 본토에서도 기지 유지가 어려워질 것이라는 점이었다.

Ⅲ

1970년 전후의 복귀론과 반복귀론의 분석

1. 새로운 '오키나와인'의 탄생

✦ '일본인/오키나와인'의 관계성

1970년 전후, 오키나와 반환 프로그램이 일본과 미국 사이에서 거의 확정되고 '반환의 방식'을 둘러싼 최종 협의가 진행되는 가운데, 일본복귀운동은 '반전평화', '기지철거', '즉시 무조건 전면반환'이라는 슬로건을 전면적으로 내걸고, 요구사항을 들어주지 않는 일본 정부에 대해 강력하게 항의했다. 여기서는 반환협정 방식에 대한 반발을 계기로 '조국 복귀' 개념을 철저하게 재검토하고자 했던 70년 전후의 복귀론과 반복귀론을 다룬다.

'조국 복귀' 개념에 대한 재검토의 움직임은 앞의 장에서 언급한 바와 같이 '반환요구의 증대'라는 정치·운동의 역사적 맥락(문맥·상황)에서 등장한 것이다. 이 논의는 실제 미일 반환협정의 내용이 운동 측의 '복귀요구'의 내용과 크게 달랐던 것이 계기가 되었다. 그중에서도 오키나와 미군기지를 중요시하는 입장이 일본과 미국 정부에서 재확인된 점이 논쟁의 불씨가 되었다. 이 시기의 '조국 복귀' 개념을 재검토한 복귀론과 반복귀론 모두 이 점에 있어서는 강력한 반발을 표명하고 있다. 중요한 것은 '조국 복귀란 무엇인가', '일본국가란 무엇인가', '오키나와인이란 무엇인가' 등 근본적인 질문을 설정하고, '오키나와 주체성'의 역사적 존재방식에 대해 검토하고 있다는 공통점에 있다.

이 장에서 주목하고 싶은 것은 이 검토에서 대립적으로 설정된 '일본인/오키나와인'이라는 공동체의 표상 관계이다. 반미적인 '조국 복귀' 운동이 압도적인 정치적 주도권을 쥐고 있는 가운데, 운동 내부에서 금기시되던 '오키나와인'이라는 민족 명칭이 '동일민족'으로서 자명하게 여겨져 온 '일본인'에 대한 대립항으로 공개적인 모습을 드러낸 것이다. 게다가 이 논쟁에 참여한 면면을 보면 당시 오키나와의 저명한 지식인들이 총출동하여 논쟁이 활발하게 진행되었다.

이 '조국 복귀' 논의를 분석함으로써 반환협정에 의해 확정된 '조국 복귀'의 현실이 어떻게 의미화되고, 논의의 장에 올려진 '일본인/오키나와인'이라는 공동체의 표상 관계가 어떻게 분절화되었는지를 밝힐 것이다.

✦ 세 가지 분석 과제

이 분석에 있어서 Ⅰ장에서 설명한 논리적 틀을 전제로 분석 과제를 간략히 확인해보자.

첫째, 각 논자에서 개인으로서의 종족의 자각이 어떤 계기에 의해 발견되고, 그것을 어떻게 언어화하고, 나아가 '일본인/오키나와인'을 어떤 관계로 분절화시켰는지를 밝혀야 한다. 단적으로 말하자면, 논자의 '오키나와에 대한 집착'의 소재와 그 위치를 문제 삼는 것이다.

복귀운동이 당초 '일류동조론'을 자명한 전제로 삼고 '일본인'을 미군에 대한 저항의 상징으로 삼았던 것처럼, 전후 오키나와의 일본 복귀를 지향하는 '일본인' 지향 속에서는 '오키나와인'이라는 민족 명칭은 차별적 명칭으로 기피되는 경향이 있었다. 미군정이 일본과의 분리 정책의 일환으로 '오키나와인(Okinawans)'을 사용

했던 것에서도 알 수 있듯이, 이 명칭을 공개적으로 사용하는 것을 꺼려했다. 이런 상황에서 '오키나와인'을 '조국 복귀' 논의에서 공개적으로 표명하는 것이 정치성을 갖는 것은 의심의 여지가 없다.

바로 이 표현이 '조국 복귀' 논의라는 정치적 담론의 장에서 '일본인'과의 관계를 설명하기 위해 이루어질 때, 그것은 '분절화의 정치'라는 실천적 영향력을 의미하게 된다. '분절화'란 발화 행위나 표현을 통해 기존의 언어나 담론에서 이질적인 요소를 끌어들이면서 그 요소들을 분석하거나 연결시키는 것이었다. 언어를 발화하는 개인에 따라 경험, 인식, 상황 등이 다르기 때문에 새로운 우발적 의미의 결합을 만들어내는 행위이기도 하다. 여기서 말하는 '분절화의 정치'는 오키나와 반환협정이라는 '부정적 현재'와 오키나와 전투와 차별의 역사 등 '과거'를 연결하거나 '일본인'에 이의를 제기하는 타자로서의 '오키나와인'을 등장시킴으로써 새로운 사회관계를 만들어내는 실천이다.

둘째, '조국 복귀' 개념을 정의할 때 거론되는 '자립', '공생', '평화', '인권', '평등', '휴머니즘' 등의 '시민성' 이념에 대한 지향과 '국가' 혹은 '국민'과의 관계가 어떻게 이해되었는지에 대해 살펴본다. 이 분석에서는 '시민성' 이념을 참조하여 '일본인'/'오키나와인'의 역사적 관계를 어떻게 인식하고, 어떤 평가를 통해 그 관계를 다시 쓰려고 했는지에 주목하고자 한다. 왜냐하면 복귀론도 반복귀론도 이 두 공동체 표상의 역사적 관계가 '부정적 현재'와 중첩되어 설명되고 있을 뿐만 아니라, 이러한 '오키나와'를 구상할 때 자아가 다시 태어날 수 있는 가능성을 미래에 던지는 탈자적脫自的 역사를 전망하고 있기 때문이다.

이 논리 구성을 검토할 때 주목하고 싶은 것은 '일본인'/'오키나와인' 관계의 '현재=현실'을 공동체 구성원이 함께 살아가는 시간으로 구분하여 실체화하고, 이를 근거로 두 공동체의 관계를 어떻게 분절화할 것인가에 관해서이다. 그 분절화는 동시에 현재의 자아를 부정하고 미래를 향해 변화하기 위해 양자를 재분절화하려는 시도도 포함되어 있다.

셋째, '일본국가'와의 부정적 관계의 현재와 그 부정성을 통과한 '시민성' 이념에 대한 지향에서 필연적으로 도출되는 '오키나와의 자립'이라는 논점이 중요하다. 각 논자에 따라 '자립'의 의미와 방향성에 차이가 있지만, 여기서 문제 삼고 싶은 것은 복귀론과 반복귀론 모두 토착화를 지향한다는 점이다.

이 점에 주목하는 것은 새롭게 출범한 '오키나와인'이라는 주체가 복귀 후 '자립' 논의에서 어떻게 정의될 것인가를 파악하기 위해 '조국 복귀'에서 '자립'으로 이행할 때 토착성으로 향하는 논리를 보다 정확하게 파악하기 위함이다.

마지막으로 이러한 분석을 통해 복귀론 · 반복귀론에서 도출된 '일본인'/'오키나와인'의 관계를 염두에 두면서, 본 장의 마지막에 두 이론의 논리 구성을 정리하고, 새롭게 등장한 '오키나와인'이라는 주체의 의미에 대해 고찰한다. 이 공동체 표상이 어떠한 성격을 가지고 있는지를 가능한 한 정확하게 파악하기 위해 I 장에서 언급한(49쪽) 프랑스 사상가 발리바르의 '시민 주체-생성'의 개념을 단서로 삼아 '오키나와인'의 주체 구성을 고찰한다.

거기서 도출되는 다음 과제는 1972년 5월 15일 오키나와 반환의 실현으로 '조국 반환 요구'가 축소된 이후의 '주체'의 행방이다. 이를 알기 위해 복귀론과 반복귀론, 양측에서 공통적으로 지향하는 '오키나와인'이라는 주체가 어떤 논리에 의해 구성된 존재인지 밝히고자 한다.

분석에 있어서 복귀론은 오타 마사히데大田昌秀, 오시로 다쓰히로大城立裕, 반복귀론은 아라카와 아키라新川明, 가와미쓰 신이치川満信一, 오카모토 게이토쿠岡本恵徳, 나카소네 이사무仲宗根勇 각각의 논고를 분석 대상으로 삼았다.

■ **복귀론자의 약력**

▷ 오타 마사히데大田昌秀

1925년 오키나와현沖縄県 구메지마久米島 출생. 45년 오키나와사범학교沖縄師範学校 재학 중 철혈근황대鉄血勤皇隊의 일원으로 오키나와 전투에 참가했다. 전후에는 류큐대학 교수를 거쳐 90년부터 98년까지 오키나와현 지사를 역임.

▷ 오시로 다쓰히로大城立裕

1925년 오키나와현 나카구스쿠中城村 출생. 67년 '칵테일 파티'로 아쿠타가와상 수상. 93년 '하루의 끝에서'로 히라바야시 다이코平林たい子 문학상 수상, 2015년 '레일의 저편'으로 가와바타 야스나리川端康成 문학상 수상.

■ **반복론자의 약력**

▷ 아라카와 아키라新川明

1931년 오키나와현 니시하라초西原町 출생. 오키나와 타임즈 편집국장, 사장을 역임.

▷ 가와미쓰 신이치川満信一

1932년 오키나와현 구 다이라초平良町 (현 미야코지마시宮古島市) 출생. 오키나와 타임즈 논설위원, '신오키나와 문학' 편집 책임자 등을 역임.

▷ 오카모토 케이토쿠岡本恵徳

1934년 오키나와현 구 히라마치(현 미야코지마시) 출생. 63년 도쿄교육대학 대학원 문학연구과 석사과정 수료. 66년 류큐대학에 부임하여 근현대 오키나와 문학을 연구하고 동 대학 교수를 역임.

▷ 나카소네 이사무仲宗根勇

1941년 오키나와현 구 구시가와시具志 川市(현 우루마시うるま市) 출생. 도쿄대학 졸업, 전 판사, 평론가.

2. 복귀론의 구조

① 고발 속의 '오키나와인'

✦ 오키나와에 대한 집념의 표명

복귀론과 반복귀론의 공통된 특징 중 하나는 논자 자신의 '오키나와에 대한 고집'이 표명되어 있다는 점이다. 또한, 그 표명이 '우리 오키나와인'이라는 공동체의 표상과 이중으로 나타나고 있는 것도 공통점이다. 이처럼 '조국 복귀' 논의에서 오키나와의 현재를 이야기할 때 반드시 등장하는 서술 방식은 '나에게 있어 오키나와' 라는 고백이며, 자기 내면과의 연속성 속에서 '오키나와'를 위치지으려는 설명 방식이다.

이 점에 주목하는 것은 강렬한 현상 부정의 충동이 단순히 개인의 감정으로 처리되는 것이 아니라 '우리 오키나와인'에게 공유될 수 있는 것으로 설정되어 있기 때문이다. 즉, '복귀'이든 '반복귀'이든 '오키나와 측의 요구'를 부정한 미일 반환협정의 방식에 대해 거부할 수 없는 반발의 감정 표출에 '우리 오키나와인'이라는 개념이 사용되고 있다. 이 '오키나와인'이란 말할 필요도 없이 '본토 일본인'에 대한 이의제기자로 나선 주체임은 두말할 필요도 없다.

먼저 문제 삼는 것은 이 '오키나와인'을 뒷받침하는 '고집'이라는 점이다. '고집'을 문제 삼는 것은 '오키나와인'이라는 복귀운동의 방침에서 금기시되었던 민족 명칭이 표명되어야만 했던 근거를 찾아내는 것이기도 하다. 결론적으로 말하면, 이때 표명된 '오키나와인'은 지금까지 존재해 온 민족 집단을 가리키는 것이라기보다는 논자의 몸을 뒤흔들 만큼의 '부정적 현실'을 앞에 두고 현재의 경험을 언어화하는 과정에서 제기된 것이며, 그것이야말로 '오키나와인'과 '일본인'의 관계를 분절화하는 노력이다.

✦ 오키나와 전투의 체험

먼저 당시 복귀론을 대표하는 인물인 오타 마사히데의 '복귀' 담론을 살펴보자. 오타는 복귀 사상을 역사적으로 추적하고 '조국 복귀'의 근거를 제시하며 복귀 운동의 대변자 역할을 한 사회학자이다. 당시 그가 저술한 문헌과 논문의 양과 반향을 보면 복귀론을 주도하는 오피니언 리더였다고 할 수 있다. 오타는 자신의 '오키나와에 대한 고집'에 대해 다음과 같이 말했다. "지금까지 나는 '오키나와'와 깊은 관계를 맺어왔다. 대부분의 시간과 에너지를 오키나와의 본질적인 문제 해명에 쏟아왔다. '오키나와'와 깊은 관계를 맺어온 것은 단순히 내가 오키나와에서 태어나고 자랐기 때문이 아니다. 오키나와는 나에게 있어 '고향 이상의 것', 조금 과장해서 말하자면 내 실존의 원점을 의미한다. 오키나와가 나의 원점이 될 수 있는 것은 무엇보다도 내가 그곳에서 오키나와 전투를 체험했기 때문이다. 의식하고 있든, 의식하지 않든 상관없이, 오키나와 전투의 경험이 여러 가지 의미에서 그 후의 내 삶의 방식을 규정해 왔다는 것은 부정할 수 없다. 오키나와 전투를 겪은 사람들 중에는 삶의 원점을 오키나와 전투의 비정상적인 경험에 두고 있는 사람이 적지 않다."[48]

여기서 볼 수 있는 것은 오타의 '오키나와에 대한 고집'이 오키나와어를 사용하고 오키나와의 생활 습관에 익숙해서, 즉 오키나와 문화 속에서 자랐기 때문에 존재하는 것이 아니라, 오키나와 전투라는 생사를 가르는 폭력적 상황을 경험했기 때문에 의식되고 있다는 점이다. 게다가 그 경험이 '삶의 원점'으로서 많은 오키나와 사람들과 공유되고 있는 것임을 확인하고 있다. 오타의 '오키나와 전투의 기억'은 이처럼 '공동체의 기억'으로서 자명하게 여겨지며, '오키나와 전투의 체험'을 공유하고 같은 시간을 함께 보내온

48 大田昌秀『沖縄のこころ』岩波新書.

오타 마사히데大田昌秀

사람들과의 존재를 상정하고 있다. 즉, 전쟁이라는 과거와 반환협정이라는 현재를 이어주는 '기억의 공동체'라는 존재를 상정하고 있다. 이 논리에 의해 다음 발언과 같이 오타 자신의 '삶의 방식'이 '오키나와인' 전체의 문제로 제기되고 있다.

"전쟁이 끝나고 오키나와 중부의 야가 포로수용소屋嘉捕虜収容所에 갇혀 있을 때, 나는 대나무 조각을 쪼개어 붓을 만들고, 식사 때 지급되는 커피를 먹물 대신으로 삼아 종이 조각과 통조림 뚜껑 등에 '신생新生'이나 '재생再生'이라는 글자를 쉴새 없이 썼다. '국가의 의지'나 '국익'과 같은 공허한 말에 자신의 전 존재를 내맡기지 않고, 이번에는 자신의 인간적 욕망에 근거한 주체적인 삶을 추구하며 다시 태어나기를 간절히 바랐다. 그러나 전후 20여 년에 걸친 여정을 되돌아보면, 그것이 '신생'이라는 이름에 걸맞은 실체를 갖추었다고 생각되지 않는다. 전쟁 경험을 통해 배웠을 '인간적 삶의 방식'에 대한 집착도, 인간적 가치의 추구도 심화 축적되었다기보다는 오히려 국가 시책에 떠밀려 '언젠가 왔던 길'을 다시 되돌아가고 있다는 느낌마저 지울 수 없다. 나에게는 '오키나와의 발자취' 그 자체가 우리 개개인의 실제 인생과 같은 길을 걷고 있는 것 같다. 오키나와는 현민 대중의 의지와는 달리 외부의 지배 권력에 의해 타의에 의한 타율적인 삶을 강요당하고 있다고 밖에 말할 수 없는 실정이다."[49]

✦ 자율적 생활 방식

이 발언에서 중요한 것은 개인적인 경험이 공동체의 경험으로 표상되는 것만이 아니다. 요점은 바로 그 공동체적 경험이 반환협정 확정이라는 정치과정의 현재에서 자기부정을 거쳐 '국가 의지'나 '국익'을 상대화함으로써 '언젠가 왔던 길'을 상기시키는 '공동체'의 죽음으로 가는 이정표로 파악되고 있다는 점이다. 오타는 자신의 경험을 통해 공동의 공간을 함께 살아가는 공동체의 표상('오키나와의 발자취')을 만들어냈을 뿐만 아니라, '타의적 삶의 방식'이라는 과거의 부정과 '인간적 삶의 방식=자율적 삶의 방식'을 근거로 자기를 변화시킬 수 있는 가능성을 지닌 「미래」를 열어가는 공동체의 모습을 제시하고 있다. 이 논리의 귀결은 다음과 같이 반환협정을 거부하는 것이 미래를 향해 '인간답게 사는 것'으로 정당화되어 있다.

"오늘날 오키나와에 있어서도, 개개인에 있어서도 자신의 삶을 주체적으로 살아갈 수 있는 여지는 극히 협소하다. 비록 협소하지만, 인간성을 부정당하고 주체성을 거부당한 삶은 정신적으로 '죽음'을 의미하는 것이나 다름없다는 소중한 교훈을 전쟁의 참화에서 얻었다. 그리고 가능성을 찾아 자신의 전 생애를 불태우는 것 자체가 인간적인 삶의 중요한 측면이기도 하다. 그렇기 때문에 **오키**

49 앞의 책.

나와 민중이 밝은 미래를 개척하기 위해 '반환협정'의 내용을 거부하는 움직임으로 보여 주었듯이 주체를 포기한 쉬운 선택을 배제하고, 비록 어려운 여정일지라도 보다 자율적인 삶의 방식을 추구하며 걸어가는 입장을 고집하는 것이 옳다고 생각한다.(굵은 글씨=인용자)"[50]

그가 '자율적인 삶의 방식을 추구하며 걸어가는 입장'이라고 할 때, 암묵적으로 상정되는 것은 '인류적인 사회'에 대한 지향성과 두 개의 공동체적 종차(種差)의 존재이다. 즉, 이 이념적 사회를 참조함으로써 '본토 일본인'에 대한 공동체적 종차로서 '오키나와인'이 설정되어 있다. 왜냐하면 오타가 '오키나와 전투의 죽음'을 함축한 '타자적 삶의 방식'이라는 표현을 사용할 때, 상정된 타자는 '본토 일본인'을 뜻하기 때문이다. 즉, '본토 일본인'에 의존하여 살면 '오키나와의 비극'이 반복될 것이라는 우려가 암시되어 있다. 따라서 '본토 일본인'과의 타자적 관계를 벗어나는 것은 반환협정에 대한 반발과 거부 태도로 나타나며, '오키나와 전투의 죽음'의 재현을 회피하는 태도로 정당화되고 있다.

이 논리에서 정치성을 간파할 수 있는 것은 '오키나와 전투의 죽음'이라는 과거가 현재의 정치 공간에 등장하고, 이의제기자로서의 '오키나와 공동체'가 개개인의 '죽음'을 공유하는 '운명공동체'로 표상되고 있다는 점이다.

50 앞의 책.

✦ '추악한 일본인'

이러한 논리에 내포된 정치성을 좀 더 자세히 살펴보자. '국익'을 방패삼아 오키나와 미군기지를 정당화하는 것에 대한 불신감이 '오키나와 전투의 기억'을 생생하게 이야기하는 것으로 표현되고 있다.

"'동양 평화를 위해' '국익을 위해'라는 공허한 구호의 대가로 당시 전체 인구의 3분의 1에 해당하는 15만여 명의 주민이 죽어갔다. 마부니摩文仁 해안에는 마치 약에 취한 벌레처럼 시체 더미가 끝없이 이어져 있었다. 이를 목격하면서 내가 품은 의문은 도대체 이 정도의 희생을 정당화할 수 있는 '국익'이 무엇인가 하는 것이었다. 아무리 생각해도 긍정적인 답을 찾을 수 없었다. 대부분의 사망자들은 타의에 의해 죽음을 강요당한 것이나 다름없었기 때문이다. 따라서 오키나와를 지키기 위한 전쟁이라는 것도 말 이상의 의미를 가질 수 없었고, 적어도 지켜진 것은 오키나와 주민이 아니었음은 분명했다."[51]

오타는 '국익'이라는 이름으로 '죽음'으로 내몰린 오키나와 주민을 오키나와 전투의 구체적 묘사 속에 등장시킴으로써 반환협정이 오키나와에 어떤 의미를 갖는지 은유적으로 표현하였다. **그 의미는 '타의에 의한 죽음'이다.** 이를 상기하는 것이 의미하는 중요한 점은 '국익'을 거부하는 계기가 되었다는 것뿐만 아니라, 오키나와 사람들이 자립해야 할 상대를 설정하고 있다는 것이다. 즉, 반환협정에 암시된 부정적인 과거를 이 '타자적 죽음'에 귀속시킴으로써 오키

51 大田昌秀『拒絶する沖縄』サイマル出版.

나와가 자립해야 할 타자를 상정하고 있다. '운명공동체'로 설정된 '오키나와인'을 '죽음'으로 이끌 수도 있는 적대시해야 할 상대는 오타니가 말하는 '추악한 일본인'에 다름 아니다.

오타는 "일본인은 추악하다. 오키나와에 관해서 이렇게 단언할 수 있다. 오키나와 전투의 처리조차 아직 이루어지지 않았다. 본토의 일본인은 오키나와 전투의 실태를 거의 아무것도 모르고 있다"고 엄중히 고발한다. 그리고 "본토 이상으로 위험한 오키나와의 사태를 본토 일본인이 방치하고 있는 것에 대한 불만이 사상적 신념의 차이나 당파를 떠나서 모든 오키나와 출신자의 가슴속에 일종의 응어리로서 자리 잡고 있다"[52]고 말했다.

요컨대, 오타의 반발의 원천이 되고 있는 것은 본토 일본인이 오키나와 전투라는 과거의 책임뿐만 아니라 오키나와의 현 상황을 계속 방치하고 있는 것에 대한 '분노'이다. 게다가 오타에게 있어서 이 '분노'는 '오키나와 전투 경험'의 상정과 함께 끝나지 않는 과정으로 이해되었다. "전후, 나는 '전쟁을 잊어서는 안 된다'는 마음을 계속 가져왔다. 하지만 내 개인의 주관적인 의지보다 오키나와에는 전쟁을 '잊고 싶어도 잊게 해주지 않는' 객관적인 상황이 있다. 핵무기부터 독가스까지 보유한 거대한 미군기지 안에 오키나와가 있고, 게다가 그 기지가 '베트남전'과 직결되어 있는 이상, 우리는 전쟁과 무관하게 살아갈 수 없다. 따라서 오키나와 주민들에게 오키나와 전투는 25년 전에 막을 내린 '태평양전쟁 최후의 전투'로서 이야깃거리로 삼을 수 있는 것이 아니다. 그것은 다른 형태

52 大田昌秀『醜い日本人』サイマル出版.

로 현재도 계속되고 있는 '끝없는 싸움'이며, 현재의 객관적 상황이 일변하지 않는 한 언제까지나 '종전'이 될 수 없다."[53]

오타의 '오키나와에 대한 고집'은 망각을 허용하지 않는 '객관적 상황' 속에서 끊임없이 상기되는 '오키나와 전투의 기억'에 존재하고 있다. 이 '기억'이란 프랑스의 사상가 르낭이 국민의 본질적인 존재 조건으로 설정한 '망각'으로 회수되지 않는 영역이다. 즉, 이 '기억'을 계속 환기시키는 것은 '일본 국민'이라는 동일성을 계속 위협하고 있다.

그리고 그 '기억'을 계속 상기하고 발화하는 것은 오타에게 현재뿐만 아니라 미래를 되찾기 위해 노력해야 할 실천적 과제로 주어져 있다. 그것은 '국민'이라는 표상을 위협하는 분절화라는 정치적 실천이다. 그 실천이란 '죽음'에 대한 '운명공동체'인 '오키나와인'을 설정하고 '추악한 일본인'과 대립 형상화함으로써 이들 공동체 표상의 항쟁적 관계를 명확히 함으로써 날카로운 대립을 보여주는 정치성을 띤 실천이다.

요컨대, 오타 개인의 '오키나와인'에 대한 자각은 반환협정 거부라는 현실 부정에서 '자율적으로 살아간다'는 발상이 '인류 사회'의 구상에 이르는 변증법적 사고 과정 가운데 '추악한 일본인'과의 구별에서 비롯된 것이다.

✦ 동화同化와 이화異化

오시로 다쓰히로는 오타와 마찬가지로 복귀론의 대표적인 인물

---

53 大田昌秀『拒絶する沖縄』.

로 오키나와인 가진 '일본인'에 대한 위화감을 문화적 문제로 파악한다. 오타가 가진 '본토 일본인'에 대한 불신과 함께 오시로에게는 같은 일본인으로서 오키나와인을 이해해 달라는 호소가 이율배반적인 오키나와 아이덴테티로서 설정되어 있었다.

오시로 다쓰히로大城立裕

"이민족 차별이라고 하면 저항도 직선적으로 이루어져야 하는데, 오키나와의 경우는 그렇지 않다. 일본 내에서 오키나와의 위치라는 것은 동족 지배라는 모순의 모습이다. 즉 우리는 과연 어느 정도까지 일본인인지, 그 문화의 이질감을 피할 수 없다."[54]

오시로는 결과적으로 '일본인'과 '오키나와인'의 관계를 동일민족으로 간주하는 '일류동조론'에 입각하고 있다. 그러나 양자의 관계 속에 동질성과 이질성이 공존하는 모습을 간파하고, '오키나와 사람들의 복잡한 멘탈리티'라는 관점에서 내면의 깊숙한 곳을 파헤치려 한다.

"생각해보면 전후 우리의 민족의식이라는 것이 얼마나 미묘하게, 또 격렬하게 흔들려 왔는가. 전쟁에서 샌프란시스코 조약에 이르는 일련의 본토로부터의 배신 속에서 전쟁 중에 품었던

54 大城立裕『同化と異化のはざまで』潮出版社.

메이지 이래의 원한을 떠올리고, 매사에 그것을 말하면서도 역시 일본 복귀에 맹목적으로 매달려 온 희극같은 상황을 떠올려 보면 좋을 것이다."[55]

여기서는 종전 직후의 초기 복귀 운동이 이 '원한'을 품은 채 전개되어 왔음을 알 수 있다. 이 전개에 대해 오시로는 일본에 대한 이질감이 일본으로의 동화를 추구하는 주체의 관여에 의해 동시에 형성되어 온 것임을 간파하고 있다.

"복귀운동의 형태는 정치적으로는 '인간회복' → '자치권 확대' → '반전평화'로 중점을 옮겨갔지만, 문화적으로는 일본에 동화되는 길을 걷는 것과 같았다. 생활 전반에 걸쳐 동화의 길을 걸으면서 차별에 대한 위화감을 노골적으로 갖게 된 것이 전후 문화의 불행이지만, 이것은 몇 세기 동안 변하지 않은 오키나와 역사의 숙제이며, 여기에는 '일본 없이 살고 싶다'는 열망과 '일본 없이 살 수 있을까'라는 의문이 공존하고 있다고 말하지 않을 수 없다."[56]

✦ '야마토는 무섭다'

'동화'라는 과정 속에서 길러진 일본에 대한 양가감정의 아이덴티티는 오타가 '고집'을 표명할 때의 태도에도 포함되어 있다. 그 양가감정의 문제가 오시로에 의해 현재적 과제로 자리매김하고 있는 동시에 오키나와 역사 전체의 과제로 위치한다. 왜냐하면 오시로가 오키나와 반환협정의 프로그램이 확정된 현재를 지극히 '역

55 大城立裕・大野明男「対談 創造力の回復としての復帰」『現代の眼』.

56 大城立裕『同化と異化のはざまで』.

사'와 관련된 상황으로 파악하고 있기 때문이다. 이 협정에 대해 오키나와 사람들의 '분노'를 유발하고 있는 현 상황을 다음과 같이 말하고 있다.

"정부 권력의 힘을 발휘하는 것으로서 과거 미군은 무서운 존재였지만, 그 당시에는 동족으로서 애지중지하던 상대인 일본 정부가 이번에는 중앙권력으로서의 이미지가 되살아나게 되었다"……'야마토는 무섭다'는 의식이 요즘 오키나와 사람들의 피부의 일부를 덮고 있다. 이것은 역사적 경험이 되살아난 것이다. 역사적으로 축적되어 온 위협으로부터 아직 해방되지 못하고 있다."[57]

이 지적에서 중요한 것은 '야마토'에 대한 '공포'가 차별의 역사와 함께 되살아났다는 지적뿐만 아니라, 오키나와인의 신체를 언급하고 있는 점이다. 오시로가 설명하고자 하는 것은 전쟁 전부터 오키나와 전투에 이르는 과정에서 '오키나와인'이라는 신체성에 새겨진 낙인(차별적 낙인)에 대한 기억과 오키나와 전투에서의 '회한'이 '오키나와에 대한 고집'을 선명하게 각인하고 있는 듯하다. 오키나와 근대사의 역사적 기억을 불러일으켰다는 '신체적 공포'는 오타가 말하는 '타자적 죽음에 대한 공포'의 역사와 겹쳐진다. 오시로가 밝힌 오키나와 사람들의 '야마토'에 대한 양가적 감정이 '오키나와인'에 대한 원한이라고도 할 수 있는 강렬한 '공포'로 규정되어 있는 것이다.

57 앞의 책.

② '조국 복귀'와 '오키나와인'의 의미

✦ '복귀' 정당화의 논리

이러한 자신의 내면성에 대한 통찰에서 발화된 오타, 오시로의 복귀론에서 말하는 '조국 복귀'는 결론적으로 말하면 '평화헌법 하에서의 복귀'이며, 이 주장에는 오키나와의 부정적 현실을 타개하기 위한 실리적인 전략이 포함되어 있었다. 이 복귀론에 내재된 전략적 논리는 불신의 대상인 '본토 일본'과는 별도로 '있어야 할 바람직한 일본'을 설정하고, '본토'와 '오키나와'가 동시에 '있어야 할 바람직한 일본'으로 돌아간다는 '복귀'의 정당화 논리이다.

이 논리구조를 분석할 때 중요한 포인트는 오타도 오시로도 '있어야 할 바람직한 일본'이라는 헌법 이념의 실체화에 대한 지향성을 세우기 위해 '오키나와인'을 역사적 범주로 사용하고 있다는 점이다. 즉, '일본인'과 '오키나와인'의 서열적 차별의 역사를 현재에 비추어 그 연속성을 드러냄으로써 차별받아 온 열등감을 대표하는 '오키나와인'과 차별을 극복하려는 대립적이고 자립적인 '오키나와인'을 표명하고 있다.

거기에는 동시에 '오키나와인'을 차별하는 경험적 '일본인'과 헌법의 '평화 · 평등 이념'을 준수하는 이념적 '일본인'을 엄격하게 구분하는 사고방식이 존재한다. 대치적이고 자립적인 '오키나와인'이 되어야 하는(복귀해야 하는) 이념적 '일본인'이 구상되고 있는 것이다.

예를 들어, 오타는 "전후 오키나와에서 일어난 수많은 민주화 운동을 비롯해 앞으로도 일어날 정치운동, 혹은 민중운동은 오키나와 일본인의 인식을 떠나서는 도저히 파악할 수 없다"며 "오키나와의 굴욕적인 사태의 원점은 단순히 오키나와 전투에만 있는 것이 아니라, 훨씬 더 먼 곳에서부터 깊은 역사적 근거를 가지고 있다"며 오키나와가 본토로부터 차별을 받아왔던 여러 가지 역사를 공개했다.

당시 진행 중이던 국정 참여를 둘러싼 정부의 대응에 대한 오키나와 사람들의 불만은 메이지 시대의 오키나와 참정권 운동의 좌절과 겹쳐지고, '본토 일본인'의 오키나와에 대한 차별과 편견은 1903년의 인류관 사건과 쇼와 시대의 방언 논쟁과 대응하며, 나아가 '핵무장 탈핵', '기지철거'를 둘러싸고는 오키나와 전투를 인용하고 있다.

이러한 역사에 등장하는 '오키나와인'은 '일본인이 되려는' 노력의 축적과 그에 대한 '배신'을 체현하는 차별의 대상으로 떠오르는 존재이다. 이 역사적 존재로 표상된 피차별적 '오키나와인'이 차별을 자각하고 반환협정을 거부하는 대치적이고 자립적인 '오키나와인'으로 전환되어, 현재의 경험적 '일본인'과 대비 형상화됨으로써 차별받아 온 '오키나와인'은 현재적 의미를 획득하고 있다. 단적으로 말하면, 여기에 표상된 '오키나와인'은 과거의 차별을 명확히 하고 현재의 차별을 고발하는 이중적 의미를 가진 주인공으로 등장하고 있다.

✦ '본토의 문제'

또한, 오타는 향토사학자 히가 슌초比嘉春潮가 "17세기 초부터 오늘에 이르기까지 360년간의 오키나와의 역사는 수모와 굴욕의 역사이다. 이 사실을 잊고 현재의 오키나와 문제를 생각할 수 없다. 나에게는 오키나와 사람들의 마음 속 깊은 곳에 이 역사의 무게가 깊이 가라앉아 있는 것 같이 느껴진다"고 말한 것을 인용하며, "요컨대 그 기저에는 일본의 1억 국민을 살리기 위해 오키나와의 100만 명도 안 되는 일본인은 희생을 감수할 수밖에 없다 …… 큰 벌레를 살리기 위해서는 작은 벌레를 죽여도 괜찮다는 발상이 그 근저에 깔려 있다"고 말했다. 문제는 "본토인의 인식이 어떠하든, 보편적으로 오키나와 현지에서는 본토로부터 차별받고 희생을 강요당하고 있다고 생각한다"는 것이다. 그리고 "오키나와 전투에서 수십만 명의 오키나와 현민의 '피가 뿌려진 것'이 그 후 미군이 대놓고 핵기지로 만든 '핵기지 오키나와'일 뿐이라는 것은 누구의 눈에도 명백하다"[58]고 결론을 내리고 있다.

이렇게 오타는 '오키나와인'이 '피 흘린 것'에 보답하기 위해서라도 '조국 복귀'를 '완전한 일본인'으로의 동일화=평등화의 실현으로 생각하고 있다. 따라서 '본토 일본인'에 대한 '조국 복귀' 요구는 다음과 같이 과거에 대한 책임 문제와 함께 지극히 국민적인 문제로 제기되고 있다.

"오키나와 현민이 몇 번이고 반복해서 본토의 일본인에게 요청하고 있는 것은 다시 한번 초심으로 돌아가 생각해 달라는 것이다. 즉, 본토 정부와 국민이 대일평화조약対日平和条約에서 오키나와 96만 현민의 의사를 묻지도 않고 본토 자체의 독립을 대가로 오키나와현만을 그 주민과 함께 이국에 팔아넘겼다는 것을 말이다. 따

58 大田昌秀『醜い日本人』.

라서 오키나와 문제는 결코 단순한 오키나와현만의 문제가 아니라 본질적으로 '본토 문제'이며, 일본 국민 모두가 해결해야 할 문제이다."[59]

이 오타의 요구를 생각할 때 중요한 점은 '일본 국민'에 대한 요구가 '일본 국민' 그 자체의 존재방식의 정당성 문제로 제기되고 있는 점이다. 예를 들어, 반환운동의 중요한 목적 중 하나였던 '국정 참가의 실현'을 '단순히 자신의 권리를 회복하는 것에 그치지 않고, 형해화되고 있는 일본의 '민주정치'에 내실을 부여하고, 일본 정부의 미국에 대한 종속적 태도를 바로잡아 민족적 독립을 달성하는 것'으로 자리매김하고 있다. 오키나와의 요구는 '일본을 살리는' 적극적인 의미를 갖는다.

"더 이상 아무리 막강한 권력을 가지고 있더라도, 어떤 명분으로든 오키나와 현민의 정당한 권리를 거부하는 것은 불가능하다. 오키나와 현민에게 권리를 되찾는다는 것은 무엇보다도 '인간답게 사는 것'을 의미하는 이상, 그 목표를 향해 전진하는 것 외에는 다른 길이 없기 때문이다." 야라屋良 신주석은 당선 후 처음으로 상경했을 때 '본토 정부 및 국민에게 오키나와 현민의 희망을 허심탄회하게 받아들여 시책에 반영해 달라'고 요청했는데, 본토의 일본인이 그 요청을 받아들인다면 그것은 바로 **일본을 살리는 것**이 되지 않을까.(굵은 글씨=인용자)"[60]

이처럼 오타에게 있어 '일본 국민'이란 평화헌법을 근거로 '인간

59 앞의 책.

60 앞의 책.

답게 살 수 있는' 것을 보장할 때 비로소 정당화될 수 있는 존재인 것이다. 따라서 '오키나와인을 살리는 것'은 '일본인을 살리는 것'과 동일시되어 평화헌법을 지키는 이념적 '일본인'으로 '복귀'하는 것이 서로의 과제로 설정되어 있다.

✦ 휴머니즘

한편, '문화 창조력의 회복'을 '조국 복귀'의 정당화로 삼는 오시로 다쓰히로의 경우에도 논의의 기본 사상은 휴머니즘이라는 '인권 옹호' '헌법 옹호'이다. 그가 말하는 '진정한 복귀'란 개인=사람의 인권이 보장되는 것을 전제로 지금까지의 오키나와 역사에 나타난 비주체적인 동화 과정인 '토착문화에 대한 자부심'을 가짐으로써 '오키나와인'으로서의 기개를 기르는 '문화 창조력의 회복'이 중요하다는 주장이다. 마찬가지로 일본 자체도 다시 태어나는 것이 조건으로 제시되고 있다.

"복귀란 나의 경우 '도쿄'로 상징되는 일본의 부패한 문화를 맹목적으로 추종하는 그 뿌리를 버리자고 제안하는 것에 다름 아니다. 진정한 '복귀'란 문화 창조력의 회복이라고 생각한다. 겉으로 보기에 두 얼굴을 가진 오키나와 주체성의 피는 역시 하나다. 그런 문화적 체제를 오키나와가 취할 수 있다면, 그때 아마도 본토의 각 지역 토착민들도 이에 호응할 것이고, 일본 문화가 중앙집권에서 벗어나는 계기가 될 것이다. 오키나와의 일본 복귀는 그럴 때에 의미가 있으며, 그때는 역시 '본토 복귀'가 아니라 **다시 태어나야 할 '일본'으로의 복귀가 되어야 한다. 어떻게 보면 그것은 오키나와의 본토 복귀가 아니라 본토의 일본 복귀라고 할 수 있을지도 모르겠**

다.(굵은 글씨=인용자)"[61]

여기서는 오키나와 아이덴티티의 모순을 하나로 수렴하는 방법으로 토착문화로 향하는 필요성이 주장되고 있다. 게다가 오키나와의 토착문화를 회복하는 것이 일본 문화가 중앙집권에서 탈피할 수 있는 가능성으로 자리매김하고 있다. 오타의 논리와 마찬가지로 '다시 태어나야 할 '일본''이라는 이념적 '일본'이 구상되고 있다. 그렇다면 이 이념적 '일본'을 둘러싸고 오시로는 '국가'를 어떻게 이해했을까? '국가'의 위치에 대해 다음과 같이 말하고 있다.

"'일본 국가'라는 사상이 주입되어 거기에 자신을 바쳤지만 배신을 당한 나로서는 잠재적으로 '오키나와가 독립할 수 있다면 그 편이 낫다'고 생각했던 것 같습니다. 교육에 대해서는 '휴머니즘'만을 가르치면 된다고 주장했습니다. 이 생각은 지금도 크게 틀리지 않았다고 생각합니다. '국가'라는 것은 사회 질서를 유지하는 하나의 수단일 뿐 절대적인 것은 아니며, '휴머니즘'만이 절대적인 가치이다. 이것이야말로 오키나와의 새로운 탄생을 위한 기치라고 그때부터 생각하게 되었습니다."[62]

이처럼 오시로에게 있어 이념적 '일본'이란 정확히 말하면 국가를 초월한 가치인 '휴머니즘'을 실현시키는 장치인 것이다. 다른 곳에서는 "무엇보다도 개인 개인으로서 인간이 가지는 가치의 존엄성, 그것이 가장 중요하다고 생각합니다."라고 말한 것에서도 알 수 있듯이, 개인에게 있어 국가란 '인간이 가진 절대적 가치의 존엄

61 大城立裕・大野明男, 앞의 책.

62 大城立裕「沖縄自立の思想」『現代の眼』.

성'을 보장하는 '수단'으로서 위치할 때 정당성이 부여된다.

✦ 사상의 동맥경화

이상, 오시로의 '조국 복귀' 개념에 포함된 지향성을 다소 거칠게 정리하면, '문화 창조력의 회복'이라는 '오키나와 토착문화의 재생'과 '휴머니즘'이라는 '개개인의 인간성 회복'이 같은 '오키나와 재생의 조건'으로서 '조국 복귀' 개념에 포함되어 있다. 언뜻 보면 이 두 조건은 서로 다른 위상의 문제처럼 보이지만 그렇지 않다. 중요한 것은 '휴머니즘'이라는 '유사 존재=인류적 사회'를 지향하는 논리에서 '오키나와인'과 '일본인'의 사회적 관계가 '오키나와의 토착문화 재생'을 기점으로 새로운 관계로 분절화되어 있다는 점이다.

즉, 역사문화적으로 볼 때 '동화되는 쪽'과 '동화하는 쪽'이라는 기존의 사회관계가 '주체적으로 살아가는 오키나와인'이라는 자립적인 '오키나와인'의 등장으로 재분절화되고 있는 것이다. 여기에 전쟁 전의 '시민(良民)' '국민(臣民)'= '일본인(야마토인)'이라는 유착 구도를 무너뜨리려는 분절화의 노력을 간파해야 한다. 새롭게 출범한 '오키나와인'은 토착문화에 자부심을 가진 문화 창조력의 주체일 뿐만 아니라 '휴머니즘'을 쟁취하고 나아가 중앙집권주의를 타파하려는 '시민적 존재'로 구상되고 있다.

주목해야 할 점은 이 노력이 국민국가가 헌법 등에서 보장하는 '시민성' 원리에 근거하고 있다는 점이다. 이는 앞서 언급한 '일본 없이 살고 싶다', 그러나 '일본 없이 살 수 있는가'라는 '일본'에 대한 모호한 지향성과 관련된 문제이다. 즉, 국민국가가 가지고 있는 차별적 배제와 헌법 등 시민성 이념에 구현된 '매혹'이라는 양가감정이 바로 오키나와의 동일성을 둘러싼 지향성에 각인되어 있다. 이 측면을 좀 더 구체적으로 살펴보자.

오시로는 경험적 '일본인'에 대한 위화감을 다음과 같이 명확하게 표현하고 있다. "'우리는 일본인입니다'라고 외치지 않으면 어째서 살아갈 수 없을까. '미국에 포섭되지 않겠다'는 경계심에서 나온 것은 알겠지만, 그것을 마치 본질적인 것인 양 민족운동의 중추로 삼은 덕분에 사상의 동맥경화증에 빠졌다."[63]

여기서는 '일본인'이라는 자기 인식의 본질화야말로 문제라며 복귀 운동을 비판하고 있다. 즉 '비일본인'에서 '일본인'으로 '동화'하는 것이 본질적인 문제가 아니라는 주장이다. 그러나 이 주장 속에는 '일본인'이 되는 것과 '일본 국민'이 되는 것의 모순이 발생한다. 오시로가 가진 '자기 모순'은 '사상의 동맥경화'를 타개하기 위해 도입된 '휴머니즘'의 논리가 그 실현화 사고 과정에서 '일본인'에 대한 위화감을 내포하면서 전개되어야만 했던 데서 기인한다. 그 '불편함'을 다음과 같이 고백하고 있다.

"스스로의 결론으로 '일본 복귀' 쪽으로 기울어졌습니다." 미국 통치하의 인권 문제가 이대로는 근본적으로 해결할 수 없다고 생각했기 때문입니다. 경제보다 인권을 우선시해야 한다고 생각했고, 치외법권이나 미국 민정부의 거부권을 용인하는 체제 속에서는 휴머니즘을 실현해가기 어렵다고 생각하기 시작한 것입니다. 게다가 무역 등 국제관계에서도 오키나와의 애매한 지위가 일부러

63 大城立裕・大野明男, 앞의 책.

애매모호하게 취급되고 있는 것을 보고 분통이 터졌기 때문입니다. 역시 '국가'가 필요하다고 생각했습니다. 그럼에도 일본 복귀 운동이 무조건적이고 비이성적으로 진행되는 풍조를 보고 좋은 기분은 아니었습니다."[64]

이처럼 오시로가 고백하는 '기분이 좋지 않다'는 감정은 경험적 '일본인'에 대한 불신감을 내포하고 있으면서도 '조국 복귀'를 주장해야만 하는 현 상황에 대한 '허탈감'이다. 오시로가 빠질 수밖에 없었던 모순 보다 구체적으로 '일본 없이 살고 싶지만, 일본 없이는 살 수 없다'는 '찢겨진 자아'의 경험이다. 그것은 인권이 박탈당하는 부정적인 현실을 타개하기 위한 '야마토 지향'과 동시에 발생하는 '야마토에 대한 불신' 사이에서 발생한다.

✦ 차별과 폭력의 역사

오시로는 이 양가감정의 문제를 오키나와의 문화적 문제라고 말한다. 이를 설명하기 위해 그는 반환을 눈앞에 둔 시기에 발생한 오키나와의 '집단 자결'(강제집단사)을 둘러싼 전쟁 책임 논쟁을 예로 들었다. 가야마 다다시鹿山正 병조장이 전쟁 중 구메지마에서 주민 학살을 지시한 것에 대한 '사죄 거부'를 둘러싸고 오시로는 다음과 같이 말하고 있다.

"구메지마 주민이나 오키나와 민중 일반에게 그것은 단순한 '과거'가 아니라 '현재'를 설명하기에 충분한 과거다. 그리고 더 거슬러 올라가는 '역사'를 끌어들인 과거 완료이다. 바꿔 말하면, 이런

64 大城立裕「沖縄自立の思想」.

반응의 방식을 보고 '이제 와서'라고 말하기보다는 그 '과거'에 대해 여전히 분노와 원한을 품어야 하는 '현재'란 무엇인가, 혹은 '역사'란 무엇인가를 생각해야 하는 것이 아닐까. 그 '현재'의 의미는 성찰 없이 다시 일본의 군사 식민지, 차별 지배의 대상이 되려는 움직임에 대한 불안으로 가득 차 있다. 불행한 역사는 아직 고쳐지지 않았다는 점이다. 야마토의 오키나와에 대한 의미, 오키나와의 야마토에 대한 의미는 그때나 지금이나 변함없다는 것을 가야마 사건에 대한 주민들의 표정이 단적으로 보여주고 있다. 세상의 어떤 사람들에게는 상식적인 일이다."[65]

오키나와 반환을 눈앞에 둔 오시로 앞에 놓인 것은 '야마토'에 의한 '차별과 폭력의 역사'였다. 여기서 말하는 '역사'는 단순한 과거가 아니라 현재의 시점에서 과거를 재정의하는 '과거로 구성된 현재'라고 할 수 있다. 이 '역사'가 상기될 때는 '일본인이 되고 싶어도 될 수 없다'는 오키나와의 아이덴티티를 표현한 유명한 말이 리얼리티를 획득하는 순간이기도 하다. 은유적으로 말하자면, 이 순간에 오키나와 근대사의 생활 실천 과정에서 불식되어 온 '오키나와인'이 다시 고개를 들고 '찢겨져 가는 자아'의 틈새로 침입해 오는 것이다.

그러나 그때 다시금 재정의되는 '오키나와인'에게는 '피억압 민족'이라는 과거의 피차별적 존재에서 벗어나 '휴머니즘'과 '토착'의 가치를 지향하는 '개성'이라는 새로운 가치가 부여되고 있다.

65 大城立裕『同化と異化のはざまで』.

③ '자립'에 대한 제기

✦ '자립'의 길을 찾아서

지금까지 복귀론자들은 '조국 복귀' 개념을 '평화헌법 하에서의 복귀'로 규정하고, 이념적 '일본인'으로의 '복귀'를 지향하는 것으로 구상하고 있다고 말해 왔다. 그러나 결과적으로 일본국가를 지향하는 복귀론자조차도 '본토의 헌법적 형해화'라는 자신의 인식 속에 있는 논리적 모순을 해소하지 않으면 안 되었다. 즉, 이를 해소하기 위한 '오키나와의 주체성 확립'이라는 전망의 연장선상에서 '자립'이라는 문제를 설정해야 했다.

'평화헌법으로의 복귀'의 연장선상에서 '일본인'과 '오키나와인'의 인간해방을 설정한 오타의 경우, '민본주의의 내실화'나 '평화이념의 현실화'와 같은 공통과제의 수행에 있어서 '오키나와인'이 이니셔티브를 가지고 있다는 상황 파악을 전제로 그 결과 '오키나와의 자립'을 구상하고 있다. 이 점에 대해 언급하고 있는 부분을 다소 길어지지만 인용해 보자.

"현민 대중이 갈망하는 '진정한 복귀'라는 것은 결코 전후 20여 년의 단순한 '전후 처리'의 문제가 아니라, 말하자면 오키나와 과거의 '총결산'이자 동시에 '새로운 오키나와'의 창조를 의미한다. 이를 바꾸어 말하면, 현 상황에서 '평화헌법'의 이념에 내실을 기하는 지속적인 노력을 통해 오키나와인 스스로가 '일본인'의 인간해방을 도모하는 것이라고 할 수 있다. 이것은 '주어진' 원리 · 사상이 아니다. 오키나와 민중이 전쟁 전부터 오키나와 전투까지 고통의 경험과 전후의 고난에 찬 싸움을 헤쳐나가는 과정에서 수많은 시행착오를 겪으며 몸으로 체득한 귀중한 결론이라고 할 수 있다. 이 점에서 본토의 민주주의가 처음부터 위로부터 주어진 이데올로기로서 출발하고, 게다가 주어진 권위를 가지고 아무런 자기부정의 계기를 갖지 못한 채 형식적인 것으로 전락한 것과는 대조적이다. 오키나와의 반환 운동이 '전면 반환'이나 '반전 복귀反戦復帰' 등의 슬로건으로 지향해 온 것은 … 평화헌법 하의 '상황'이 아니라 헌법 이념을 내실화하는 '과정'이며, 그것은 오키나와의 지금까지의 행보를 지속하는 연장선인 것이다.

…… 17세기 중엽, 걸출한 정치가 하네지 조슈羽地朝秀가 정치적 배려에서 일류동조론을 주장한 이래, 오늘날까지 일관되게 일본화가 추진되어 왔다. 1879년 오키나와현 설치 이후에는 정치, 문화, 양육 풍속, 관습 모든 면에서 극단적인 황민화가 추진되었고, 오키나와인이 일본인의 아이덴티티를 획득하는 것은 모든 희생을 치를 가치가 있는 지상 명제가 되었다. 그럼에도 불구하고, 오키나와 출신자들은 총체적으로는 아직까지도 '진정한 일본인'으로서 대우를 받은 적이 없고, 국가 권력에 의해 배신당하기 일쑤였다. 이러한 과거의 역사적 경험을 통해 **오키나와가 자립하고 사람들이 진정으로 해방되기 위해서는 일본인으로서의 아이덴티티를 갖는 것만으로는 충분하지 않고, 그보다 먼저 '인간으로서의 아이덴티티'를 확보하는 것이 필수적이라는 인식에 이르렀다. 즉, 일본화를 지향하는 데에 치우쳐 현 국가체제에 그대로 편입되는 것만으로는 구원받을 수 없다는 것을 실감하게 되었다고 보면 된다**(굵은 글씨=인용자). …… 필자가 복귀 실현의 방편으로 평판이 좋지 않은 '평화헌법'의 실체화에 집착할 수밖에 없는 것은 사상·논리 차원에서는

그렇다 치더라도 현실적으로 국가를 폐지할 수 있는 전망이 전혀 어둡기 때문에 우선은 그 매개적 역할의 의의를 살리기 위해서이다. 주지하다시피 신헌법은 일본 일국의 국가원리를 넘어 인류의 보편적 가치를 지향하고 있다는 점에서 국가에게도 인간 개개인에게도 그 실현은 도전할 만한 가치가 있다고 생각되기 때문이다. 또한 그것은 오키나와의 대중이 반환운동의 기둥으로서 처음부터 현재까지 일관되게 지속 발전시켜 온 반전 평화에 부합하는 것이기 때문이다."[66]

✦ '인류 보편'의 헌법

여기서 오타가 지향하는 '자립'이란 요컨대 개개인의 인간성을 확보하는 것을 최우선적으로 생각할 때 현실적으로 일본 국가를 필요로 하지만, 국가체제에 통째로 편입되는 것은 '인간으로서의 아이덴티티'로서도, '오키나와인으로서의 아이덴티티'로서도 '일본화의 희생'이 되지 않겠다는 이유로 거부한다는 입장이다. 이러한 '자립'의 의미는 헌법의 이념을 근거로 현재의 국가 내실에 도전하는 것으로 이해할 수 있다. 다시 말해, '오키나와의 자립'은 종적 국민이라는 이념적 '일본인'으로서의 아이덴티티을 획득하는 것만으로는 충분하지 않고, '시민성' 원리에 있어서 '절대적' '인간'으로서의 아이덴티티를 확보해야 한다는 주장이다. 또한 이러한 시민적 보편성에 호소하는 지향성은 오키나와의 군사기지를 기점으로 상상되는 '아시아 각국의 국민'과 '인류'에 대한 배려로서

66 大田昌秀『拒絶する沖縄』.

언급되고 있다.

예를 들어, 오타가 "오키나와 민중의 다수가 복귀와 동시에 거론되고 있는 자위대의 오키나와 배치를 완강히 반대하는 것도 그들이 특정 이데올로기에 휘둘리거나 신변의 안전을 염려하기 때문이 아니라, 오히려 그들이 강조하고 있듯이 오키나와와 일본의 미래 문제를 포함한 아시아 각국의 국민, 나아가 인류의 미래를 염두에 두고 있는 것이다."[67]라고 할 때, 그들이 내세운 주체는 보편성을 지향하는 형식성과 상징성이 높은 주체이다. 아래에서 보는 바와 같이, 오타의 인생 경험과 오키나와 현민의 생활상의 필요성에서 제기된 '평화헌법'에 대한 지향은 일본 국가를 넘어선 시야로 확대되어 '바람직한 조국'과 '오키나와의 자립'이 성립되는 '사회'란 '인류보편'의 시민성 원리에 내실이 부여된 '유적사회(類的社会)'인 것이다.

"일본국 헌법이 실질적으로 현민 대중의 생활 규범으로 추구되고 있을 뿐만 아니라 미군에 의한 군사 우선의 부당한 지배에 대한 저항의 중요한 거점이 되고 있다. … 오키나와 전투의 경험에서 오는 평화에 대한 희구가 무엇과도 견줄 수 없을 만큼 강하다는 것에 안도하면서, 그것이 더욱더 삶의 현장에서 구체화되기를 간절히 바라고 있다. …… 신헌법의 이념은 다소 과장해서 말하자면, 그 이후의 삶을 규정했다고도 할 수 있다. … 오키나와 현민이 '평화헌법으로 돌아간다'는 것은 그것이 일본 본토의 헌법이기 때문이 아니라, 인류에게 보편성을 가질 수 있는 조국의 헌법이기 때문이라고 생각한다."[68]

67 大田昌秀『沖縄の民衆意識』弘文堂.

여기서 문제 삼고 싶은 것은 오타가 지향하는 '유토피아적 사회'가 아니다. 시민성 이념을 지향하는 상징성 혹은 형식성이 높은 '주체'가 '오키나와인'으로 재정의될 때 포함되는 양면성이다. 오타의 서술이 토착으로 향할 때, 오키나와 사람들이 '평화헌법'을 지향하는 것이 마치 자연스러운 문화적 속성인 것처럼 이야기되고 있다.

"오키나와에는 향토사학자 히가 순초가 소개한 것처럼 '*チュニクルサッテーニングリーンシが、チュクルチェエーニングラン*', 즉 사람에게 상처를 입어도 잠을 잘 수 있지만, 사람을 해치면 잠을 잘 수 없다는 뜻의 속담이 있다. 오키나와 주민이 더 이상 기지를 용인함으로써 이웃 나라 국민에 대해 가해자의 입장에 서고 싶지 않다는 것도 **이러한 토착 정신의 풍토에 뿌리를 두고 있다**(굵은 글씨=인용자) 따라서 '자위대의 오키나와 배치 반대'라는 주장도 나카소네 방위청장이 공언한 것처럼 일부 현민들만의 목소리가 아니다."[69]

이처럼 오키나와 평화사상의 논거가 오키나와의 토착 정신에 요구되고 있는 점에 주목해야 한다. 오타가 오키나와의 속담을 가지고 '이러한 토착 정신풍토에 뿌리를 두고 있다'고 할 때, '오키나와인'의 문화적 특성으로 '평화에 대한 갈망'이 미리 전제로서 설정되어 본토 일본인을 점점 더 '추악한 일본인'(오타)으로 타자화하는 담론 기제가 작동하고 있다. 이러한 토착주의로 향하는 논리의 문제성에 대해서는 나중에 다룰 것이다. 여기서는 오타가 이야기하는 보편성을 지향하는 '주체'가 '토착주의'를 포함한 양의적 존

68 大田昌秀「沖縄と日本国憲法―『平和憲法』下への復帰は幻想か」『世界』.

69 大田昌秀『沖縄の民衆意識』.

재임을 확인하는 데 그치고자 한다.

✦ 토착의 해양문화

이러한 양면성은 오시로가 지향하는 '오키나와의 자립'의 지향에서도 읽을 수 있다. 오키나와의 경우, 오키나와 문제를 문화 문제로 인식하고 있기 때문에 오타보다 토착문화에 대한 지향성이 강하다. 그러나 토착문화라고 해도 오시로는 그 가능성을 오히려 토착적인 것을 변형하는 하이브리드(이종교배적) 문화 구성에서 찾고 있다. 그것은 오키나와에서 일반적으로 말하는 '참프루 문화(혼합문화)'의 발상과 통하는 바가 있는데, 그는 그러한 오키나와의 문화적 혼합성을 토착성의 풍요로움으로 파고들어 국제적인 요소를 발견해 나가려고 시도한다.

이러한 '문화적 자립'론에 서 있는 오시로의 전망은 오키나와의 해양문화에 대한 관심이 그 기점이 되고 있다. 이 국경을 초월하는 '해양문화'에 대한 주목은 오키나와 사람들이 본토에 대한 '문화적 열등감'을 극복할 수 있는 지평으로 설정되어 있다. 오타가 반환운동에서 '평화에 대한 추구'라는 시민성 이념의 추구에 '토착의 정신'을 부여함으로써 '오키나와의 자립'을 전망한 반면, 오시로는 오키나와의 토착문화에 국가를 뛰어넘는 요소를 발견하고 일본 국가의 정치적 지배로부터의 '정신적 자립'을 구상하고 있다.

"토착을 그대로 파고들면 국제적인 것으로 이어진다고 말했지만, 그것과 동시에 과거의 역사, 특히 황금시대의 형성에 비추어 볼 때, 외래 문화-이것은 바다가 가진 에너지를 생각하면 해양 문화라고 해도 좋을 것 같지만-로부터 오키나와는 그 영향을 크게 받아 왔다. 그렇기 때문에 토착적인 요소 속에서 발견되는 국제적인 요소와 함께 다시 한번 외래문화를 받아들이고 활용함으로써 토착성을 더욱 풍요롭게 한다는 발상이 필요하다. 구체적으로 말하면, 미국의 지배에서 벗어나 본토와 하나가 되는 것, 그것이 좋든 나쁘든 간에 미국에 대한 알레르기는 이 단계에서 일단 제거할 수 있는 것이므로, 앞으로는 평화적으로 외래문화를 받아들이고 오키나와적으로 평가해 나감으로써 일본 문화에 공헌할 가능성이 있다."[70]

이 서술에서 볼 수 있듯이, 오시로는 류큐 왕국이 대교역 시대를 형성하던 시기를 '황금시대'라고 명명하고, 역사적 배경을 가진 '문화적 관용'에 앞으로의 문화 창조를 전망하고 있다. 이것이 바로 오시로가 말하는 '조국 복귀'와 '문화 창조력 회복'에 기반한 '오키나와 자립'의 지향점이다. 본토와 오키나와의 우열 관계를 역전시키려는 시도는 아래에서 보는 바와 같이 '문화적 자립'의 문제로 명확하게 구상되고 있다.

"일본에 지배당하는 위치에서 일류동조론을 지키고 그것을 열등감 극복의 자양분으로 삼는 시대로부터 벗어나야 한다. 정치적 독립은 할 수 없으면 안 해도 좋고, 반드시 필요조건은 아니라고 생각한다. 다만 문화적으로 자립과 주도권을 갖는 것이 중요하다. 자위대가 주둔해 병영도시가 될 가능성 속에서 어떻게 문화의 보루를 지키고 그것을 발전시킬 것인가 하는 것이다. 이제는 옛 바다로 열린 에너지를 되찾음으로써 오키나와에서 일본 문화에 역으로 공

70 大城立裕・大野明男, 앞의 책.

헌할 때가 되지 않았을까."[71]

✦ 주체적 역사를 창조하는 것

위와 같이 '토착문화'를 강조하는 오시로에게도 오타와 마찬가지로 과거의 책임을 묻고 보편적 이념으로 향하는 '오키나와인'이라는 주체가 상정되어 있다. 그 논의에서 중시해야 할 것은 이 '오키나와인'이라는 '주체'가 일본을 변화시키는 '변혁 주체'로서 구상되고 있다는 점이다. 또한, 그 활동은 '역사를 만드는 것'이다. 이 '역발상'이 '오키나와의 자립'과 중첩되어 논의되고 있다는 점에 주목한다. 변혁을 담당하는 시민과 같은 '주체'에 대해 오시로는 다음과 같이 말한다.

"전쟁 책임 논의란 단순히 사람을 심판하는 것에 의미가 있는 것이 아니라, '역사'의 죄악에 대해 깊이 생각하고 돌이킬 수 없는 '역사'에 대해 책임을 지려고 생각하는 것입니다. 그것이 없었다는 것은 역시 오키나와에 스스로 '역사'를 만들려는 마음가짐이 없었다는 뜻일 것입니다. 그 주체성의 부재가 오키나와의 비극을 결국 '국가 부재'의 탓으로 돌리거나, 국제주의의 미명 아래 숨겨져 있는 '미국 의존'의 정신을 키우게 된 것이겠지요. 전쟁 책임을 묻는 것은 휴머니즘을 위한 것이지 나르시시즘을 위한 것이 아닙니다. 만약 오키나와가 이 경험을 겪었더라면, 다른 민족에 대한 비인간적인 행동을 수반하는 군사기지 건설에 대해 보다 강력한 비판을 할 수 있었을 것입니다. 그리고 일본 복귀에 대해서도 '복귀'라는 행동으로 일본

71 大城立裕『同化と異化のはざまで』.

의 반성과 변혁에 기여할 수 있었고, 그 국면에서 오키나와 스스로의 '주체'를 확립할 수 있었을 것입니다."[72]

오시로가 말하는 '오키나와의 자립'은 '일본 문화에 대한 기여', '일본의 반성과 변혁'이라는 말에서 볼 수 있듯이 국가 자체의 거부를 의미하는 것이 아니다. 국가로부터의 분리·독립이 아니라, 오키나와가 가지고 있는 역사적-문화적 특성 속에서 국제적인 요소를 발굴하고 그 가능성을 선망하는 것이다. 유념해야 할 것은 이 발상의 근저에 있는 '휴머니즘'이라는 시민성 원칙이다.

말하자면 '오키나와 토착문화'의 가능성이 재발견되는 것은 이 '휴머니즘'의 지향성이 전제된다는 것이다. 이 논리 전개에서 중시해야 할 것은 보편성을 지향하는 논리 속에서 오키나와의 '토착성'을 새롭게 재정의하는 실천이다. 이 논리에 대해서는 본 장의 '4. 복귀론과 반복귀론의 공통점'에서 고찰한다.

3. 반복귀론의 구조

① 고발 속의 '오키나와인'

✦ '야마토 지향' 비판

오타 마사히데의 복귀론 분석에서 드러난 것은 '오키나와 전투의 경험'이 '오키나와에 대한 집착'의 원천이 되고 있다는 것이었

72 大城立裕「沖縄自立の思想」.

다. 이에 대해 반복귀론의 지식인들은 '오키나와전의 원체험'이라기보다는 오히려 '야마토로부터 차별을 받아왔다'는 역사의식을 자신의 문제로 삼고 있는 것이 특징이다.

오키나와 반환협정에 항의하며 시위 행진하는 시민들
(1972년, 나하시 역사박물관 제공)

한편, 오시로 다쓰히로의 복귀론을 다루면서 반환협정으로 진행되는 정치과정에서 축적된 '야마토'에 대한 위화감이나 불신감 등이 양가적(이율배반적) 아이덴티티로 자기 분석되고 있다는 점을 지적하였다.

이 아이덴티티의 문제를 중시하는 반복귀론의 각 논자들은 자신의 내면에 숨어 있는 이 아이덴티티와 정면으로 마주하고 문제의 대상으로 삼음으로써 오키나와의 부정적인 현실을 타개해 나갈 사상적 기점을 모색하고 있다는 점이다. 이 모호한 아이덴티티의 문제를 둘러싸고 반복귀론과 복귀론으로 나뉘는 것은 복귀론에서 이념적 '일본인'으로의 '복귀'가 구상되었기 때문에 '조바심'과 '답답함'이 남겨져 버렸다. 반면, 반복귀론에서는 어떠한 '일본인' 혹은 '일본국가'를 거부하는 것으로, 양가감정의 원천이 되고 있는 '야마토'에 대한 열등감이나 불신감에서 해방되는 것을 지향한다.

한마디로 '야마토 지향' 자체를 완전히 거부하고 있는 것이다. 반복귀론자가 복귀론자에 대해 갖는 반발은 복귀론자가 '야마토'

에 대한 '불신감'과 '불쾌감'을 사상적 자립의 문제로 논의하지 않고 방치하여 결과적으로 '일본국가'를 지향하게 되는 것 즉 '근대사의 오키나와를 반복하는 것'에 대한 경계심이 강하게 존재하고 있다.

따라서 반복귀론의 문제의식은 현재의 복귀론을 비판하는 것만으로 충분하지 않고, 근대 이후 복귀론의 발상으로 이어지는 '야마토 지향'이 토착 지식인 전제에 대한 비판에 이르며, 나아가 이러한 지적 활동을 재검토함으로써 오키나와 역사 전체의 기조를 바꾸려고 시도하고 있는 것이다.

✦ 상충하는 심정

먼저 아라카와 아키라를 살펴보자. 아라카와는 본토에서 경험한 '60년 안보투쟁'에서 오키나와가 거의 문제시되지 않은 점에 불신을 품고 '조국 일본'에 대한 심정이 변화한 것을 당시의 심경을 시에 담아 설명하고 있다.

"…… 일본이여/ 조국이여/ 저기까지 온 일본은/ 우리의 외침에/ 무심한 얼굴을 돌리고/ 오키나와의 바다/ 일본의 바다/ 그것을 가르는/ 북위 77도선은/ 파도에 녹아/ 잭나이프처럼 우리들의 가슴을/ 베고 온다. …… 그 무렵 이미 내 안에서 앞서 말한 유토피아로서의 일본은 그 현실에 발을 디딤으로써 체험적으로 소멸하고 있었다. 또한 '어머니 조국'의 심정주의도 소리 소문없이 무너져 갔다. 그러나 여전히 '복귀'는 투쟁하면 얻을 수 있을 것이라는 신념이 끈질기게 살아남아 있었다. 그리고 더욱이 그러한 '복귀'의 싸움(즉, 오키나와 문제)이 실종된 채로 싸우고 있는 60년 안보의 일본 상황을 앞에 두고, 내 안에 일본과 일본인에 대한 불신과 거부감이 커져갔다. 말하자면 그러한 '조국' 불신의 정념과 '복귀'는 투쟁의 사상일 수 있다는 두 가지 상반된 심정이 이 시에 드러난다고 지적할 수 있다."[73]

아라카와 아키라新川明

아라카와가 표명하는 '조국 복귀'에 대한 심정변화가 '상충하는 이중의식'으로 자기 분석되고 있다. 그러나 여기서 가장 중요한 점은 60년 안보투쟁이라는 개인의 경험에서 비롯된 불신과 거부감이 '일본'과 '오키나와인'의 관계로 설명되고 있는 점이다. 아라카와는 개인으로서 자신의 경험적 위화감을 언어화할 때 이 두 공동체의 표상을 꺼내어 다음과 같이 명시한다.

"한편으로는 한쪽 부모가 일본인이라는 것을 더욱 강조하는 심정을 가진 개성이 있고, 다른 한편으로는 그것에 반발과 모욕을 느끼는 존재가 있다는 것, 그리고 그것이 의식적인 문제가 될 수 있다는 점에서 역시 오키나와와 일본과의 관계, 오키나와인과 일본인의 관계가 나타나고 있다고 해야 할 것이다."[74]

안보투쟁의 경험을 계기로 한 자기 내부의 양가감정이 두 자아

73 新川明「『非国民』の思想と論理」, 谷川健一編『沖縄の思想』木耳社.

74 앞의 책.

를 자각하게 하는 사고에서 두 공동체의 표상이 동원되고 있는 점에 주목하지 않을 수 없다. 다소 논리적으로 말하자면, '현실의 부정'으로부터 발생하는 '자기 모순'이 종차적 관계로 대체되어 설명되고 있다. 이 아라카와의 자각하는 사고에서 문화적 차이로부터 문화적 종차로의 도약을 간파해야 할 것이다. 즉, 개인으로서의 경험적 위화감을 '일본인'과 '오키나와인'이라는 민족적 범주를 사용하여 설명함으로써 보다 일반성 높은 차원의 문제로 제기하고 있는 것이다.

✦ 잊혀진 '오키나와인'

아라카와의 반복귀론 언설 분석에서 더욱 주목하고 싶은 것은 이 '찢겨진 자아'의 문제가 매우 장기적인 역사적 거리에서 논의되고 있다는 점이다. 아라카와는 메이지 시대 이하 후유伊波普猷의 사상을 분석함으로써 이하가 빠진 이중의식을 문제 삼고 있다. 즉, 이하가 이 이중의식을 사상적 문제로 철저히 추구하지 않고, 계몽가를 겸한 지식인으로서 결과적으로 '오키나와인의 야마토 동화'를 촉진하는 역할을 수행한 한계성을 지적하고 있다.

"그러한 자기모순으로 찢어지는 자아의 내면 세계를 냉철한 개인의 위상으로 대자화함으로써 그 모순을 사상적으로 지양하려는 노력을 이하에서는 볼 수 없으며, 그 사상적 체질이 원래부터 그것을 불가능하게 하는 데서 이하의 비극적 한계성을 볼 수 있다."[75]

아라카와는 자기 내부에 숨어 있는 양가감정을 사상의 문제로서

75 앞의 책.

자리매김하고, 이하 외에도 이 문제와 대면하지 않았던 오키나와의 토착 지식인들에 대한 기존의 평가를 뒤집으려 한다. '야마토 지향'의 지식인들의 역사와 결별하고 '반권력을 지향하는 민중의 역사'를 파헤침으로써 오키나와 사람들이 '일본인'이 될 수 없는 부분의 소재를 찾아내고, 거기에 대항적인 '오키나와인'의 모습을 발견하려고 한다. 아라카와가 시도하는 것은 '부정적 현실'의 '현재'라는 시간적 지점에서 역사를 재구성하여 '복귀 사상의 계보=복귀론'을 근본적으로 전복시키는 것이다.

그 '부정성'의 발견적 역할을 하고 있는 것이 역사 속에 묻혀 있는 자아에 눈뜬 자립적인 '오키나와인'이다. 이를 공개함으로써 '국민'='일본인'으로 회수되지 않는 '역사적 기억'의 영역을 발굴하고, '야마토 지향'으로 특징지어지는 기존의 '일본인'과 '오키나와인'의 관계를 재분절화하고자 한다. 아라카와의 '오키나와에 대한 집착'은 오키나와 사람들이 국가를 지향하는 복귀론에 기울어짐으로써 '망각'되어 간다는 차별과 수탈의 역사이며, 그 역사 속에 방치된 '오키나와인'이다.

"(야마토와 오키나와의) 긴장관계의 전개는 단적으로 말하면, 차별과 수탈에 몰두하는 일본 국가권력의 지배구조를 외적 요인으로 삼고, 이에 저항하는 오키나와인이 차별과 수탈의 지배구조를 초극하기 위해 보다 완벽한 일본인이 되어야 한다는 동화지향성을 스스로에게 부과하고 있다. 동시에 그 욕망의 강렬한 행위와는 달리, 결국 일본인이 될 수 없는 위화감을 의식의 저변에 깔고 방황하는 정념의 반란을 내적 요인으로 삼는 것으로부터 시작된다. 그래서 근대 이후 오키나와의 역사 과정에서 현실적으로 오키나와인 스스로의 생존을 규제하는 체제 질서나 권력에 대한 반역이 시도될 때, 그 형태가 어떠하든 간에 반역의 행동을 내발시키는 계기가 되는 것은 오키나와인이 일본과의 관계에서 품고 있는 의식의 이중성이다."[76]

여기서 문제의 핵심으로 삼고 있는 '의식의 이중성'이 '오키나와의 강점'으로 재정의되고 있다는 점에 주목하자. '반복귀' 주장에 있어서 '국가'를 거부하는 논리를 전개할 때의 사상적 거점이 거기에 있다.

✦ '광기'의 소재

아라카와가 오키나와 사람들의 '야마토 의식'에 숨어 있는 양가 감정의 영역을 '차이 의식'으로 정의하고 사상적 거점으로 삼았다면, 가와미쓰 신이치는 거기에 '원한'이라는 개념을 설정한다. 가와미쓰는 자신의 '오키나와에 대한 집착'의 소재를 현실의 정치과정에 대한 '광기'에서 찾고, 반국가로서의 사상적 근거를 '오키나와 전투에서의 사망자'에 두며, 현재의 오키나와 주민은 반환협정에 의해 이미 '사망자 명부에 기재된' 존재가 되었다고 한다. 이렇게 과거와 현재를 연결하는 '죽은 자'라는 위상으로부터 자기 내부에 있는 '광기'의 지양을 시도하고 있다. 가와미쓰는 자신을 덮치는 격렬한 '광기'라는 신체성에 대해 다음과 같이 말하고 있다.

"지금까지의 오키나와에 대한 정치적 처리 과정에서 우리의 정신은 기괴한 광기를 잉태하게 된다. 이 광기가 자신을 정신병원의

76 新川明 「沖縄民衆史への試み」『「異族」と天皇の国家』 二月社.

철창 안으로 끌어들이지 않기 위해 자신을 억제하는 수단으로 약간의 언어에 의해 자기 자신을 대상화하는 방법을 취한 것이다. 즉, 정치권력에 대한 고발이나 항의, 탄핵도 자신의 광기로의 질주를 잠시나마 고삐를 잡기 위한, 즉 카타르시스인 것이다. 특히 오키나와에서 깨어있는 의식으로 자신을 지속시키려는 것은 가혹하게 짓밟힌다."[77]

가와미쓰의 몸을 공격하는 '광기'는 어디에서 오는 것일까? 가와미쓰가 파악하려고 하는 '광기'란 '본토 일본인'과의 투쟁적 관계의 현재로 인해 자아를 부정하고 다른 존재가 되고자 하는 자아를 변화시킬 수 있는 존재로서 신체에 달라붙는 '타자'이다. 여기서 주목해야 할 문제는 이 '타자'를 가와미쓰가 뭐라고 불렀느냐이다. 그는 이 '타자'의 소재를 파악하기 위해 고뇌하며 역사를 거슬러 올라가는 사유 운동에서 다음과 같은 결론에 도달한다.

"역사적 열망의 파국을 목도하고도 운명의 십자가는 여전히 계속되는가"라고 말하는 그 정념의 소용돌이는 일본 번영의 하층에 닫힌 채로 펼쳐져 있는 어둠의 심연에서 집요하게 원한을 풀려는 무언가가 아닐까."[78]

여기서 말하는 '역사적 염원의 파국'이란 반환협정에 의한 복귀요구의 좌절을 가리킨다. '숙명의 십자가'란 미군기지를 목격한 오키나와 주민들이 오키나와 전투로부터 부과된 '죽음에 대한 공포'를 의미한다. 이처럼 가와미쓰가 '광기'에 부여하는 역사란 '피억

77 川満信一「わが沖縄・遺恨二十四年—死亡台帳からの異議申し立て」

78 앞의 책.

압자로서의 오키나와인'이라는 과거이며, 거기서 깨닫게 되는 '오키나와인'을 자신의 내면에서 발견하고 그것을 주제화하여 극복하기 위해 사고와 발화를 멈출 수 없는 것이다.

가와미쓰 신이치川満信一

'오키나와인'으로서 그가 짊어진 역사란 '원한'이라고도 할 수 있는 정념이었다. 가와미쓰는 이 언어화하기 어려운 영역을 역사와 자신의 신체를 통해 발견하고 그것을 부정함으로써 자아를 변화시킬 가능성을 도모하는 사고 과정에서 고뇌하고 있는 것이다.

✦ 비역사적 영역

말하자면, 가와미쓰가 자신의 몸에 숨어 있는 '광기'와 씨름하고 그것을 언어화할 때 발견하고자 했던 역사 속의 '오키나와인'은 오키나와 근대사의 과정에서 오키나와 사람들이 불식해온 '오키나와인'이라는 낙인(차별적 낙인)인 것이다. 가와미쓰를 '광기'로 이끄는 역사라는 감상 장치가 작동하는 것은 '불결', '게으름', '미개', '광기'로 기능한 이 낙인이 역사라는 표상 속에서 가와미쓰의 주체를 각인하는 순간이다. 가와미쓰는 반환협정이라는 부정적 현실이 그러한 역사적 '상처(트라우마)'를 다시 불러일으키고, 오키나와 사람들의 '정서'에 축적되는 양상을 파악하려 한다.

"섬의 풍토성 속에서 사람들이 땅에서 뛰노는 쥐와 같은 정념의 충동에 이끌린다면, 그것은 정치적 횡압과 종압이 그 낙천성을 허용하지 않을 정도로 가혹하게 사람들을 공격하고 있고, 또 다른 우월한 문화가 섬의 문화적 기층에 균열을 일으켜 위태로운 상황을 가져왔기 때문이다. 곧 복귀할 일본에 대해 사람들은 마음의 준비가 되어 있지 않다. 오키나와 전투에서 입은 깊은 상처를 치유하지 못한 채 오늘의 일본을 어떻게 바라보아야 할지 고민하지 않을 수 없다. 전쟁 중 일본군과 섬 주민들 사이의 은밀한 관계나 생생한 잔인한 기억을 완화하는 형태가 아니라, 그 상처에 쇠말뚝을 박는 형태로 일본과 오키나와의 새로운 관계가 시작되려 하고 있다."[79]

여기서 가와미쓰가 자기 내부에서 발견한 '광기'가 오키나와 전투에서 입은 사람들의 깊은 상처로 정의되고 있음을 알 수 있다. 다시 말해, 오키나와의 '과거'가 가와미쓰의 몸을 흔드는 '현실'로 자각되고 있는 것이다. 그러나 역사 속에서 자신의 주체를 발견하는 가와미쓰가 언어화하고자 하는 영역은 '오키나와 전투의 역사' 그 자체가 아니라 '타자'를 포함한 비역사(비언어)의 영역이다. 비역사의 영역이란 근대사의 차별적 역사에 묻혀 있는 '정념'이자, 이른바 스티그마로 기능한 '오키나와인'에 대한 '고집'이기도 하다. 이 '오키나와인'이라는 낙인이 오키나와 주민과 자신의 몸에 되살아나는 사고 과정을 설명하기 위해 가와미쓰는 '과거 즉 현실'이라는 개념을 사용한다. 그는 "오키나와인에게 '역사'란 고뇌의 동의

79 앞의 책.

어이다."[80]라고 말하며, '현재'의 의식 공간을 규정하는 역사 인식에 대해 다음과 같이 적고 있다.

"이 중압력으로 의식에 작용하는 것은 시간의 운행이라기보다는 과거 즉 현실이라는 형태의 시간"에 대한 개념이며, 그 때문에 의식 공간은 예를 들어 17세기 초를 살았던 선조들의 생활 공간까지도 공유하는 형태가 되어 버렸다. 즉, 오키나와의 시공간 의식을 갖는 방식은 과거 자체를 현대에 소환하여 살게 되고, 거기서 역사 인식이 현실의 자기 인식을 중층화하는 패턴이 지속되고 있는 것이다."[81]

가와미쓰가 설명하고자 하는 '현재'는 '과거'와 중층적으로 겹쳐진 의식 공간이며, 이러한 같은 시간을 함께 살아가는 자들 간의 자각이야말로 '오키나와인'에 대한 자각이 요구되고 있는 것이다. 아라카와와 마찬가지로 가와미쓰도 피차별적 역사에 숨어 있는 비역사='정념'이 국민적 시간의 동시성으로 회수되어 '망각'되는 것을 피하기 위해 역사에 표상되지 않는 '공동체의 기억'을 문제 삼고 있다. 이 '기억'을 공유하는 이들의 존재를 상정하여 '오키나와인'이라는 민족 명칭을 부여하고 있는 것이다.

이와 같이 반복복귀론에서는 각 논자가 자신의 몸에 달라붙는 '타자성'을 자각화하는 과정에서 '오키나와인'이라는 표상을 부여하고 그것을 역사적 '기억의 공동체'로 분절화함으로써 '우리 일본인(일본 국민)'이라는 민족과 국민의 동시성을 위협하려는 자각 패

80 川満信一「沖縄祖国復帰の意味」.

81 川満信一「民衆論—アジア的共同体志向の模索」.

턴을 볼 수 있다.

✦ 또 다른 자아

그런데 자신의 신체에서 '흑인성'을 발견하고 이를 가지고 투쟁한 알제리인 F. 파농과 마찬가지로 문학가 오카모토 게이토쿠도 자신의 신체에서 '타자성'을 발견하고 그것을 언어화하는 사고 과정에서 '오키나와인'을 부여하고 있다.

"내가 '오키나와'에 대해 질문을 받고, 그것에 정확하게 대답하려고 노력하면 할수록, 나는 말할 수 없는 이상한 짜증을 느꼈다. 제대로 대답하려고 노력하면 할수록 오키나와의 실체는 사라지고 허무함만 남는다. 그리고 이야기된 말은 뒤틀리고 형태만 있는, 형태만 있기에 왜곡되어 버리는 그런 것으로서 오키나와는 있었다. 게다가 …… 하숙집의 좁은 방에서 들었던 민요처럼 격렬하게 흔들리는 것으로 그것은 틀림없이 나의 내면에 있는 것이다. 그렇다면 나는 내 안에 있는 '오키나와'를 파악해야만 한다. 점차 그렇게 생각하게 되었다."[82]

오카모토는 학창 시절에 상경했다. 그 경험 속에서 지금까지 자각하지 못했던 또 다른 자아의 존재를 깨닫게 된다. 오카모토가 '오키나와인'을 자각하는 과정에는 '타자와의 만남'을 형상화해 나가는 과정이 있었다. '야마토에 대한 동경'을 강화하고 '오키나와'를 벗어나려고 하면 할수록 자신의 몸 안에서 '오키나와인의 성질'을 발견하게 된다고 고백하고 있다.

82 岡本恵徳「水平軸の発想」.

오카모토 게이토쿠岡本恵徳

“한때는 낡은 것, 정체되어 서로 공모하는 인간관계가 지배하는 지역(=오키나와: 인용자)에서 벗어났지만, 실은 부정해 왔던 그것들이 다름 아닌 자아의 내면에서 강하게 규정되고 있다는 것을 의식했을 때, 스스로 새롭게 재인식하고 해결해야만 하는 것으로 그것은 존재했다. …… 자아의 내면에 있어서 크게 자아를 규정하고 있는 것, 혹은 의식적 · 자각적으로 그것을 대상화하지 않는 한, 온전히 자아가 살아 있다는 것을 확신할 수 없는 그런 것으로서 존재하고 있었다.”[83]

여기에는 오카모토가 ‘오키나와인’으로서 스스로를 자각하게 된 미묘한 심경이 담겨 있다. 그러나 이 고백을 주의 깊게 읽어보면, 처음에 오카모토가 빠져나가려고 했던 것은 ‘오키나와인’ 그 자체가 아니었음을 알 수 있다. 오카모토가 부정하고자 했던 것은 일차적으로는 ‘낡은 것’, ‘정체된 관계로 끝나는 인간관계’라는 ‘후진성’이었다. 문제는 이러한 부정적인 가치가 ‘오키나와’라는 표상에 집약되어 ‘동경하는 도쿄’라는 이미지와 대치될 때, 이러한 지역적 표상이 현실을 설명하는 것으로 전락하는 데에 있다.

‘도쿄=본토’가 지향해야 할 것으로 ‘근대’, ‘진보’, ‘자유’ 등의

83 앞의 책.

여러 가치와 함께 이미지화되고, '비근대', '후진', '부자유'를 포함하는 것으로 '오키나와'가 떠오르는 대립적 형상화 과정이 거기에 있었다. 이 과정 속에서 그것들은 현실성을 띤 카테고리로 뚜렷하게 규정되어 가는 것이다.

✦ 벗어날 수 없는 고통

오카모토의 자각화 과정에서 볼 수 있듯이, 오키나와 출신자가 본토로 건너가 강렬한 열등감 혹은 위화감을 느끼고, 그 표현 형태로서 '오키나와인'이라는 숙명적 민족 명칭을 부여받아 자각화에 이르는 사례는 다수 존재한다.[84]

예를 들어 나카소네 이사무도 자신의 '열등감'에 '오키나와에 대한 고집'을 부여하고, '본토 일본인'에 대한 위화감을 언어화하는 과정 속에서 자문자답을 반복하고 있다.

"자신의 피에 대한 각성, 출생에 대한 증오, 콤플렉스. 그럼에도 불구하고, 아니 그렇기 때문에 더욱 더 강렬해지는 '오키나와'에 대한 광적인 열정. 나는 거의 미친 듯이 자신이란 인간 존재가 단지 타인의 시선 속에만 존재한다는 실존적 감각에 사로잡히기 시작했다. 나란 존재에게 내면의 고통과 중압감으로 다가오는 '오키나와'란 무엇일까. 그리고 소심한 시선으로 오키나와가 바라보는 '일본 본토'란 우리에게 무엇일까."[85]

84 石原昌家「沖縄人出稼ぎ移住者の生活史とアイデンティティの確立」沖縄国際大学『文学部紀要』10-1など参照.

85 仲宗根勇「わが"日本経験"—沖縄と私」.

나카소네 이사무仲宗根勇

여기서 말하는 '오키나와'는 나카소네의 '위화감'이 처리될 때 연상되고, 언어화될 때 형상화된 공동체 표상이다. 문제는 이 표상이 가져오는 현실이 나카소네와 오키나와 출신자의 신체까지 지배하여 '고통'을 가져온다는 논리적 구조에 있다. 나카소네는 오키나와 출신자가 경험하는 이 강렬하게 자각되는 '오키나와인'이라는 신체성에 대해 다음과 같이 말한다.

"전쟁 이전 일본 사회에서 우리 '오키나와인'의 착잡한 원한(본토 일본인과 오키나와의 자기 자신에 대한)은 많은 '오키나와 차별'에서 비롯되었다. 일본 본토에서 이름을 날린 '오키나와인'이 도쿄의 한 구석에서 주위를 의식하며 낮에 담요를 뒤집어쓰고 샤미센(본토인은 본토의 샤미센과 구별하기 위해 오키나와의 것을 뱀가죽으로 되었다는 의미로 자비센蛇皮線이라 부름, 속칭)을 울리고 있었다는 사실은 우리를 공포와 우스꽝스러움의 복합적인 상념에 빠지게 한다. 일본 본토 사회에서의 이러한 '오키나와인'의 모습은 오키나와의 어두운 부분으로서 우리의 정신세계의 기저에 확실하게 자리잡고 있다. 본토 일본인 속에서 우리는 '오키나와인'이라는 것에서 벗어나는 것은 결국 불가능하다. 그래서 우리가 살아남기 위해서는 '오키나와인'이라는 것을 정면으로 받아들이고, 그 오만한 태도를 그들에게 역설적으로 부딪치는 수밖에 없다. 도망쳐도 도망쳐도 도망칠 수 없는 '오키나와인'인 우리들과 우리 조상들의 '오키나와인'이라는 것에서 도피하는 방법은 몇 가지 생각된다"[86]

나카소네는 그 '도피 패턴'으로 두 가지를 꼽는다. 하나는 '야마토인'에 대해 정직하게 반감을 표시하는 등의 괴팍한 심정이 해당 개인이 '오키나와인'이라는 점에 의해서가 아니라 특수=개인적인 여러 가지 인포리티 콤플렉스(열등감)에 의해 과도하게 규정된 것이며, '오키나와 차별'의 객관적 존재를 과소평가하거나 아예 무시하고 언어, 태도 풍습에 이르기까지 '야마토' 풍으로 플러스 심볼화하여 자신도 그런 태도를 취하는 자이다. 두 번째는 극단적으로 '오키나와 차별'에 집착하여 자신이란 인간 존재가 오키나와에 압도당하여 특수=개인적인 차별마저도 '오키나와인'이라는 점에서 오는 '차별'과 동일시하는 '오키나와주의자'[87]이다.

이처럼 나카소네는 '일본인이 된다'는 주체가 관여하는 실천의 장에서 '일본인이 될 수 없는' 영역에 '오키나와인성'을 발견하게 되는 오키나와 출신자의 모호한 아이덴티티의 출현 형태를 지적하고, 자신의 몸에 깃든 '타자'를 설명하려 한다. 게다가 그것은 '오키나와 차별'이라는 현실에서 비롯된 '도망쳐도 도망쳐도 도망칠 수 없는' 고통이다.

나카소네는 역사적으로 '차별받아 온 오키나와인'을 이렇게 표상함으로써 자기 내부에서 발견한 '열등감'을 설명할 뿐만 아니라, '오키나와 차별'을 문제의 중심에 설정함으로써 '차별하는 쪽'과

86 仲宗根勇「沖縄の遺書—復帰運動の終焉」.

87 앞의 책.

'차별받는 쪽'이라는 관계로 '일본인'과 '오키나와인'의 역사적 관계를 분절화하고 있다.

② '조국 복귀'와 '오키나와인'의 의미

✦ '국가' '내셔널리즘'의 부정

위와 같은 반복귀론이 가진 아이덴티티를 둘러싼 양가적 감정의 문제가 수렴되는 한 가지 주장은 '국민국가'의 거부이다. 따라서 그들에게 있어 일본 복귀 운동으로 전개된 '조국 복귀'란 아무리 '반전평화' '기지철거'를 요구로 내세워도 결국은 '내셔널리즘'에 수렴되는 것이기에, '인류보편적 평화'를 지향한다면 '국가'나 '내셔널리즘'은 부정되어야 한다고 주장한다.

또한 미일 안보체제에 의해 '평화헌법'이 유명무실화되어 있는 일본의 현 상황을 볼 때, '조국 복귀'는 오키나와에게 있어 '오키나와 전투의 참화'를 다시 반복하게 될 것이라는 강한 우려가 있다. 반복귀론자들이 '조국 복귀'를 검토할 때 공통적으로 나타나는 것은 이러한 비관적 어조이다.

이미 언급했듯이, 반복귀론자들이 가장 비판해야 할 대상으로 설정하고 있는 것은 '야마토 지향'이다. 복귀론도 그중 하나로 간주한다. 반복귀론자들이 보기에 아무리 '평화헌법'에 기대를 걸어도 '일본국민이 된다'는 것은 결국 전쟁 이전의 '일본인 지향'을 반복하는 것이며, 이러한 태도를 바꾸지 않으면 오키나와 전투의 파국이라는 '오키나와의 죽음'이 되풀이 될 가능성이 높다고 보고 있다. 그들의 주장의 논거는 '평화'와 '평등'을 원칙적으로 철저하게 하려면 결과적으로 '국가 폐지'까지 구상해야 한다는 데 있으며, 이런 의미에서 복귀론보다 시민성 이념을 더 급진적으로 추구하고 있다.

그러나 문제는 국가를 거부할 때의 이념과 그 구체적 방법을 어떻게 구상할 것인가에 있었다. 반복귀론을 전체적으로 조망하면, 이 문제에 대해 오키나와가 가진 '이질성'에서 그 근거를 찾고 가능성을 추구하고 있다는 점에서 공통점이 있다.

✦ '야마토 지향'을 거부

먼저 아라카와의 견해를 살펴보자.

아라카와는 '조국 복귀'라는 발상 자체가 민족주의를 문제의 범위에 넣지 않았다는 점에서 한계가 있다는 인식에 서 있다. 오키나와의 동화지향적 역사의 비극은 바로 그 점이 걸림돌이 되어 왔다는 것이다. 아라카와는 반환 운동이 결국 국가에 회수된다면, 과거와 같은 역사를 반복하지 않기 위해서라도 오키나와의 사상적 자립이 필요하다고 보았다. 이를 위해 오키나와 역사에서 '야마토 지향'의 지식인들의 담론과 동향을 검토하여 오키나와 역사의 재구성을 시도하고 있다. 예를 들어, 메이지 시대의 자하나 노보루謝花昇의 민권운동을 현재의 일본 복귀 운동과 비교하였다.

"국가와 민족주의를 부정하지 않는 차별철폐 운동은 결국에는 국가와 민족주의에 다시 포섭될 것이다. 그것은 국가 그 자체를 폐지하여 국가체제를 근본적으로 바꾸는 투쟁이 될 수 없다는 논리적 필연성이 운동에 내재하고 있음을 의미한다."[88]

88 新川明「『非国民』の思想と論理」.

이러한 운동의 한계를 극복하기 위한 가능성으로 오키나와 사람들이 가지고 있는 '야마토인'에 대한 '차이 의식'에 주목한다. 아라카와는 이 '차이의식'에 대해 "오키나와가 지금까지 소유해 온 역사적, 지리적 조건에 의해 생성된 오키나와인의 의식이 그 기저에 단단히 물들여져 있는 일본에 대한 이질감, 더 극단적으로 말하면 '이족(異族)'감으로서 표출된 것"[89]이라고 정의한다.

그것을 '국가 부정의 사상으로서 지속직인 반국가 투쟁의 사상적 거점'으로 삼고, '일본과 동질화하려는 일본 지향의 '복귀' 사상을 뿌리부터 무너뜨릴 수 있는 오키나와 토착의 강인한 가능성을 지닌 비옥한 토양'[90]으로 자리매김한다. 또한 "이 토양을 정성껏 경작하고 파헤침으로써 거기에 반야마토=반국가의 견고한 보루를 쌓아 일본 지향의 '복귀' 사상을 분쇄할 수 있다"[91]고 주장한다. 아라카와는 '야마토인'에 대한 이질감에 기초한 '오키나와인'을 '조국 복귀' 사상을 '분쇄'하고 국가를 상대화하는 중요한 사상적 거점으로 인식한 것이다.

한편, 가와미쓰는 이 아라카와의 토착적 '이질성'을 사상적으로 더욱 심화시키려 한다.

"'비국민 사상'이라고 할 때, 단순히 오키나와가 독자적인 역사와 문화를 가지고 있기에 본토와 이질성을 가진 민족으로서 '비일본 국민'이라는 생각한 것이 아니다. 그런 단순 비교를 근거로 하는 것이라면 사상 따위는 말하지 않는 편이 낫다. …… 그것은 본토와

89 앞의 책.

90 앞의 책.

91 앞의 책.

오키나와의 단순 비교일 뿐, 어디까지나 이질성의 실증에 그칠 수 밖에 없기에 로컬리즘에 지나지 않는다. 왜냐하면 그 관점 너머에는 오키나와 내부의 지배도 개인과 국가 공동체의 원리적인 관계도 보이지 않기 때문이다. 지배의 논리도 국가의 문제도 개인의 내부 문제로 환원되지 않고, 그것들은 모두 외재적으로만 위치한다. 이질이면 이질, 이족이면 이족으로 설명될 수 있겠지만, 그런 이질이나 이족이기 때문도 아니고, 이질적인 역사나 문화를 가지고 있기 때문도 아니다."[92]

✦ '정념'에서 '이념'으로

이처럼 '이질성'의 개념을 더욱 심화시키려는 가와미쓰가 중시하는 것은 일본과 오키나와의 단순한 문화적 차이에 기반한 이질감이 아니라 사람들의 '정념'의 영역이다. 그의 사상적 방법의 중심에는 오키나와인에게 가해진 차별과 폭력의 역사에서 반국가적 요소를 내포하는 오키나와인의 '정념'을 추출하여 '이념적 공동체'로 해방시키려는 문제의식이 보인다. 이러한 관심을 논리적으로 확장해 나가기 위해 스스로에게 부과하는 사상적 과제에 대해 다음과 같이 말한다.

"오키나와인에게 '역사'란 고뇌의 동의어이다. 그것을 되새기는 사람은 자신의 가슴 깊숙이 단검을 꽂고 알 수 없는 감정의 소용돌이에 빠져들게 된다. …… 그리고 철저한 피해자로서의 인식 패턴을 벗겨내지 못하는 오키나와에서 '역사'를 재현하는 자의

92 新川明「沖縄―〈非国民〉の思想」『映画批評』

눈은 근세기 오백 년의 가난과 굴욕이 뿜어내는 독기에 의해 어둡게 가라앉는다. 그리고 영광에 버림받아 인내하는 섬들의 위상에 겹치는 자아의 절망을 피할 수 없는 선험적으로 받아들인다. 그러나 이러한 섬들의 절망적인 '역사'의 위상에서도 여전히 살아갈 방향으로 머리를 들어야 한다면, 정념의 충동성을 잠재우고 깨어있는 '역사'의 관점을 획득하여 피지배자의 밑바닥으로부터 세계를 향한 고발을 드러내고, 이를 통해 이념적 공동체 창조로의 전진을 도모해야 한다. 오키나와 근대사를 짙게 물들이고 있는 국민의 정념과 사상은 국가라는 악 속에서 점점 막혀가는 인간의 본성을 풀기 위한 안티테제의 형태로 우리에게 말을 건네는 풍부한 토양이 되어 근대주의에 기초한 사회사상을 타파해 나갈 길을 시사하고 있다."[93]

가와미쓰가 이렇게 말할 때, '일본 국가'와는 다른 '이념적 공동체'로 '오키나와인'을 해방시키는 것에 사상적 관심이 집중되어 있음을 알 수 있다. 이 논리 전개에서 설정된 '오키나와인'은 '일본국가'의 안티테제로서의 위치를 차지하는 '망국민'이며, 그 '풍요로운 토양'을 발굴함으로써 '사회사상의 덩어리를 타개해 나갈 수 있는 존재'인 것이다. 오키나와는 '망국민'이기에 국가를 거부할 수 있는 풍부한 소양을 가지고 있다는 발상이다. 이러한 사상적 가능성을 포함한 '오키나와인'을 구상하는 가와미쓰에게 '조국 복귀'는 상당히 비관적인 것으로 자리매김한다.

"민중투쟁이 체제적으로 수렴된 결과, 일본의 국가 지배에 오키

93 川満信一「沖縄祖国復帰の意味」.

나와의 목덜미를 잡힌 현재, 이미 그 체제적 수렴과는 무관한 곳으로 퇴행하여, 침묵에 갇힌 원한과 분노로 가득 찬 보이지 않는 영역으로 우리의 고독한 복귀를 각자 이루어 나갈 수밖에 없다. 그 외에 우리는 '복귀'의 의미를 생각할 수 없다."[94]

이처럼 '복귀'란 가와미쓰가 사상의 거점으로 설정한 오키나와 사람들의 '정념'이 다시금 침묵으로 폐쇄되는 계기로 인식되고 있다. 그것은 이 '정념'의 영역이 '일본의 국가 지배'에 의해 '보이지 않는 영역'으로 퇴행하여 중요한 사상적 거점이 될 수 없게 되는 너무나도 우려스러운 일이다.

그런데 가와미쓰가 사람들의 '정념'의 영역을 중시하는 반면, 오카모토는 '국가'를 문제화할 때 '근대의 이념'을 둘러싼 허구성과 실체성을 중요한 논점으로 삼고 있다. 오카모토는 "'근대의 이념'을 환상적으로 상정하고, 국가의 의지를 그 중심에 놓지 못한 채, 무매개적으로 이념에 접근하려는 노력을 반복해 온 것이 '오키나와'의 근대이다. 그러한 의식은 나뿐만 아니라 '오키나와'의 많은 사람들에게서 볼 수 있기 때문에, 그러한 의식의 존재방식은 그것으로 대상화되어 파악되어야 한다"[95]고 주장한다.

이 문제를 밝히기 위해 오카모토는 '우리는 일본 국민인가, 혹은 일본 국민이란 무엇인가'라는 질문을 설정하고, 오키나와 전투의 역사적 경험을 '국가권력'을 파악하는 중요한 사상적 계기로 삼고 있다.

94 앞의 책.

95 岡本恵徳「水平軸の発想」.

그는 다음과 같이 오키나와 전투를 계기로 만들어진 '오키나와인'이라는 의식을 '일본 국민'을 상대화할 수 있는 의식으로 주목하고 있다.

"오키나와인으로서 자기를 부정하고 일본 국민임을 강요당하여, 스스로도 일본 국민으로서 동질화를 추구하고 노력했지만, 결국 전쟁의 참화에 휩싸여 국가를 빼앗겼다는 것은 적어도 국가와 자기 사이에 어떠한 간격이 있음을 의식하지 않을 수 없는 상황이다. 그러므로 일본 국민이 될 수 없다는 의식이 깔리게 되자 거기에서 오히려 오키나와인이라는 것을 강하게 인식하게 되었다고 할 수 있다."[96]

✦ 의제로서의 '근대'

'일본 국민'에 대한 이질감에서 비롯된 '오키나와인' 의식을 중시하는 오카모토가 '조국 복귀' 개념에서 문제삼은 것은 내셔널리즘이 근대화를 동질화와 동일시하는 강제의 구조였다. 오카모토가 비판하는 근거는 근대화가 정당화되는 것이 개개인의 인간으로서의 삶을 영위할 수 있는 조건을 획득할 수 있는 곳에 있는 반면, 동질화를 강요하는 '근대'는 '의제'에 불과하다는 것이다. 따라서 '조국 복귀' 운동이 오키나와인의 이질성을 지우려는 맹목적인 '본토화'를 향한 운동으로 이해될 수 있다면, 그러한 내셔널리즘에 대한 비판적 사상을 운동 측이 주장해야 한다고 생각한다.

"'근대화' 코스가 국가 의지에 의해 규정된 의제일 뿐이라는 관

96 앞의 책.

점이 결여되거나, '본토'와의 동질화만이 근대화라는 환상을 가졌던 것에 있다. 예를 들어, 오키나와에서 오키나와의 후진성에서 탈피하고자 했던 사람들의 주관적인 선의에도 불구하고 결과적으로 권력과의 유착에 빠지게 된 이유도 있었다. ……'근대'의 의제를 '근대' 그 자체로 환상하고 '본토'를 동질적인 것으로 일반화하여 오키나와에 대치하는 발상…… 그러한 의식의 존재방식이나 발상의 패턴이야말로 문제시되어야 할 것이다. 그리고 의제로서의 '근대'를 거부하고 다른 쪽의 이질성을 그대로 살리는 것에서 오키나와의 가능성의 한 방향을 찾을 수 있다고 생각한다."[97]

요컨대, 오카모토는 오키나와인이 오키나와인으로서 살아갈 수 없는 조건인 '복귀'를 거부해야 하고, 국가 의지에 좌우되지 않는 자립성을 의제가 아닌 '근대적 이념'에서 찾고 있다.

✦ 방황하는 민중

오카모토와 마찬가지로 나카소네仲宗根도 오키나와인이 '이질성'을 마이너스적 가치로 부정당한(스스로도 부정한) 역사가 가장 큰 문제라는 인식에 서 있다. 그러나 그가 오카모토와 다른 점은 "오키나와 안에 오키나와의 지리적, 역사적 특수성에서 오는 변용이라는 그 이상의 ' 일본적인 것'에 포섭할 수 없는 제반 특징의 존재를 부정할 수 없다"[98]며, 이 '이질성'을 기반으로 전략적으로는 분리·독립을 지향해야 한다고 생각하는 점이다.

97 앞의 책.

98 仲宗根勇「制度的実体論としての復帰論議を」

"코뮌으로서의 오키나와와 오키나와인이 스스로의 힘을 믿고, 스스로 땅과 인간을 조직하여 스스로 새로운 사회 창출을 지향하고, 분리와 자립의 길을 급진적으로 모색하는 유구한 역사적 행위를 자율적으로 선택하지 않고, 항상 외부의 힘(중국→일본→미국→일본)에 자기 운명을 맡겨 버리고, 거기에 구심적으로 자기기탁한다는 오키나와의 역사적 병리성이 던지는 불변의 문제성은 넓고 깊고 다양한 형태로 탐구해야 한다."[99]

이러한 전망에 서 있는 나카소네가 '조국 복귀'를 재조명할 때, "복귀 운동은 결국 섬의 축제였다"고 단언한다. 이 '복귀'라는 인식에서 자리매김되는 '오키나와인'은 '방황하는 민중'이며, 더 이상 '죽은 것'이나 다름없다는 절망감의 표현과 함께 쓰이는 것이었다.

"'방황하는 류큐인'이었던 우리는 '미일공동성명'에 의해 신상의 괄호가 제거되지 않은 채 여전히 '오키나와'로서 살게 되었다. 아니, 정확하게는 죽은 채로 살게 되었다고 해야 할까, 아니면 산 채로 죽었다고 해야 할 것이다. '복귀'에 의해 '오키나와인'은 결국 '방황하는 민중'임을 피할 수 없었다."[100]

위의 문장에서 '오키나와인'이 근대사의 역사적 과오를 다시 밟아가고 있다는 인식에 서 있음을 알 수 있다. 나카소네는 '조국 복귀'를 거부하고 '오키나와인'의 이질성을 가능성으로 전환하여 사상적으로 '방황하는 민중'을 지향함으로써 '오키나와인'이 일본

99 仲宗根勇「理念なき闘い―復帰運動の生理と民衆の死」.

100 仲宗根勇「沖縄の遺書―復帰運動の終焉」.

국가로부터 분리·독립하는 방향을 전망하고 있는 것이다.

반복귀론의 여러 논의를 통관하는 한, '일본 국가'를 상대화·폐절하는 사상적 거점으로서 '일본 국민'과는 이질적인 요소('망한 국민'의 경험도 포함)를 가진 '오키나와인'의 토착성이 주목받고, 나아가 '조국 복귀'는 그러한 가능성의 발전을 가로막는 것으로서 거부한다는 점에서 공통점이 있다. '오키나와인'에게 부과된 사상적 과제로 구상되고 있는 것은 '국가'를 폐지한, 가와미쓰가 말하는 '이념적 공동체'이며, '평화'와 '평등'이 진정으로 실현된 '절대적 유적類的 사회'인 것이다.

이 사회에 도달하기 위한 중요한 존재로 이질성에 눈을 뜬 자립적인 '오키나와인'이 설정되어 있는 것이다.

③ 자립(自立)에 대한 문제제기

✦ '반反 야마토' 의식

반복귀론이 국가를 부정할 때 중요한 사상적 거점은 '일본 국민'과는 이질적인 존재로 파악된 '오키나와인'이었다. 이 '오키나와인'은 문화론적 혹은 민족론적으로 정의되는 '오키나와인'이 아니라 '국가권력'에 대항하는 '민중'의 의식에 내재하는 것으로 간주된다. 게다가 그 존재를 규정하는 근거는 역사적으로 축적된 '반(反)야마토' 의식이었다.

반복귀론자가 이 '오키나와인'을 부각시키는 방법은 일본인에 대한 대항적 인식을 만들어내는 것과 '저항의 역사'를 소급하여 역사의식을 명확히 함으로써 '야마토 지향'을 철저하게 거부하는 사고방식이다.

이러한 논리 구성에서 구상된 '오키나와의 자립'은 오키나와의 독자성을 키워온 토착성과 피차별의 경험, 그리고 '원한'과 '분노'와 같은 정서를 역사에서 발굴하여 일본 국가의 변화 주체로서 '오키나와인'을 세우는 것으로 집약할 수 있다.

예를 들어, 아라카와新川는 "국가권력과 그 앞잡이들에 의한 정치적, 경제적인 압도적 전횡과 유린에 의해 새로운 형태의 철저한 수탈과 억압이 오키나와(인)를 또다시 파멸적인 피억압자로 고통과 비참의 바닥으로 내몰아 신음하게 할 것이다"라고 말하고, "그러나 그때야말로 오키나와(인)이 이번에는 '국가'에 대한 집요한 가해자로 스스로를 전환시킬 수 있는 때이기도 하다"고 결론지었다.

아라카와는 "민중의 내재적 공동체성 사상을 도마 위에 올려놓고, 그 부정성을 어떻게 긍정적인 방향으로 전환시켜가는지가 모든 운동론, 조직론의 기점으로 삼아야 한다."[101]고 말한 것으로 보아 그는 '오키나와의 자립'을 '부정성'에서 '긍정성'으로 민중의 사상을 뒤집는 것의 연장선상에 있다고 보는 것이다.

✦ '아시아 공동체'란?

이 논리 구성에 대해서는 가와미쓰도 비슷한 입장이다. 가와미쓰는 "안보조약의 폐기와 일본의 군사력의 완전 해소, 산업 및 경제의 군사적 구조화를 역전시키는 것, 사망자 명부 속에서 오키나와 백만의 인간을 소생시키기 위해서는 현재로서는 그 방향 밖에

101 新川明『反国家の兇区』現代評論社.

없다."[102]고 말하고, "일본의 동남아시아에 대한 국가적 투자나 민간 자본의 진출 과정과 비교하면서 일본의 오키나와에 대한 대응 방식이 동남아시아 국가들에 퍼져있는 신식민주의와 어떻게 같은지에 대해 주의를 환기시키고, 오키나와와 일본의 관계에 대해 언제든 따라다니는 감상주의를 배제하기 위해서라도 '오키나와는 동남아시아에 있다'는 관점을 가질 필요가 있다."[103]라고 말하고 있다.

여기서 읽을 수 있는 가와미쓰의 구상은 '일본'과의 관계에서 역행적 과정의 거점을 '아시아'에 요구한 '오키나와의 자립'이다. 그러나 가와미쓰가 말하는 '아시아'는 단순히 지리적 범위를 가리키는 것이 아니다. 그것은 지극히 '보편적 무리類'를 지향하는 이념적 공동체이며, 이 공간에 실체를 부여하는 것으로서 '아시아'라는 지리적 명칭을 부여하고 있다.

가와마쓰는 이 '아시아'에 대해 "천황제를 성립시킨 민중의 기층에 '개즉유個即類'로서의 인간 본질의 실체화를 지향했다는 점을 부정할 수 없다. 그 전체에 대한 자기 동일화를 자신의 경제와 해방의 방법으로 실체화하려는 것이 나의 이미지를 형성하는 '아시아'이다."[104]라고 규정하고 있다. 가와미쓰의 논의에서 중요한 점은 아시아적 공간을 매개로 일본 체제에 반격하는 '오키나와'의 존재이다.

이 '오키나와'는 탈국가적, 반국가적으로 이미지화된 존재이자

102 川満信一「わが沖縄・遺恨二十四年―死亡台帳からの異議申し立て」

103 川満信一「沖縄祖国復帰の意味」.

104 川満信一「民衆論―アジア的共同体志向の模索」.

'유적類的 보편성'으로 매개될 가능성을 지닌 존재로 설정되어 있다. 가와미쓰는 '오키나와'를 기존의 일본에 대한 종속적 지위에서 벗어나는 것을 목표로 다음과 같이 재정의하고 있다.

"천황제 성립 과정에 내포된 민중의 자발적 에너지의 토대인 전체화 사상을 이념적 사회 창조의 관점에서 파헤쳐서 방향성을 부여할 수 있는 방법을 찾았을 때, 비로소 진정한 천황제 비판에 도달할 수 있을 것이며, 우리가 굳이 오키나와의 이질성을 탐구하고, 혹은 '아시아'의 이미지를 매개로 일본의 체제 사상에 반격하려는 것도 자기 노동을 소외시키지 않는 사회적 관계의 총체로서의 인간 본질을 추구하고, 유적 보편성을 열어가기 위한 과정일 뿐이다.[105]

이 지적에서 중요한 것은 '일본의 체제 사상'에 반격할 수 있는 보편성을 지향하는 가능성으로 '오키나와의 이질성'이라는 토착성이 고려되고 있다는 점이며, 반국가·탈국가 이미지가 오키나와의 특성 안에서 발견된다는 지향성이다.

✦ '보편'의 희구

이처럼 '오키나와의 자립'을 토착적 이질성의 가능성에서 찾는 논리는 오카모토에게도 나타난다. 그는 근대의 이념에 비추어 볼 때 오키나와가 '독자성의 가치'를 주장하는 것은 정당하다고 생각하며, 오키나와인들이 반국가 혹은 탈국가를 지향하는 것은 '자연스러운 마음의 움직임'이라고 말한다.

"오키나와에 살고 있는 우리가 그 '개個'로서의 특수성을 넘어

105 앞의 책.

'종種' 혹은 '류類'로서의 '보편'을 추구하는 것, '개'로서의 특성을 버림으로써 '류'로서의 '보편적 존재'인 자기를 확인하려고 하는 것도 자연스러운 마음의 작용이라고 할 수 있을 것이다."[106]

또한 "오키나와 반환에 있어서, 더욱이 '일본 국민'이 되는 것에 의미를 찾음으로써 '종'으로서의 '보편성'을 획득할 수 있는 것처럼 보이는 논의에 어떤 '수상한' 기미를 느끼거나 '의심스런' 낌새를 풍기거나 하는 것은 개체의 특수한 위상에서 살아갈 수밖에 없는 생활의 논리가 아닌가 하는 생각이 자꾸만 든다"[107]고 말하며, 반환운동에 '유적 종類的種'으로 비춰지는 '일본 국민'이 되는 것에 대한 반발을 표명하고 있다. 이 오카모토의 '오키나와' 인식에서 대립되는 것은 '일본 국민'이라는 '종'이다. '삶의 논리' 속에서 '불결하다', '불쾌하다'고 느끼는 개체가 '일본 국민'이라는 종을 자기부정을 통해 벗겨내는(상대화하는) 논리 속에서 '절대적 유類'를 변증법적으로 추구하고 있다.

오카모토는 '오키나와의 자립'을, '보편성'을 추구하는 과정에서 '근대의 이념(예를 들면 자유와 평등)'에 내실을 부여하는 것, 즉 오키나와에서 살아가는 개개인이 삶의 논리에서 자각하는 '오키나와인'을 독자적인 가치로 주장할 수 있다고 생각한다.

✦ 오키나와는 문화적으로 우위

한편, 나카소네의 경우 이미 언급한 바와 같이 오키나와의 분리·

106 岡本恵徳「返還協定の方向を批判する」.

107 앞의 책.

독립을 최종 목표로 '오키나와의 자립'을 생각하고 있다. 그리고 그 가능성을 다른 반복귀론자들과 마찬가지로 오키나와가 가진 '독자적인 지방성과 토착성, 민중성'에서 찾고 있다.

"오키나와 자체가 야마토 일본에 대해 역사적으로 고유한 문화적 우위를 정치의 장으로 전위시켜 오키나와의 독자적인 지방성과 토착성, 민중성을 융합한 새로운 비야마토 일본적 운동과 사상을 창조하는 자세가 아니었다. 그것은 총체로서의 '야마토 일본=본토 동경론'에 얽힌 국가적 환상에 다름 아니다. 오키나와 차별 등에 대한 오키나와 민중의 굴절된 원한과 원망을 품은 채, '조국' 복귀운동이 '타민족 지배로부터의 탈피'라는 안이한 민족의식에 매몰되어 '조국'의 비참한 현실=구조를 명료화하지 못한 이상, '국가'의 환상성에 맞설 수 있는 원칙적 거점을 확보하는 것도 불가능했다."[108]

이처럼 나카소네는 "'국가'의 환상성에 맞설 수 있는 원칙적 거점"을 오키나와가 가진 '야마토 일본'에 대한 '문화적 우위성'에서 찾으려 한다. 그 가능성을 살리지 못한 일본 복귀 운동을 혹독하게 비판하며 토착 문화를 무기로 국가 체제와의 투쟁으로 나아갈 필요성을 주장하고 있다.

"우리가 가진 정치적 피학성被虐性과 역사적 우위성을 근본적으로 반성하고 정산하지 못한 채 오키나와는 또다시 처분되었다. 오키나와와 그 문화의 역사적 우위성을 지배 논리의 틈새를 파고들어 새로운 투쟁의 방법으로 전환하고 전개해야 한다."[109]

108 仲宗根勇「沖縄戦後政治の構図」.

109 앞의 책.

나카소네가 구상하는 '오키나와'는 '일본'과의 관계에서 우열 관계를 역전시킬 수 있는 것으로 파악되고 있다.

이상의 반복귀론에서 '오키나와의 자립'에 대한 전망을 정리하면, '국가 폐지' 혹은 '일본 국가의 변혁' 혹은 '분리 · 독립'을 상정한 보편성 원리의 급진적 추구이다. 그 가능성은 '조국 복귀'라는 발상이 지배적인 한 폐쇄적이라는 견해가 있지만, 오키나와가 가진 '토착성'에서 반국가 · 탈국가의 잠재력을 발견하고 있다는 점에서는 거의 일치한다.

이 자립 지향에는 토착성의 재구성을 시도하는 인터내셔널리즘이라고 할 수 있는 논리도 포함되어 있다. 이 논리는 복귀론과 마찬가지로 역설적이다. 즉, 오키나와가 가진 토착성을 인터내셔널한 것으로 재정의하고 있다.

4. 복귀론과 반복귀론의 공통점

✦ 오키나와 전투에서의 오키나와인의 죽음

1970년 전후에 활성화된 복귀론과 반복귀론은 모두 기존의 일본 복귀 운동을 총정리하고 '조국 복귀' 개념을 근본적으로 재조명하는 지적 활동이었다. 지금까지의 분석을 통해 드러난 것은 양론의 논리 구조에서 일정한 공통점이 있다는 점이다. 그 공통점은 논리 전개에 있어서 '시민성' 원리를 되묻는 것으로 '조국 복귀' 개념의 검토에서 '오키나와의 자립'이라는 논점으로 전환하는 사고가 포함되어 있다는 점이다.

여기서 분석 과제 중 하나는 각 논자들의 '오키나와에 대한 집착'의 소재를 찾아내고, 그 자각화 과정에서 어떤 설명 언어가 주어지고, 나아가 당시의 정치적 상황=문맥 속에서 '일본(인)'과 '오키나와인'의 관계를 어떻게 분절화시켰는지를 밝히는 것이었다.

이 분석을 통해 밝혀진 것은 복귀론과 반복귀론 모두 각 논자들이 '일본인'에 대한 동일성의 문제를 대상화하는 사고 과정은 자기 내부의 양립성을 의식화하는 과정이기도 했다는 점이다.

오키나와의 부정적인 현 상황을 '일본인'과의 관계에서 파악하려고 할 때, '일본인'/'오키나와인'이라는 대対 – 형상화된 공동체 표상이 한 쌍의 설명 언어로 사용되고 있다. '현재'의 부정성을 의식화하여 역사 인식으로 끌어올리는 자각의 과정에서 신체성에 숨어 있는 '위화감'이 공동체 표상을 통해 설명되고 있다. 말하자면 문화적 종차種差의 인식으로 도약하는 모습을 읽을 수 있었다. '일본인'이 될 수 없는 대항적 존재로서의 '오키나와인'이 자각의 명칭으로 사용되고 있다.

또한 '조국 복귀' 개념을 어떻게 정의할 것인가라는 문제를 둘러싸고 확인할 수 있었던 논리 구성은 복귀론도 반복귀론도 '일본인'에 의한 '오키나와인'에 대한 '차별과 억압의 역사'를 부각시킴으로써 현재의 부정성을 과거 역사에 대한 유추와 관련지어 이해하고자 하는 역사 인식의 패턴이었다. '차별과 억압의 역사'에 대한 언급이 공동체 표상의 관계성에 예리하게 정치성을 부여하는 것은 I장에서 언급했다.

'일본인'과 '오키나와인'의 사회구성에 근거를 주는 '공동체의 역사'라는 공간적 공시성이 '복귀 요구의 좌절'이라는 부정적 현재의 설명 언어로 대-형상화되었을 뿐만 아니라, 양측의 사회 관계에 있어서의 항쟁이 장기적인 역사적 스팬span의 관점에서 차별하는 측과 차별당하는 측으로 분절화되어 서로 다른 역사 공간을 살아가는 운명공동체로 표상된 것이다.

이처럼 두 공동체를 구성하는 담론의 논리를 강력하게 작동시킨 정치적 담론의 집약점은 복귀론도 반복귀론도 '오키나와 전투에서의 오키나와인의 죽음'이라는 '공동체의 기억'이었던 것이다. '미군기지 철거'를 중심으로 한 '반환요구'가 반환협정에서 거부됨으로써 오키나와 전투에서의 '공동체의 죽음'이 '죽음으로 향하는 공동체'의 현재로 재정의되고 있다.

이러한 차별적 역사에 대한 반성으로 새롭게 정의된 '오키나와인'이란 '일본인'으로부터 받는 차별을 이제부터는 거부하겠다는 결의를 의식한 자립적인 '오키나와인'이었다. 반환협정의 내용이 일본 정부의 '배신'이라는 인식 아래, 재분절화된 '오키나와인'이라는 주체는 '일본인'으로부터 새롭게 '자립'하려는 지향성을 내포한 주체로 제시된 것이다.

✦ 재정의된 '오키나와인'

알게된 이러한 내용에 대해 각 논자들의 담론을 정리하면서 조금 더 자세히 살펴보자.

'조국 복귀'를 '평화헌법으로의 복귀'라고 정의한 오타 마사히데는 자신의 '오키나와에 대한 집착'을 오키나와 전투의 체험에서 찾고, 이 체험의 결의를 '평화에 대한 희구'에 맡기고 있다. 이 '희구'를 '오키나와의 마음'으로 규정함으로써 이를 이해하지 못하는 '본토 일본인'은 '추악한 일본인'이라고 단정한다. 즉, 근대 이후 '일본인'과 '오키나와인'의 차별/피차별이라는 역사적 관계성을 구체적인 사례를 바탕으로 명시함으로써 이 관계를 타파하려는 '평화'와 '평등'을 추구하는 '오키나와인'과 그것을 이해하지 못하는 '추악한 일본인'으로 양자의 관계를 재분절화한 것이다.

또한 오시로 다쓰히로大城立裕는 오키나와인들의 '야마톤추(일본인)'에 대한 '원한'과 '이질감'을 역사 문화적으로 배양된 '동질성'과 '이질성'의 병존이라는 맥락에서 자기분석하고, '조국 복귀'가 갖는 긍정적인 측면을 '인권의 보장'과 '문화 창의력의 회복'이라는 두 가지 영역에서 논의함으로써 '오키나와인'의 '정신적 자립'에 미래에 대한 전망을 걸고 있다.

한편, 반복귀론의 각 논자들은 '야마토'에 의해 차별과 억압을 받았던 역사를 중점적으로 파헤치는 것을 주안점으로 삼는다. 이 역사 속에서 형성된 오키나와 민중의 '야마톤추'에 대한 차이 의식差意識에 주목한다. 일본 복귀 운동이 내세운 '조국 복귀'는 이러한 '차이 의식'이 묵살되고 동질적인 내셔널리즘으로 오키나와가 회수되는 것을 의미하며, 따라서 일본 복귀 운동은 전쟁 전의 '야마토 지향'과 다르지 않다는 인식이 깔려 있다. '복귀'는 '평화'나 '평등'의 이념이 실현되는 과정이라기보다는 '국가 부정'의 가능성으로 발견되어야 할 '오키나와의 이질성'을 스스로 해소해 버리는 사건으로 위치지어진 것이다.

해야 할 일은 일본 국가로부터 수탈을 받아온 오키나와의 역사 속에서 '국가'를 상대화하여 폐지로 향하게 하는 토착문화적 잠재성을 발굴하고, 이를 사상적 거점으로 삼아 '이념적 공동체' 혹은

'아시아 공동체'를 향한 지양止揚을 시도하는 것이며, '일본 국가'를 쉽게 인정해서는 안 된다는 것이다.

여기서 '오키나와인'은 '일본'이라는 국민국가 총체에 대한 저항자로서만이 아니라 '무국가 사회'라는 유토피아적 공생사회를 실현하는 '비국민'으로 재정의함으로써 보다 보편성 높은 이념으로 향하게 하는 '미래로의 가치'로 재분절화되어 있다.

✦ '시민 주체'의 생성

이러한 맥락에서 복귀론 · 반복귀론이 지향하는 '자립'의 의미에 대해 새롭게 등장한 '오키나와인'이라는 주체의 논리 구성을 중심으로 살펴보기로 하자.

복귀론자와 반복귀론자가 '조국 복귀'의 개념을 어떻게 정의할 것인가를 둘러싸고 '국민'과의 관계에서 이해된 '일본인'과 '오키나와인'의 분석에서 명시한 바와 같이 '오키나와인'이라는 표상이 형상화되고 이때 조명되는 것은 '자유', '평등', '휴머니즘', '공생', '평화' 등의 시민성을 상징하는 이념이다. '자립'이라는 논점이 부상하는 논리에는 이러한 시민성 원리를 강하게 지향하는 급진적 물음이 존재했다. 이하에서는 복귀론 · 반복귀론에서 제기된 '오키나와인'과 '자립'이라는 두 범주 사이의 논리적 관계성을 프랑스 사상가 발리바르Balibar의 '시민 주체' 개념을 실마리로 삼아 검토한다.

발리바르는 '절대적 유類'으로서의 상징적 민주주의를 실현하고자 하는 실천계가 '형식적 연역주의'/ '본성적' 특징(민족성, 성, 신체성 등)' 혹은 '보편적 주권/근원적 유한성'이라는 이율배반성을 복합시키면서 역사적 영향력을 행사하는 과정에서 '시민주체의 생성'을 찾아내고자 했다. 이렇게 생성된 '시민 주체'에는 그 발전 가능성이라는 의미에서 국가적 경계를 넘어 형성되는 논리적 계기 또한 포함된다.

"우리는 권리선언과 모든 담론 속에서, 그리고 그 효과를 반복하는 모든 실천 속에서 시민의 등장을 읽어내는 동시에 주체-생성의 징후를 읽어낼 필요가 있다. ……시민의 제반 권리라는 관념은 그것이 발생하는 순간, 더 이상 신하臣下가 아니지만 아직 기체(성질-상태-변화의 기초=인용자)가 아닌 역사적 형태를 만들어낸다. 그러나 이 관념은 정식화되어 실천에 옮겨질 때 곧바로 자신이 만들어낸 것의 범위를 넘어선다. ……이 관념의 발전은 대립에 의해서만 가능하며, 우리는 그 대립에 매달린 것을 스케치할 수 있다."[110]

✦ 끝없는 모순

발리바르는 '시민'의 눈에 비친 '불확실성'은 '어떤 가능성'을 이끌어낸다고 말한다. 그 가능성은 시민의 노력으로 얻은 성과에 의문이 제기될 가능성이며, 평등 등 시민권을 위한 투쟁으로 불평등한 상태가 파괴될 가능성이다. 그러나 이 가능성은 확실한 전망이 아니며, 숙명도 아니라고 한다.

"이 가능성의 구체화와 명시화는 하나의 발화와 상황의 만남, 혹은 개념적으로 볼 때 우연적인 움직임과의 만남에 전적으로 의존하기 때문이다. 시민의 주체-생성이 변증법의 형태를 취하는 것은 바로 변증법이라는 형태로 시민의 제도적 제 규정을 '기초로 삼

110 バリバール「市民主体」『批評空間』II-6.

는' 필요성이 명확해지기 때문이며, 동시에 그에 대한 반론을 무시할 수 없는 불가능성, 즉 그러한 규정들이 얽혀 있는 무한한 모순이 명확해지기 때문이다."[111]

이러한 지적을 통해 전후 오키나와 역사의 맥락에서 복귀론・반복귀론이 등장한 의의를 이해할 수 있다. 일본이라는 국민국가와 헌법의 정당성이 문제시된 것은 '복귀 요구'와 반환 협정의 모순이 명확해진 1969년 11월 21일 사토佐藤와 닉슨 회담, 그 순간이었다. 반환 협정에 의해 요구가 축소된 상태=모순은 '시민 주체'로서의 '오키나와인'에게는 '불확실성'으로 비친 것이다. 그 순간은 오키나와의 오늘까지 이어지는 '끝없는 모순'의 시작이기도 했다.

'시민 주체의 생성'은 개인/종/유類의 관계항이 변증법적으로 전개되는 주체 형성의 과정에서, 이율배반성을 내포하면서도 자유와 평등 등 보편적 가치를 추구하는 주체를 나타내는 개념이다. 또한, 국가를 넘어서는 것이 정당화되는 주체의 출현도 염두에 두고 있다.

✦ 토착화로 향하는 인터내셔널리즘

이러한 관점에서 '오키나와인'을 둘러싸고 그 주체 형성에 있어 두 가지 특징을 이해할 수 있다.

첫째, '오키나와인'이라는 주체는 피차별적 존재로 정의되는 한편, 형식성과 상징성이 높은 상상력의 차원으로 설정된 주체로 재분절화되었다. 즉, 복귀론의 자립에 대한 제기 (주체화의 지향성)

111 앞의 책.

의 분석을 통해 명시한 과거의 전쟁 책임을 묻고, '기지철거 요구'의 근거를 평화 이념에서 찾는 사고 과정에서 등장한 '오키나와인'이다. 또한 평화, 평등, 공생 등의 이념을 더 이상 국가라는 회로에서 찾지 않고 '개즉유個即類'라는 개념으로 '이념적 공동체'를 지향한 반복귀론(특히 가와미쓰, 오카모토)에서의 '오키나와인'. 이 두 '오키나와인'은 모두 시민성 이념을 참조하여 출범한, 그 담지자로서의 형식성과 상징성이 높은 주체이다.

한편, 이 '오키나와인'은 형식성과 상징성이 높은 '시민 주체'의 양상을 띠고 있기 때문에 그 주체에 내실을 부여하는 논리가 필요하게 된다. 설명 언어에 '오키나와인'이라는 민족적 명칭을 사용하고 있기 때문에 동일성을 둘러싼 근거는 이질성, 토착성, 민족성, 문화적 속성 등이 요소로 사용되고 있다. 그 외에도 오키나와 전투의 공유 경험과 '본토 일본인'에 대한 이질성, '이질감'과 '불신감'을 공유하고 있는 것도 근거로 꼽힌다.

둘째, '오키나와인'이라는 시민 이념의 담지자로서의 주체가 '자립'이라는 논점에서 재정의될 때, '국가' 혹은 '국민'을 흔들거나 뛰어넘는 존재로 자리매김하고 있다.

예를 들어, 반복귀론자는 '오키나와인'을 '이족異族'으로 정의하고, 일본의 내셔널리즘으로 회수될 수 없는 역사적 특이성을 가진 존재로 간주했다.

또한 복귀론자인 오시로 다쓰히로는 '오키나와인'을 일본문화에 포섭되지 않는 해양민족으로 재정의하고, 문화적 자립을 통한 '자신감과 자부심'의 회복이 '정신적 자립'을 위해 필요하다고 했다. 이러한 복귀론 · 반복귀론에 나타난 '자립' 지향을 한마디로 '토착으로 향하는 인터내셔널리즘'으로 특징지을 수 있을 것이다.

기존의 '오키나와인'이 지향하지 않았던 '공동체의 기억'을 '자립'이라는 관점에서 기존의 '국가'에 수렴하지 않는 차원으로 설정하고, 그것을 민족공동체로 표상함으로써 '영원한 공동체'가 공유할 수 있는 미래가 연출되고 있다.

✦ 역설을 내포한 주체의 형성

그런데 '오키나와인'의 주체 형성에 있어서 더욱 중요한 점은 위의 두 가지 주체 구성에 대한 이해를 둘러싸고 제1에서 서술한 주체가 제2에서 서술한 주체로 실체가 부여되는 논리 전개이다. 거기서 발견되는 것은 제1 주체의 이해를 둘러싸고 지적한 이율배반성을 포함한 주체, 그 형성 과정에서의 패러독스이다. 즉, '시민 주체'로서 출범한 형식성/상징성이 높은 주체가 현재에서 과거를 구성한다는 관점에서 전통적 가치로 재정의될 때, 국가로 수렴되지 않을 가능성을 지닌 주체가 생성되고 있다.

오타 마사히데大田昌秀가 말하는 오키나와 민중의 '평화에 대한 희구'는 전 세계를 향해 발신하고 있지만, 그 상징성은 오키나와의 속담에 담긴 '토착 정신'이라는 문화적 속성에서 비롯된 것으로 재정의되었다. 오시로는 '휴머니즘'을 바탕으로 일본 문화뿐만 아니라 아시아 문화 등 다른 문화에 기여할 수 있는 관용적인 '해양민족'으로 '오키나와인'을 재정의했다.

반복귀론에서 '오키나와인'은 '일본 국가'의 경계에 포섭되지 않는 존재로 간주된다. 즉, 오키나와의 부정적 현실을 직시하고 시민적 이념을 사유할수록 초국가적인 상징성/형식성이 높은 시민 주체를 생성하는 한편, 그 주체에게 오키나와의 토착성과 이질성 등을 부여하고 전통적 가치로 재정의하는 논리 전개가 존재하는 것이다.

'오키나와인'이 자유와 평등, 자기결정권을 요구하는 시민 주체로서의 형식성·상징성을 높였기 때문에 현재의 관점에서 과거를 재평가하여 가져온 '역사'와 '전통'이 필요하게 된 것이다. 이 '오키나와인'의 주체 구성 논리는 '오키나와인'의 변형을 촉구한다. 차별을 용인하는 '오키나와인'이 아니라 재발견된 '역사'와 '전통'에 의해 부정적인 현 상황을 타개하기 위해 '자립'을 지향하기에 적합한 '오키나와인'이 '해양민족'과 같은 국가를 넘어선 보편성을 지닌 존재로 재정의된 것이다.

✦ 살아있는 주체란?

발리바르는 이 주체가 자기 안에 이러한 '역설로 가득 찬 통일성'을 포함하고 있다고 이해한다면, "국가 장치의 관점과 동시에 영속적 혁명의 관점에서도 고찰할 필요가 있다"고 주장한다. 고찰의 대상은 그 주체 구성에 의해 연결되는 상징성/형식성과 실천의 역사적 복합의 모습이다. 오키나와에 적용하면, 복귀론-반복귀론이 제기한 '시민 주체'가 그 이후의 실천 영역에서, 어떻게 활용되었는가이다. 그것을 밝히는 것이 다음 과제다.

오키나와의 '일본 복귀' 실현 후, 즉 '조국 복귀 요구'가 '영토 반환'으로 축소된 후, 시민성에 뿌리를 둔 '요구'는 어떤 궤적을 밟았는가 하는 것이다. '일본 복귀 운동은 패배했다'는 인식 아래 '오키나와의 자립'이 철저하게 검토되는 그 논의의 장에서 '오키나와인'

은 국경을 넘어선 존재로 다시 모습을 드러낸다.

여기서 중요한 것은 시민성 원리를 지향하는 이 '오키나와인'이 더 이상 유토피아나 '상상의 공동체'로만 존재하는 것이 아니라 실천 영역에서 실체적 영향력을 가진 주체로 기능하고 있다는 바로 그 점이다.

Ⅳ
그 이후의 '오키나와인'

1. '복귀'에서 '자립'으로

✦ '복귀'의 의미에 대한 질문

1972년 5월 15일, 오키나와의 시정권施政權이 일본에 반환되었다. 이 날 실현된 '일본 복귀'는 복귀운동으로서는 '기지 철거 요구'가 거부됨으로써 '조국 복귀' 요구가 축소된 형태로 실현되었다는 것을 의미했다. 동시에 이날은 '복귀'가 오키나와에게 무엇을 의미하고, 무엇을 의미할 것인가에 대한 질문이 반복되는 역사의 시작이기도 했다.

복귀론에서 주장된 '평화헌법으로의 복귀', 복귀론의 '복귀와 국가의 거부', 이러한 논의는 '오키나와의 주체성이란 무엇인가'라는 근본적인 과제를 남긴 채 새로운 전개로 옮겨갔다.

'오키나와의 자립'을 논할 때 그 의미는 논자마다 다르며, 논의 내용도 다양하다. 그러나 복귀론과 반복귀론, 각각의 내용과 일정한 연속성을 유지하면서 '자립'이 논의되고 있는 측면도 있다. 이를 바탕으로 복귀론·반복귀론에서 분기되는 자립 논의의 전개를 개관하면서 '일본 국가'와의 관계에서 '자립' 개념이 어떻게 제기되었는지를 추적해본다.

'자립'의 개념이 정의될 때, 그 맥락에서 '일본인'과 '오키나와인'의 관계성이 어떻게 구성되어 있는지도 주목하고 싶다. 그 고찰을 통해 '자립'이라는 관점에서 수행된 '새로운 오키나와현 만들기'라는 실천 영역에서 '오키나와인' 카테고리가 어떻게 기능하고 있는지 그 일단을 밝히고 싶다.

✦ 복귀 10년째의 '자립' 논쟁

오키나와의 '복귀'가 다시금 근본적으로 재조명되고 '자립'이 눈에 띄게 전망된 것은 복귀 10년째를 맞이한 시점이었다.

그때 나온 오키나와노동경제연구소의 보고서는 1980년경부터 활발하게 전개된 '오키나와·자립' 논의의 전제가 되는 오키나와의 상황 인식을 보여주고 있다. 보고서는 광대한 미군기지의 존재가 오키나와의 진흥 발전에 큰 저해 요인이 되고 있음을 다양한 각도에서 설명한 후, "반환 후의 상황은 '평화롭고 밝은 풍요로운 오키나와'와는 거리가 멀고, 정부 시책이 기지확보와 석유비축기지(CTS) 등을 우선시하고 개발이나 복지를 보완적인 것으로 생각하고 있는 것은 아닌지 의문을 갖지 않을 수 없다"고 강조한다.

더욱이 앞으로의 진흥 개발의 과제로 오시로 다쓰히로와 아라카와 아키라新川明의 말을 인용하면서 무엇보다도 먼저 현민県民 복지를 최우선으로 생각하는 기본 원칙, 즉 '오키나와의 마음'을 세워야 한다고 한다. 즉, ① 지방자치권의 확립, ② 반전 평화 관철, ③ 기본적 인권의 확립, ④ 현민 중심의 경제개발의 네 가지를 꼽았다.

이러한 인식을 전제로 '복귀'와 '자립'을 묻는 시도가 활발하게 이루어졌다. 이 시기 '자립'이라는 키워드로 묶을 수 있는 논의는 반CTS를 투쟁하는 사람들(아사토 세이신安里清信, 다이라 요시아키平良良昭)의 독립론, 시마シマ부흥운동가(이시가키 긴세이石垣金星 등)의 독립론, 복귀론의 총괄로서의 자립론(자치노오키나와현본), 반복귀론의 발전으로서의 독립·코뮌론('류큐공화국' 및 '류큐사회' 헌법초안), 본토 오키나와 출신자들의 '야마토 세대에서 우치나 세대로' 운동 등 속속 등장하고 있다.

그중에서도 1982년 5월에 열린 '복귀 10년－오키나와 자립의 구상을 모색하는 강연회, 심포지엄'에서는 일본 복귀 운동과 복귀론에 대한 총평과 '오키나와 자립'을 위한 구상과 행동을 둘러싸고 활발한 논의가 이루어졌다. 여기에는 크게 세 가지 입장이 있었다.

첫 번째는 재미 경제학자 다이라 고지平恒次 등의 '류큐공화국론'이라는 정치적 독립론이다. 두 번째는 경제 자립과 특별현정特別県政을 내세운 '자치론적 자립론'이다. 세 번째는 궁극적으로 독립, 혹은 사회주의적인 국가 폐지를 목표로 하는 '류큐공화사회(국)론'이다. 각각의 논의를 살펴보면, 후자의 두 가지를 각각 복귀론과 반복귀론의 계보에 위치시킬 수 있다.

'특별현정'론은 복귀운동의 중심 조직이었던 자치노自治労가 제안했다. 사회주의적인 사회를 구상하는 '류큐공화사회(국)론'은 반복귀론자인 아라카와 아키라, 가와미쓰 신이치, 나카소네 이사무仲宗根勇 등 복귀를 주창한 지식인들이 이름을 올렸다. 다이라平의 '류큐공화국론'은 복귀 직전부터 반복귀론과 공명하며 독립론을 주장했다는 점과 그 내용을 보면 반복귀론의 계보로 볼 수 있다.

이러한 서로 다른 입장의 '자립'론에는 오키나와와 일본의 관계, 혹은 국제사회와의 관계에서 일정한 공통된 인식이 형성되어 있었다. 단적으로 말하면, '오키나와는 왜 일본이어야 하는가'라는 질문과 동시에 오키나와는 일본의 '국내 식민지'라는 위치가 부여된다. 오키나와를 '도서島嶼민족=마이너리티'로 인식하는 것도 공통점이었다.

여기서는 심포지엄에서 중심이 된 오키나와 특별현정론特別県政論과 류큐공화사회(국)론을 다룬다.

✦ 오키나와 특별현정론

특별자치권론은 특히 1972년 복귀 당시 '복귀운동의 패배'라는 인식이 높아지는 가운데 이미 제기된 바 있다. 경제학자 구바 마사히코久場政彦의 '오키나와특별자치지역' 구상, 정치학자 히가 미키오比嘉幹郎의 '오키나와자치주' 구상 등이 그 전형이었다.

히가는 "오키나와의 시정권은 본토 정부가 아닌 오키나와 주민의 정부에 반환되어야 하며 ……, 류큐 정부는 그 행정기관, 기능, 권한을 본토 정부에 이양함으로써 축소하는 것이 아니라, 반대로 그것들을 최대한 강화, 확대하는 노력을 해야 한다"는 인식에서 "단순히 본토유사현의 정치·행정을 모방하는 것이 아니라 오키나와 독자의 특별자치체"로서 "군사·외교 등과 관련된 특정 기능을 제외한 모든 기능을 보유한다는……군사·외교 분야에서도……오키나와 주민의 의사가 충분히 반영되는" 오키나와주州를 제기했다. 중앙정부의 지휘·감독을 받지 않는 주석主席을 정점으로 하는 정부, 독자적인 입법권을 가진 강력한 의회 등의 이미지도 제시했다.

다만, 복귀운동을 총체적으로 정리하면서 정치・경제・문화 등 종합적인 관점에서 논의된 특별자치론은 부족했다. 이런 상황에서 오키나와의 특별자치를 주장한 것이 자치노의 오키나와 특별현 구상이었다. 그것은 사상적으로는 복귀론의 연장선, 즉 '미완의 복귀'론을 전개하고 '진정한 복귀'를 목표로 한 것이다. 그 구상에는 세 가지 포인트를 지적할 수 있다.

하나는 '복귀' 이념에 대한 강한 집착이다. '오키나와의 마음', 즉 '반전 평화', '자치권 확립', '인권 보장'이 아직도 달성되지 않았다는 인식이 기저에 깔려 있다. 오키나와를 일본의 '국내 식민지' 혹은 '군사 식민지'로 규정하고 '복귀'를 제3의 '류큐 처분'으로 간주하는 역사 인식이다. 오키나와의 현 상황을 본토로부터의 차별의 역사 속에 두고, '복귀' 이념의 연속성에서 '자립'을 주장한다. '국가적 지배'로부터 보다 자유로운 해방을 역사적 전망으로 삼고 있다.

두 번째는 '군사식민지'라는 말로 상징되는 기지 기능을 우선시하는 정치·경제 구조가 오키나와의 자립적 발전을 가로막고 있다는 생각에 기초하고 있다는 점이다.

세 번째는 평화(군사기지 철수)와 번영(경제적 자립)을 두 축으로 삼고 있다는 점이다.

이러한 구상에 등장하는 '오키나와인'이라는 주체는 '일본 국민'에게 오키나와의 현 상황에 대한 책임을 묻고, 경제적 보장을 얻어내어 오키나와의 정치·경제적 자립을 실현하고자 하는 것이다. 즉, '오키나와인'의 자긍심을 소중히 여기면서 국가의 틀 안에서 자치권을 확대하여 경제적 자립, 정신적 자립을 이루는 것을 목표로 하고 있다. 자치노를 대표하는 나카요시 료신仲吉良新은 심포지엄 토론에서 이렇게 말했다.

"과거에는 류큐 왕국이었기 때문에 천황이 있었던 것도 아니고, 처음부터 막부의 지배 하에 있었던 것도 아닙니다. 그런 의미에서 우리들의 마음속에도, 우리 선배들의 마음속에도 오키나와인(우치난추)이라는 자부심이 있습니다. ……완전히 독립을 하겠다는 말은 하지 않았지만,

어쨌든 현재 일본국 헌법의 범주에서 정말 오키나와가 자립(경제적으로도 자립, 정신적으로도 자립)하기 위해, 오키나와 사람의

머리로 생각해 보면 매우 힘든 일이겠지만, 이쪽에서 먼저 하자는 것입니다."[112]

나카요시는 오키나와가 지방자치를 확대하는 것이 본토 자치단체의 격려가 될 수 있다고 생각한다. 단순히 특수한 오키나와뿐만 아니라 일본의 지방자치에 공헌하는 보편적 가치를 지닌 것으로 만들고 싶다는 생각은 복귀론의 구조에서 볼 수 있는 '오키나와의 주체성 확립'='자치권 등 헌법 이념의 실현화'='본토에 대한 공헌'이라는 인식 구도를 계승하고 있다.

✦ 류큐공화사회(국)론

한편, 반복귀론은 어떤 전개를 보였을까? 그것은 마침내 독립론이라는 형태로 그 윤곽을 분명히 했다. 보다 구체적으로 '자립'을 '독립'으로의 전환점으로 보고 '류큐공화사회헌법 A사私(시試)안案'과 '류큐공화사회헌법B(시)안'을 발표하는 등 류큐공화국의 구상을 모색하기에 이르렀다.

이러한 계보의 자립론도 특별자치론과 마찬가지로 '복귀'에 대한 강한 집착을 엿볼 수 있다. '공화사회헌법' 본문은 '복귀'에 대해 이렇게 평가한다.

"우리는 비무장 저항을 계속했고, 그리고 국민적 반성에 서서 '전쟁 포기' '비전非戦, 비무장'을 첫머리에 내세운 '일본국 헌법'과 이를 준수하는 국민에게 연대를 요구하며 마지막 기대를 걸었다. 결과는 잔인한 배신으로 돌아왔다. 일본 국민의 반성은 너무도 얄

112 仲吉良新「自治労『特別県制』案の背景と構想, 新崎盛暉他編『沖縄自立への挑戦』社会思想社.

앉고, 옅은 눈雪이 되어 사라져 버렸다. 우리는 진정으로 애정이 생겼다. 호전국 일본아, 호전적인 일본 국민과 권력자들아, 원하는 대로 가라. 더 이상 우리는 인류 멸망으로 향하는 무모한 자살의 길을 더 이상 함께 할 수 없다."[113] 여기에서도 헌법의 이념이 중시되고 있다. 이 사상의 기저에 흐르는 것은 헌법의 이념이 일본국가라는 회로에 의해 내실을 부여받지 못하는 이상, 오키나와가 '국내 식민지'라는 일본과의 위치 관계를 '자립'으로 전환하기 위해서는 더 이상 '일본 국가' 그 자체에 대한 통찰과 거부 없이는 생각할 수 없다는 태도이다. 그것은 '광활한 미군기지'가 보여주는 '군사 식민지'라는 현상 인식에서 비롯된 사사적 태도라고 말할 수 있다.

요컨대, 특별자치론과 인식을 공유하는 '국내 식민지' 혹은 '군사적 식민지'로서의 '오키나와'의 위치 관계가 확인될 때마다 '평화헌법의 형식화' 문제가 더욱 부각되고, '일본 국민'='헌법을 준수할 수 없는 일본인'='야마톤추'라는 구도가 등장하고, '야마톤추'='일본 국민'='일본 국가'의 거부가 주장되고 있다.

특별현정에 의한 자립론이든, 류큐공화사회에 의한 자립론이든, 오키나와의 현실에 직면하여 강하게 의식하지 않을 수 없는 '일본 국가'라는 존재를 어떻게 극복할 것인가라는 급진적인 문제가 설정되어 있다.

113 앞의 책.

【칼럼 ⑥】 수많은 밀약 밝혀지다 / 요구는 뒤로 한 '국익' 우선

일본과 미국의 오키나와 반환 협상 과정에서 수많은 밀약이 맺어졌다. 그 합의 내용은 기지의 '자유로운 사용'과 유사시 핵무기 반입을 허용하고, 오키나와 반환을 섬유 문제와의 거래 재료로 삼는 등 일본과 미국의 '국익'을 우선시하고 오키나와의 요구를 뒤로 미루는 것이었다.

1972년 5월 15일 미일공동위원회의 비밀합의문서 '5 · 15 메모'는 반환에 의한 미군 측의 자유로운 기지 사용이 불가능해질 것이라는 우려를 해소하기 위해 개별 미군 시설 · 구역의 사용 조건 등을 규정하고 있다. 그 존재가 밝혀진 이후 공개를 요구하는 목소리가 높아졌고, 78년에 정부는 일부 시설 개요 공개. 현県 등이 전면 공개를 요구, 97년 7월까지 전면 공개되었다.

69년 11월 일미정상회담에서 당시 사토 에이사쿠佐藤栄作 총리와 닉슨 미국 대통령은 두 가지 밀약을 맺었다. 하나는 사토 씨가 염원하는 '핵 없는 본토 수준'을 보장하기 위해 유사시 핵무기의 재사용을 반입을 인정한 밀약. 또 하나는 해외 저가 섬유제품의 유입으로 미국 섬유산업의 붕괴를 우려한 닉슨 대통령이 일본에 포괄적인 수출규제를 요구한 섬유 밀약, 이른바 '밧줄'과 '실'의 거래다.

핵밀약은 Mace B 등 오키나와에 배치된 핵무기를 본토 반환 전까지 모두 철거하는 한편, '중대한 비상사태'가 발생했을 때 다시 핵을 반입할 수 있는 권리를 미국 측에 인정한 내용이다. 오키나와 반환 협상의 미국 측 담당관을 지낸 모턴 핼퍼린Morton

Halperin은 밀약의 존재를 인정하고 "지금도 유효하다"는 인식을 보이고 있다.

미군부지 원상복구비 400만 달러를 일본 측이 부담하는 밀약을 둘러싸고 당시 마이니치신문 기자 니시야마 다키치西山太吉 기자가 보도로 밀약을 시사. 94년 미국 국립공문서관에서 밀약을 보여주는 문서가 공개되기 시작하고, 이후 반환 협상을 담당했던 요시노 분로쿠吉野文六 전 외무성 미국장은 2006년 2월 밀약의 존재를 인정했다.

2. 활성화 · 다양화되는 자립론

✦ 다양하게 전개된 자립론

오키나와 특별현정론과 류큐공화사회(국)론 등을 중심으로 전개된 심포지엄에서는 세 가지 입장이 존재했다고 한다. 첫째, 이념적인 것을 매우 중시하고 관념적인 것이 추진력이 될 것이라고 확신하고 있는 '독립'론(반복귀론)의 입장. 둘째, 자립을 말하면서도 결국 복귀 운동을 실로 총괄하고, 극복한 후에 자립론을 내놓을 수 있을지 의구심을 느끼는 사람들. 셋째, 주민운동에 구체적으로 참여하고 있는 사람들.

다만, 어떤 입장에 있는 사람들도 모두 어떤 형태로든 '자립'이라는 것을 염두에 두고 추진하려 했던 것은 분명하다. 이 심포지엄은 경제학자, 산업계 주요 직책에 있는 사람들에게 자극을 준 것 같다. 이후 자립론은 다양한 전개를 하게 된다.

예를 들어 1983년 '신오키나와 문학'은 '자립경제를 생각한다'를 특집으로 하여 현실적으로 구체적인 '자립'의 방향에 대한 다양한 논문과 의견을 게재했다. 거기에서의 논의는 오키나와의 '자립의 어려움'에 대해 경제학에서 상세한 분석이 더해졌고, 많은 논자들이 구체적인 경제정책이 교착상태에 빠졌다는 점을 지적했다.

85년 경제학자 다마노이 요시로玉野井芳郎가 기안한 "생존과 평화를 근간으로 하는 '오키나와 자치헌장'"을 시작으로 일어난 지역주의를 둘러싼 논쟁도 빼놓을 수 없다. 또한 기자키 고시로木崎甲子郎(지질학 연구)의 '복합체 우치나론', 시마오 도시오島尾敏男(작가)가 제창한 '야포네시아론', 이를 역이용한 미키 겐三木健(저널리스트)의 '정신의 공화국 · 오키네시아론', 마이너리티인 '류큐인'의 독립을 주장한 다카라 벤高良勉(시인)의 '류큐네시아론' 등 문화론적 자립론도 잇달아 제기되었다.

✦ 오키나와의 특성은 일본의 가능성

이처럼 오키나와의 문화적 고유성, 역사적 고유성, 지리적 특성을 '변방'이나 '후진성'이 아닌 '개성'으로 재조명하는 논조와 대처가 높아졌다.

그 무렵은 마침 제1차 오키나와 진흥개발계획이 재검토되어 제2차 계획이 시작되는 시기이기도 했다. 복귀 초기 계획은 본토와의 '격차 시정'이 주를 이루었지만, 1982년에 수립된 제2차 진계振計는 그 노선을 계승하면서 '오키나와가 가진 가능성'으로 '풍부한 태양에너지와 해양자원'을 꼽았다. 이 계획은 "본토와 동남아시아 국가의 접점에 위치하여 경제, 문화 등의 교류를 깊게 해 온 역사적 경험을 가지고 있는 등 국제사회와 폭넓게 협력할 수 있는 장으로서 유리한 조건을 갖추고 있다"면서 "앞으로 이러한 특성을 적극적으로 활용하는 것이 오키나와의 경제 사회 발전을 도모하는 데 매우 중요하며, 동시에 우리 국제 경제 사회의 발전에도 유익하다"면서, 오키나와의 '특성'이 일본의 '가능성'이 될 수 있다는 관점을 제시하고 있다.

제3차 진계는 국제교류의 관점에서 오키나와의 지리적 · 역사적 특성을 감안하여 '아시아 · 태평양국가'까지를 시야에 넣은 오키나와 진흥이 생각되고 있다. 이 정책 과정에서 드러나는 '오키나와' 상像은 특별자치론의 '정신적 자립', 류큐공화사회론의 탈국가적 '정신공동체', 더욱이 그 이후 이어지는 문화적 자립론 등과 일정한 공명성을 가지면서 형성되었다고 볼 수 있다.

제2차 진계의 중요 시책 중 하나인 프리존 설치에도 해외로 눈을 돌린 '오키나와'상이 반영되어 있다. 오키나와 경제 자립의 전망이 국가의 틀을 넘어 어떻게 경제 시장에 진입할 것인가에 대한 논의가 이뤄진 것이다. 역사적 관점에서 사쓰마의 류큐 침략 이전, 중국과의 관계를 축으로 동남아시아 각국과 교역하던 '대교역 시대'의 재림에 대한 로망을 품고, 국경을 넘어 활약하는 류큐인의 모습에 미래의 '자립'상을 덧씌운 것이다. 경제학자 가카즈 히로시嘉数啓는 당시 이렇게 말했다.

"동남아시아 교류에서 오키나와의 역할은 분명하다. '야마톤추'에서는 어려운 일본과 동남아시아의 문화적 공명의 '촉매제'적 역할을 오키나와가 수행하는 것이다. 즉 군사적 목적을 위한 '태평양의 요충지'에서 일본을 포함한 아시아의 평화와 풍요를 위한 기지로 오키나와를 자리매김하는 것이다. 이것이 바로 '진흥개발계획'에서 말하는 국제교류의 거점으로서의 이념이 되어야 한다"[114]

이러한 사고방식은 진계 등 오키나와의 중요 정책에서 명확히 자리 잡고 있으며, 지금도 계속되고 있다. 현재의 오키나와 진흥 지침인 '오키나와 21세기 비전'은 오키나와를 '아시아의 교두보'로 자리매김하고 있다. 진흥 기본방침도 "오키나와는 아시아 · 태평양 지역의 관문으로서 큰 잠재력을 가지고 있으며, 일본의 프론티어 중 하나가 되고 있다"며 칭송하고, 잠재력을 끌어내는 것이 "일본 재생의 원동력이 될 수 있다"고 강조한다. 오키나와는 아시아의 징검다리가 되어 자신뿐만 아니라 일본과 다른 아시아 국가들의 발전을 담당할 수 있다는 것이다.

오키나와에 관한 경제 시책에 있어서 14~15세기의 류큐의 '대교역 시대' 역사와 겹쳐진 비전이 국제화를 향한 자원으로 창조되어 '타문화에 관대한 오키나와인'이 국경을 넘어서는 존재가 되어 재생산되어 가는 모습을 볼 수 있게 된다. 그 '오키나와인'은 경제발전을 지향하는 주체로서 정책 실천에서도 기능하고 있는 것이다.

✦ '국제성' 담론의 활성화

이러한 오키나와의 국제성을 재평가하는 담론은 오키나와의 지도자들로부터 연이어 나오기 시작했다. 훗날 오키나와현 지사가 된 이나미네 게이이치稲嶺惠一는 류큐석유 전무 시절인 1985년에

114 嘉数啓「沖縄経済自立への道」『新沖縄文学』56号.

"원래 오키나와와 일본은 이질적이고 민족적인 차이가 있는 것이 아닌가 생각한다. 그것을 같은 것으로 하려고 하는 것에는 무리가 있다"고 말하고, "오키나와는 자립해야만 자부심을 가지고, 이상한 의미로 동화되지 않고 충분히 할 수 있다는 관점에서 보면, 국제교류와 지역경제 진흥이라는 것은 미래의 오키나와에 있어서 매우 중요하지 않을까?"[115]이라고 강조하고 있다.

이처럼, 80년대 중반부터 현의 산업계와 정계 인사들이 현민을 '오키나와인'이나 '우치난추'라고 명명하며, 문화적 · 역사적 소질과 자원을 살려 국경을 넘나들 수 있는 존재라고 지적하는 것은 더 이상 드문 일이 아니게 되었다. 87년 국제정치학자 가베 마사아키我部政明는 이렇게 지적한다.

"응집과 확산의 논리로 전개되어 온 '오키나와의 고유한 것'을 둘러싼 역사로서 오키나와를 바라보면 우치나적이라는 용어로 묶어 오키나와만의 독특한 것으로 만드는 정서적 귀납법과 세계로 뻗어나가는 오키나와의 국경을 초월한 에너지와의 상극이 보인다. 이 양자의 균형이야말로 오키나와의 국제교류에서 자각해야 할 것이 아닐까. '니라이 · 가나이ニライ・カナイ'의 사상이나 '해양의 민족'의 사상에서 볼 수 있듯이, 오키나와의 외부 세계로의 면적인 확장을 가져다 준 것은 바다였다. 국경과 같은 경계선이 존재하기 어려운 바다를 통해 자연의 흐름을 따라 자유롭게 왕래하는 것이 오키나와의 외부 세계와의 교류 방식의 원점일 것이다. 바다를 매개로 바깥으로 나가거나 안으로 들어가는 논리를 익힌 우치난추가 우치

115 稲嶺恵一「国際交流と地域経済」『国際交流を考えるシンポジウム』沖縄県.

난추로서의 자기규정을 반복하면서 육지, 바다의 경계도 넘나들었던 것이 아닐까? 어떤 의미에서 육지의 개념에 얽매여 오키나와의 발전의 궤적이 불분명하게 되고 있는 것은 아닐까?"[116]

✦ 세계의 우치난추

이러한 '오키나와의 발전 궤적'의 미래 전망에 대한 구체적 방안으로 1990년부터 '세계의 우치난추대회'가 현의 주최로 열리게 되었다. 85년부터 『류큐신보』의 2년에 걸친 장기 연재기획 '세계의 우치난추'를 계기로 현지 언론사들이 앞다퉈 남미, 북미, 하와이, 동남아시아, 유럽 등지에서 활약하고 있는 우치난추의 삶의 모습을 차례로 소개했다. 보도는 큰 감동과 반향을 불러일으켰다. 이러한 여론을 등에 업은 오키나와현이 대회를 개최하게 된 것이다.

대회의 기획 제작을 담당한 류큐신보사 편집국장 겸 논설부위원장(당시)인 미키 겐三木健은 "다시 한번 오키나와인의 정신력을 재확인하게 했다. 세계 속의 '오키나와 에스닉'의 발견이라고 해도 좋을 것이다. 그리고 거기서 『작은 섬의 큰 세계小さな島の大きな世界』(나카야마 미쓰루中山満 류큐대학 교수)를 본 것이다. 그것은 야마토화 속에서 마이너리티로 전락할 수밖에 없었던 오키나와 민중에게 자신감과 자부심을 주었다. 오키나와 민중은 '또 하나의 오키나와'에서 '탈일본화'의 돌파구를 엿본 것이다"[117]라고 적고 있다.

116 我部政明「国際交流にみる差別と偏見」『新沖縄文学』72号.

117 三木健『沖縄脱和の時代』ニライ社.

1만 5천여 명의 현 출신, 현민들이 참여하여 행사장이 하나가 된 제5회 세계의 우치난추 대회 폐회식, 그랜드 피날레(2016년 10월 30일, 오키나와 셀룰러 스타디움 나하)

미키는 80년대 이후 오키나와의 시대적 특징을 '탈일본화'로 정하고 다음과 같이 말했다.

"21세기를 향해 세기를 향해 오키나와가 살아가기 위해는 오키나와가 오키나와로 남는 것 말고는 없을 것이다. 오키나와가 오키나와로 남아있기 위해서는 일본의 국가적 틀에 얽매이지 않고, 오키나와가 가진 특성을 최대한 살리는 것이다. 그것은 오키나와 사회의 내실을 풍요롭게 할 뿐만 아니라 일본을 풍요롭게 하는 것으로 이어질 것이다. 오키나와의 다양성을 살리기 위해서는 지금 먼저 역사적으로 축적된 국제성을 확립해 나가는 것이다. 전자는 섬 사회인 오키나와 내부에 농업, 의료, 교육, 정보 등 다양한 분야의 지식과 기술을 축적하고 발전시켜 나가는 것이다. 후자는 해외, 해외 이민, 이민족 지배라는 일본의 틀에서 벗어난 오키나와의 특이성을 21세기의 국제사회로 살려나가는 것이다."[118]

세계 우치난추대회는 그 후에도 거의 5년에 한 번 열리게 되고, 2016년에는 1만 5,395명이 참가한 가운데 5회째 대회가 열렸다. 해외 참가자가 역대 최대인 7,297명이었다. 해외에 오키나와계 이민자의 후손들은 42만 명이나 된다고 한다.

✦ '자립' 사상의 정책화

복귀론자로서 오피니언 리더였던 오타 마사히데大田昌秀가 1990년 지사에 취임한 후, 오키나와의 자립·평화 구상을 구체적인 오키나와현의 시책으로 구체화했다. 그 하나의 이정표는 95~96년경일 것이다. 오키나와의 국제성을 살려 교류의 장을 만든다는 국제도시 형성 구상, 경제자립의 발판으로 삼는 자유무역지역, 미군기지를 반환받아 2015년까지 단계적으로 제로화한다는 기지반환액션 프로그램이 핵심이다. 이는 바로 오타의 '자립', '평화', '공생' 사상의 정책화이다.

70년 전후 '조국 복귀' 논의에서 지적된 '평화헌법 내실화의 주체로서의 오키나와인', '해양민족·오키나와인', '찬푸루チャンプルー 문화를 가지고 타문화에 관대한 오키나와인'이 정책 속에 살아 숨쉬고 있다. 바로 이 '오키나와 사람들'이 실천적 주체로서 정책의 무대에 공개적으로 등장한 것이다.

그중에서도 95년 오키나와 전투 종결 50주년 기념사업으로 '국

118 앞의 책.

제 평화 창조의 숲' 구상의 일환으로 실현된 '평화의 초석'은 철혈근위대鉄血勤皇隊로서 오키나와 전투의 격렬한 전장戦場과 많은 친구들의 죽음을 경험한 오타에게 큰 의미를 가지고 있었다.

매년 6월 23일 '위령의 날'에는 많은 유족들이 찾는 평화의 초석(이토만시 마부니糸満市摩文仁)

이 50주년 3년 전부터 오키나와현 내 모든 시읍면에 호소하여 총력 태세에서 전몰자 실태조사에 임하고, 현으로부터도 조사원을 파견하여 일가족 전몰자, 유아 사망자도 포함한 전수조사를 실시하였다. 현외県外 전몰자에 대해서는 각 도도부현에서 제출된 명단을 바탕으로 조사하고, 해외 전몰자에 대해서는 한국과 북한까지 협조를 구하는 대대적인 작업이 이루어졌다.

오키나와 주민, 일본군, 한국이나 조선인 군속과 위안부, 미군 등 적아군·국적을 가리지 않고 새겨진 것이 특징이다. 다만 이 오키나와 전투 전몰자 전원의 이름을 적군과 아군, 국적 구분 없이 새겨 넣는 규정에 대해 문제점을 지적하는 목소리도 있다. 논점은 주로 가해와 피해의 관계를 모호하게 만든다는 것이다. 한국·조선인으로부터 비난의 목소리가 나온 것이 발단이었다. 조선인·한국인에 대해 전쟁 희생자 실태는 물론 숫자조차 밝혀지지 않은 점, 일본군과 함께 새겨지는 것을 수치스럽게 여기는 사람들이 적지 않다는 점 등이 이유다.

오키나와의 초석과 오키나와현립 평화기념자료관

거기에는 과거 오키나와 전투의 평가·계승과 뗄레야 뗄 수 없게 결합되어 오키나와의 가해 측면이 부각되는 구도가 있으며, 기존 '미국'이나 '일본'을 향해 강조된 오키나와 전투에서의 체험이 아시아적 시점에서 재검토될 필요성이 확인된 결과를 낳았다.

평화의 초석과 인접한 오키나와 평화기념자료관에서 아시아·태평양전쟁에서 오키나와의 가해성을 사실로 확인하고 교훈을 전하는 전시를 충실하게 하는 것이 과제다. 이를 통해 오키나와의 가해와 피해 양면에서 얻을 수 있는 교훈이 선명해지는 한편, 평화의 초석인 '적과 아군, 국적 구분 없이 새긴다'는 평화의 이념도 더욱 살아날 수 있을 것으로 보인다. 즉, 가해성의 전시와 초석은 불가분 관계인 것이다.

평화의 초석은 오키나와 전투라는 '공동체의 기억'을 불러일으킨 하나의 문화 장치의 측면도 있다. 전후 50년을 계기로 건설된 초석 앞에서 현재에 이르기까지 얼마나 많은 사람들이 역사적인 '오키나와인'을 떠올렸을까?

3. 재판으로 본 '오키나와의 주장'

✦ 두 지사의 변론

복귀론 · 반복귀론의 담론 분석을 통해 밝혀진 것은 '일본인'과 '오키나와인'의 관계가 다시 쓰인 논리적 과정이었다. 새로운 '오키나와인'이 출범한 후, 오키나와현지사가 국가와 다투는 재판의 장에서 어떤 '오키나와의 주장'을 펼쳤는지를 살펴보고, 거기에 등장하는 '오키나와(인)'의 모습에 주목하고자 한다. 이러한 법정은 오키나와 전체에 있어서 오키나와의 과거와 현재를 대표하는 상징적인 담론을 발산하는 장이다.

두 가지 발언을 살펴보자. 하나는 국가의 미군용지 강제 사용을 둘러싼 문제로, 당시 오타 마사히데 지사의 대리서명을 거부했다는 이유로 총리에게 소송을 당한 1996년 3월 11일 대리서명 거부 재판에서의 구두변론이다. 또 하나는 미군 후텐마普天間 비행장 이전에 따른 나고시名護市 헤노코辺野古 신기지건설을 둘러싸고 오나가 다케시翁長雄志 지사의 헤노코 매립 승인 취소 처분을 취소해 달라고 제기한 집행정지 소송의 구두변론이다.

① 오타 지사의 주장

✦ 오키나와 전투는 일본 국가의 희생이었다

오타 지사의 구두 변론의 대부분이 역사에 대한 언급이라는 점은 주목할 만하다. 오키나와의 과거 차별적 역사를 공개함으로써 현재의 부정성을 투영하고, 그 시간적 연속성 속에서 새롭게 지향해야 할 '오키나와인'이 등장하고 있기 때문이다. 이 새로운 '오키나와인'은 피차별적 과거와 현재를 이어주는 주체라고 할 수 있다.

'오키나와인'은 과거와 현재의 책임을 묻고 평화를 사랑하며 자립을 향해 나아가는 공동체로 재정의되고 있다. 일본 정부와의 항쟁의 장인 법정에서 표명되는 역사는 과거를 재구성하는 '분절화의 정치'의 양상을 강하게 띠고 있다. 여기서 말하는 '분절화'는 오키나와가 경험한 과거의 사건과 유사한 사건으로 현재의 기지 문제를 연결시키는 지적 행위이다.

구두변론에서 오타 지사는 역사적으로 차별받던 '오키나와인'이 오키나와 전투의 경험을 바탕으로 기지와 군대를 거부하는 주체로 전환하는 과정을 그렸다. 복귀론에서 전개한 담론과 마찬가지로 오키나와 전투는 '일본 국가의 희생'이라고 호소했다. 그리고 전쟁에 관여하는 것을 일체 거부하는 '평화를 사랑하는 오키나와인'을 15세기로 거슬러 올라가 증명하고자 다음과 같이 말했다.

"쇼신오尚真王, 이 왕도 매우 유명한 왕이시니, 이 왕이 15세기 무렵부터 무기 휴대를 금지했기 때문에 유럽과 미국에서도 특히 1816년에 바실 홀Basil Hall이라는 영국 해군장교가 오키나와에 와서, 오키나와는 무기가 없는 나라라는 것을 기록에 남겼고, 서양에서도 오키나와인은 평화를 사랑하는 민족으로 알려져 왔다는 역사적 배경이 있는 것입니다. 그런 전통적 배경을 살린다는 의미에서도 오키나와에서는 평화 행정이라는 것이 매우 중요하다고 생각하여 평화 행정이라는 것에 대해서는 특히 힘을 기울여 왔습니다."

이 '평화를 사랑하는 민족'인 '오키나와인'은 '일본인'과는 이질적인 존재로 자리매김하고 있을 뿐만 아니라, 현재의 '일본인'의

'미군 폭행 사건 규탄 및 지위 협정 재검토를 요구하는 오키나와 현민 총결의대회'에서 인사하는 오타 마사히데 지사(1995년 10월 21일 기노완시宜野湾市해변공원)

존재를 묻는 적극적인 담지자로서 다음과 같이 표명하고 있다.

"단순히 역사에 얽힌 생각뿐만 아니라, 일본이라는 나라는 오히려 동일 언어, 동일 민족이라는 획일성이라고 할까요? 그것을 매우 강조하는 교육을 하고 있어서, 그것이 반대로 말하면 다른 민족, 다른 문화, 다른 언어를 가진 사람들을 배제한다는 그런 점이 있어서, 오키나와는 전투 중에 오키나와의 방언 같은 것도 그런 의미에서 일본 도쿄의 표준어에 맞지 않는 말이라고 해서, 이것이 비열한 것으로, 이런 것은 박멸해야 하는 것으로 박멸되어야 하고, 오키나와적인 복장이나 음악, 예를 들어 샤미센을 연주하는 것, 이것도 2급 일본인이 하는 것이니 이런 것은 잊어버려야 한다는 교육을 받아왔습니다.

이것도 하나의 이유로는, 다른 것을 배제한다는 것은 공생하는 삶과는 상당히 거리가 먼 삶이기 때문에, 그런 전쟁 중의 쓰라린 경험도 감안해서, 또 앞으로 다가올 미래를 생각하면 세계연방 같은 이야기도 자주 나오지만, 다른 언어, 다른 문화, 다른 민족, 다른 종교를 가진 사람들도 모두 인간이라는 입장에서 인류가 진정으로 서로 그 이질성을 인정해 나가는 것이 앞으로 다가올 미래가 21세기를 향해 매우 중요한 삶의 방식이 아닐까?라는 생각도 들기 때문에 그런 미래지향적인 생각도 당연히 포함되어 있습니다."

✦ 죽고 죽이는 공포

이러한 역사적 관점에서 일본 자체에 의문을 제기하는 '오키나와인'을 등장시킨 오타는 미군기지가 오키나와 주민의 삶을 위협하고 있는 현 상황을 다음과 같이 말한다.

"(오키나와에) 군사기지를 두는 것은 일단 전쟁이 일어나면 표적이 될 뿐이고, 이런 좁은 지역에 주민들을 대피시킬 장소도 없고, 먹을 것도 없는 외딴섬이기 때문에 다른 곳에서 가져올 수도 없다는 것을 뼈저리게 느꼈기 때문에, 그런 의미에서 오키나와에 군사기지를 두는 것은 현민의 행복한 삶을 보장하는 데 도움이 되지 않는다."

이 말에서 읽을 수 있는 것은 현재의 미군기지의 존재가 '오키나와인'에게 단순히 미군의 범죄나 기지에서 발생하는 소음과 같은 즉각적인 피해에 대한 고통만이 아니라, 오키나와 전투라는 과거 역사 속 폭력의 기억이 '기지에 대한 공포'를 불러일으키고 있다는 점이다.

즉, 미군기지는 오키나와의 현재에 있어 세계질서를 유지하는 '평화로운 현재'가 아니라 '죽고 죽이는 공포'를 끊임없이 상기시키는 '전장'으로 자리 잡고 있다는 것이다.

이러한 '오키나와인'의 과거와 현재가 '일본으로부터의 자립' 지향을 낳고 있다. 미군에 의한 토지 수탈의 과거가 '세계의 우치난추'에 공통된 '고통의 경험'으로 회상되며 '자립해야 할 오키나와인'은 다음과 같이 주장되고 있다.

"제가 방금 전 자립 자립이라는 말을 한 것은 자신의 일생을 결정하는 데 자신의 힘으로 결정할 수 없고, 모든 것이 정부 측에서 자신의 운명까지 결정해 버린다는 것은 어떤가 하는 생각이 강해서, 행정의 책임자로서 가능한 한 그런 일이 일어나지 않도록 막고 싶다고, 그리고 자신이 태어나고 자란 데에서 평생을 살아갈 수 있도록 최대한 노력하는 것이 제 입장입니다."

✦ 운명은 스스로 결정한다

이렇게 설명하면서 '자립해야 할 오키나와인'과 '평화를 사랑하는 국민인 오키나와인'이 '국제평화'와 '국제교류'의 주체로서 오키나와 현정県政의 정책 실천에 활용되고 있음을 강조한다.

"현민의 아이덴티티라고 할까요? ……말하자면 오키나와 현정의 키워드로 평화·공생·자립을 꼽고 있습니다. …… 특히 오키나와의 경우, 오키나와 전투의 체험을 지금도 현민들은 마음속 깊이 끌어안고 살아가기 때문에, 평화 행정의 추진이라는 의미에서 국제평화의 숲 구상이라는 것을 만들어서, 우선 평화의 확립이라는 것을 위해 노력하고 있습니다. 공생이라는 것에 대해서도 앞으로 다가올 21세기를 향해 우리가 특색 있는 오키나와 현정을 만들기 위해서는 오키나와의 지금까지의 전통적 삶의 방식 자체를 소중히 여겨야 한다는 필요성에서 품앗이나 계模合와 같은 글자대로 공생의 생활방식 자체가 전통적으로 지금도 계속되고 있기 때문에 이것을 매우 소중히 여기고 싶다는 의미에서, 서로 다른 문화나 민족이나 종교나 언어의 차이를 극복하고, 나아가 자연과 인간의 공생이라는 것, 그리고 장애나 혹은 건강한 사람이 함께 어우러져 살아 간다는 것, 혹은 노인과 젊은이들이 함께 서로 도와가며 살아간다는 것, 그런 것을 목표로 하고 있습니다. 또한 자립이라는 것에 대해서는 오키나와가 과거 역사적으로 보면 끊임없이 스스로의 삶을 스스로 만들어내지 못하고 타의에 의해 살아갈 수밖에 없었던 배경이 있기 때문에, 그것을 스스로의 삶은 스스로 만들어 간다는 것, 알기 쉬운 말로 말하면 스스로의 운명은 스스로 결정하고 할 수 있도록, 그런 삶의 방식을 만들어 가고 싶다는 것을 기본에 두고 현정을 추진하고 있는 중입니다."

이렇게 '오키나와인'은 재정의되었다. 이 '오키나와인'은 '전통적 삶의 방식'을 계승한 현재의 '공생사회'의 주역이기도 하다. 이 '오키나와인'의 삶의 방식은 '아이덴티티'로 정의되고 있다. 평화행정의 추진이라는 맥락에서 등장하는 '오키나와인'은 미군기지라는 폭력에 대한 부정성으로 변증법적으로 등장한 역사적 존재이기도 하다.

'평화를 사랑하는 사람들'='오키나와인'은 단순한 이념이 아니라 정치의 실천 속에서 살아있는 존재로서 '평화'를 실천하는 문화적 힘이기도 하다. 이 힘은 기지의 폭력성이 인식될수록 역사적 영향력을 지닌 '저항하는 주체'로서 기능하는 것이다.

오타가 말하는 '오키나와의 자립'은 국제도시조성 구상 등에서 구체적으로 제시된 것처럼, 미국 정부나 일본 정부에 의해 결정되는 것이 아니라 스스로의 미래를 스스로 결정한다는 지향성이다. 오타에게 있어 자기결정권의 행사나 확대·강화야말로 '자립'으로 연결되는 것이다.

대리 서명 거부는 그 의사 표시 중 하나였다.

② 오나가 지사의 주장

✦ 미군기지가 오키나와의 미래를 빼앗는다

재판에서 오나가 지사의 주장도 오타와 마찬가지로 오키나와의 역사를 거슬러 올라가 주민의 고통의 연속성을 지적한 후, 일본을 묻는 주체로 '오키나와'를 설정하고 있다. 그 사고는 눈앞에 존재하는 광활한 미군기지가 오키나와의 미래를 빼앗는 존재이기 때문에 그것을 부정하는 것에서 출발한다. 기지가 계속 존재하기 때문에 오키나와의 고통의 역사는 '과거가 될 수 없다'고 말하며, 기지야말로 과거와 현재를 이어주는 존재라고 고발한다.

기지에 미래를 빼앗기지 않겠다는 '오키나와 현민'의 의지로 '자기결정권'을 분명히 주장하고, 자립을 향해 아시아를 연결하는 존재로 살아가는 것이 오키나와에 걸맞는 것이라고 강조한다. 오키나와의 역사와 문화를 체현한 '소프트 파워'라는 영향력을 행사하는 주체로서 '오키나와'를 내세우고 있는 것이다.

이 주체화 지향에는 '시민 주체－생성'과 오키나와의 문화와 전통, 역사를 '고유한 가치'로 정의하는 '분절화의 정치'가 존재한다. 복귀론－반복귀론의 담론 분석에서 밝힌 사고의 과정과 구조와 유사한 형태를 이루고 있다.

오키나와의 역사에 대해 오나가 지사는 독립국으로서 외교권을 구사하던 류큐 왕국 시대로 거슬러 올라가면서, 합병된 후에는 '일본에 충성을 다했다'고 하면서도 오키나와 전투으로 파국을 겪은 경위를 이렇게 설명했다.

“미국 페리 제독이 일본 우라가浦賀에 처음 입항한 것은 1853년입니다. 사실, 페리 제독은 그 전후로 5차례에 걸쳐 오키나와에 들러 85일간 머물렀으며, 1854년에는 독립국으로서 류큐와 미합중국 사이에 류미琉米수호조약을 체결하고 있습니다. 이 외에도 네덜란드와 프랑스와도 조약을 맺었습니다. 류큐는 25년 후인 1879년 일본국에 합병되었습니다. 우리는 이를 류큐 처분이라고 부르고 있습니다. 합병 후, 오키나와인들은 오키나와의 언어인 우치나구치ウチナーグチ의 사용이 금지되었습니다. 일본어를 제대로 구사할 수 있는 한 사람의 일본인이 되라는 뜻으로, 오키나와인들은 황민화 교육도 제대로 받고 일본 국가에 헌신해 왔습니다. 그 뒤에 기다리고 있었던 것이 70년 전의 오키나와 전투였습니다. ‘철의 폭풍’이라고도 불리는 끔찍한 지상전이 벌어져 10만 명이 넘는 오키나와 현민들을 포함하여 20만 명이 넘는 사람들이 목숨을 잃었고, 귀중한 문화유산 등이 파괴되어 오키나와는 잿더미로 변했습니다.”

✦ 후텐마 문제의 원점

더욱이 전후사도 꺼내든다. 현재의 후텐마 문제의 원점을 정부는 1996년 하시모토 · 몬데일 회담에서 찾고 있으며, 오키나와현이 현 내 이전을 수용한 원점에 대해서는 99년 당시 오키나와현 지사와 나고名護시장이 수용했다는 점에서 찾고 있다는 것에 반론한다. 원점은 “전후 주민들이 수용소에 수용되어 있을 때 미군에 강제로 끌려가서 제압을 당했기 때문”이라고 단언한다.

이러한 역사를 꺼내는 이유에 대해 그는 이렇게 말했다.

'오나가 지사를 지지하고 헤노코에 신기지를 반대하는 현민대회'에서 연설하는 오나가 다케시 지사(2017년 8월 12일, 나하시 오노야마奧武山공원 육상경기장)

"류큐처분, 오키나와 전투, 왜 지금 역사가 재조명되는가? 그것은 바로 지금 현재 방대한 미군기지가 있기 때문에 과거의 역사가 소환되는 것입니다. 극단적으로 말하면, 만약 기지가 없어지면 하나의 아픈 역사적 경험이 해소되는 것이기 때문에 '과거는 과거다'라고 할 수 있을 것입니다. 총칼과 불도저로 빼앗긴 땅이 기지가 되고, 그대로 그대로 계속 놓여 있기 때문에 과거를 이야기하는 것입니다. 생산적이지 않으니 과거 이야기를 하지 말라고 해도, 지금 있는 기지의 규모를 보면 그것을 말하지 않고서는 미래를 이야기할 수 없습니다. 이 부분을 일본 정부가 모르고 있다고 생각합니다."

기지가 현재도 존재한다는 것은 역사를 재조명하는 계기가 되고 있다는 것이다. 이 역사를 주장함으로써 후텐마 문제가 미일동맹과 안보체제, 나아가 일본의 안보를 진지하게 고민하는 계기가 되기를 바라는 마음을 담아 일본 국민에게 '각성'을 요구하고 있다. 거기에는 일본과 새로운 관계를 맺는 미래지향성이 포함되어 있다.

"언제까지나 옛날이야기를 하지 말라고 하는 사람이 있을 수 있습니다. 하지만 진정한 대화가 가능하려면 이런 옛날이야기를 해야만 진정한 대화가 가능하죠. 만약 해병대가 모두 사라지거나 조금이라도 남는다면, 저는 '과거는 과거'라는 이야기가 될 수 있다고 생각합니다. 하지만 국토 면적의 0.6%에 불과한 오키나와에 73.8%나 되는 미군 전용 시설을 남겨둔 채, 앞으로 10년 동안이나 20년, 또는 30년이 되면 역시 미일 안보, 미일 동맹이라는 것은 모래 위의 누각에 올라타고 있는 그런 위험한 것이 되지 않을까 생각합니다."

✦ 정치의 타락

현재 오키나와에 집중된 미군기지의 '차별성'에 대해서도 언급하고 있다. 같은 국민으로서 헌법에 규정된 평등과 인권 등이 오키나와 현민에게도 보장되어야 한다고 주장한다. 그것을 '차별적 대우'라는 말로 고발하고 있다. 거기에 등장하는 '오키나와 현민'은 '미래를 빼앗긴 존재'로 정의되어 있다.

"오키나와는 냉전 구조일 때는 자유주의 사회를 지킨다는 이유로 기지가 들어섰고, 이번에는 중국을 상대로, 더 나아가 중동까지 염두에 두고 오키나와에 기지를 계속 두겠다는 것입니다. 이것은 마치 우리 오키나와라는 것은 그저, 그저, 세계의 평화를 위해 언제까지나 방대한 기지를 맡아서 앞으로 영원히 참으라고 강요당하고 있는 것과 같습니다. 오키나와 현민도 일본인이며, 같은 일본인으로서 이런 차별적인 취급은 결코 용납할 수 없습니다."

이렇게 호소해도 "기지 문제의 원점을 포함해 일본 국민 전체가 일본의 안보를 생각하는 기개도, 그 부담을 나누려는 마음도 보여주지 못했습니다"고 비판한다. 그런 상황에서 현민들은 '영혼의 굶

주림'을 느끼고 있다고 지적한다. 그러면서 "오키나와가 일본에게 응석을 부리는 것인가?, 일본이 오키나와에게 응석을 부리는 것인가?"라고 반문한다. '헤노코가 유일한 해결책이다'라는 말만 반복하는 정부의 대응에 대해 "일본 국가 정치의 타락이 아니냐?"고 비판했다.

비판은 민주주의, 인권, 평등과 같은 '보편적 가치'의 공유라는 높은 차원으로까지 확대된다. 오키나와에는 보편적 가치를 추구하고 그 가치의 구현을 지향하는 '시민 주체'의 생성이라는 전후의 역사가 존재한다. 오나가 지사는 전후 오키나와의 시민투쟁과의 연속성을 바탕으로 '오키나와'를 상징성, 형식성이 높은 시민 주체로 대체하여 일본 정부를 규탄하고 있다. 오타 지사와 마찬가지로 여기서도 분절화의 정치를 볼 수 있다. 일본은 자국민의 인권, 평등, 민주주의를 지키지 못하면서 어떻게 세계의 리더가 될 수 있는지 강한 의문을 제기하며 이렇게 말했다.

"아베 총리는 국제회의 등에서 자유와 평등, 인권과 민주주의의 가치를 공유하는 국가와 연대하여 세계를 평화로 이끌고 싶다고 반복해서 주장하고 있습니다. 그러나 저는 지금의 일본은 국민들에게조차 자유, 평등, 인권, 혹은 민주주의와 같은 것이 보장되지 않는 것이 아닌가, 그런 일본이 어떻게 다른 나라와 그것을 공유할 수 있을까 하는 의문을 늘 가지고 있었습니다. 그래서 오키나와의 상황을 세계에 알려야 한다고 생각했습니다."

참고로 오나가 지사는 2016년 9월 유엔 인권이사회에서 연설을 통해 "오키나와인들의 자기결정권과 인권이 침해당하고 있다"고 호소했다. 오키나와 지사가 유엔에서 오키나와 문제를 호소하는 것은 처음이었다.

✦ 소프트 파워

오나가 지사는 미군기지의 존재로 위협받고 있는 '오키나와의 미래'를 지키기 위해 '더 이상 기지를 짓지 못하게 할 것'이라는 '자기결정권'을 주장한다. 그것은 미군이 토지를 강제 수용한 '엄혹한 정세' 속에서 '오키나와는 지금까지 단 한 번도 스스로 기지를 위한 토지를 제공한 적이 없다'는 선조들의 투쟁이 '밑거름'이라고 한다. 오키나와의 미래를 지키겠다는 결의를 보여주는 가운데 '자립'을 향한 오키나와상像을 이야기할 때, 오키나와의 말과 문화, 전통, 역사 등을 제시하며 그것이 '소프트 파워'이자 '자부심'이라고 강조한다.

"'강하고 유연한 자립형 경제 구축'을 실현하는 데 큰 힘이 되는 것이 선조うやふぁふじ로부터 물려받은 오키나와의 자연, 역사, 전통, 문화, 혹은 만국진량萬國津梁의 정신과 같은 이른바 소프트 파워의 활용입니다. 아시아의 역동성은 이제 유럽, 미국을 능가하는 기세로 이미 오키나와는 그 물결에 휩쓸려 가고 있습니다. 과거 오키나와는 일본의 변방, 아시아의 변방이었지만 지금은 아시아의 중심, 그리고 일본과 아시아를 연결하는 매우 중요한 역할을 다하는 곳으로 변모하고 있습니다. 오키나와에는 찬푸루문화チャンプルー文化, 이차리바초데(いちゃりばちょーでー, 한 번 만나면 모두 형제)로 알려진 문화와 생활방식이 있습니다. 이것은 작은 오키나와가 주변국에 휘둘리면서도 열심히 살아남아 쌓아온 역사에서 비롯된 것이며, 자랑스러워해야 할 것입니다."

오키나와의 오랜 역사에서 보면 '후진성', '야만', '미개'라는 이미지가 부여되어 차별의 표식으로 작용한 '오키나와인'의 '가치'를 전환하는 담론이다. '찬푸루문화'나 '이차리바초데'라는 오키나와의 정신성은 주변국에 휘둘리면서도 살아남은 '가치 있는 전통'으로 평가하고 있다. 거기에는 현재의 관점에서 과거=전통에 '현재적 가치'를 발견하고, 과거를 재구성하는 분절화의 노력을 엿볼 수 있다.

오나가 지사의 담론에는 '소프트 파워'라고 말하는 것처럼, 전쟁 전의 부정적인 이미지를 과거를 재구성하여 긍정적으로 전환함으로써 오키나와에 힘을 부여하는 이른바 '엠파워먼트エンパワーメント'의 지적 행위가 있다. 그 맥락에서 이야기되는 '오키나와 현민'은 '자립'의 기개를 가지고 아시아를 연결하는 주체로서 정의되고 있다. 여기에도 분절화의 정치와 시민 주체화의 정치가 존재한다.

V
오키나와의 지금과 미래

1. '일본 국민'이 된다는 것

✦ '시민(양민)'='국민(신민)'='일본인(야마토인)'의 구도

본서에서는 오키나와의 역사에 나타난 '국민이라는 것'과 '민족이라는 것'을 검토하는 단서로서 두 가지 분석 틀을 설정했다.

하나는 '국민'이라는 주체가 제작될 때 작동하는 문화 장치의 양상에 관한 것이다. 이 관점에서 본 '오키나와인'은 역사 사회학자 · 도미야마 이치로冨山一郎가 논의한 것처럼, 공통의 속성에 의해 객관적으로 주어지는 것이 아니라, 주로 교육이나 노동의 현장에서 능력 판단의 표식으로서 기능하는 카테고리이며, 역사적으로 해석해야 하는 것으로서 자리매김하였다.

오키나와 근대사에서 '오키나와인' 카테고리가 스티그마(차별적 낙인)로서 기능했다는 논거로서 메이지 시대의 풍속 개선 운동, 쇼와 시대의 생활 개선 운동을 예로 들어 '오키나와인'이 '일본인'과는 '이질적인 타자'로서 자리매김되고, 그 '이질성'이 '후진성'이나 '야만성'으로 치환됨으로써 불식되어야 할 것으로 카테고리화된 역사 과정을 보여 주었다. '오키나와인'인 것이 '숙명성'과 '도덕적 범죄성'을 동시에 각인하고, 생활 구석구석에서 신체에 이르기까지 '감시'와 '협박'을 불러오는 존재로서 생활 실천 속에 포함되어갔던 양상이다.

즉, 오키나와 민중이 스스로 목표로 삼은 '바람직한 생활 태도'란, 오키나와의 언어를 고치고, 일본식 옷차림을 하고, 산신三線의 노래나 모아소비毛遊び[119] 등의 생활 습관을 배제해 가는 것이었다.

119 오키나와에서 19세기 말에서 20세기 초에 존재했던 풍습으로 주로 농한기나 축제 기간에 젊은 남녀들이 밤에 모여 노래를 부르고 춤을 추며 교류하던 놀이 – 역자 주.

'오키나와인'이라는 타자의 형성은 '일본인'의 형성이기도 하였으며, 따라서 양자가 형성되는 과정은 '시민(양민)', '국민(신민)', '일본인(야마토인)'이 결합된 실천의 장에서 계속해서 '오키나와인'이 배제되는 과정이었다. 이와 같이 전전의 오키나와 역사에서, '동화'와 '근대화'가 유착된 실천의 장에서 '오키나와인'을 발견할 수 있었다.

이 분석 틀에서 얻어신 지식을 바탕으로, 중심 과제로 자리매김한 두 번째 분석 틀은 오키나와 전후사에서 '시민'='국민'='일본인'이라는 유착 구도가 완수될 수 없는 관계 원리에 초점을 맞추어 구성했다. 중요한 포인트는 '민족이라는 것'이나 '국민이라는 것'에 대한 부정성을 매개하는 '시민성' 원리를 참조한 실천이다. 실천이란 개인이 자기 부정을 통해 변증법적으로 보편적 이념으로 나아가는 '시민 주체화'의 과정이며, 그 안에는 '민족' 간의 사회관계가 다시 쓰이는 논리(=분절화의 정치)가 내재하고 있다.

이 관점을 사용한 구체적인 과제는 전후의 일본 복귀 운동과 '복귀' 담론에서 '시민'='국민'='일본인'이라는 결합의 구도에 '시민 주체'로서의 '오키나와인'이 개입하는 방식을 발견하는 작업이었다.

여기서 주목한 것은 미군 기지 문제라는 현실의 부정성을 축으로 전개되는 '이의 제기'의 논리이다.

✦ 시민성 원리의 추구

전후 일본은 일본국 헌법에 새겨진 시민성 원리를 추구하는 여러 정책을 실행했다. 그 일본으로부터 분리되어 사실상 계속해서 미군 점령하 계속 놓여 있던 오키나와 사람들은 평화와 인권이 헌법으로 보장되고 발전을 이루는 본토를 목격했다. 오키나와에서는 기지 피해가 끊이지 않을 뿐만 아니라, 인권 보장도 제대로 이루어지지 않았다. 이러한 상태에서 시민성 원리를 누릴 수 있는 '일본 국민'으로의 '복귀'는 현 상황을 타개할 최선의 방책으로 여겨졌던 것이다.

그러나 1950년경에 조직된 초기 복귀 운동은 '일본 국민이 되는 것'과 '일본인이 되는 것'이 자명한 이치로서 등치되어 민족주의적 주장이 강했다. "아이가 어머니에게 돌아가는 것이 자연의 이치이다."라는 말로 상징되듯이, '일류동조론日琉同祖論'에 의거한 민족주의 운동이었다. 하지만 토지 투쟁을 거치며 인권 의식이 싹튼 오키나와 사람들은 1960년 이후, '인권 보장'과 '자치권 획득'을 전면적인 운동 목표로 내세우게 된다. 1965년경 베트남 전쟁이 격화되자 오키나와는 출격 거점이었기 때문에 이에 대항하여 '반전 평화'를 내세웠다. 여기에서 시민성 원리의 추구는 절정에 달했다. 운동은 '기지 철거'와 '무조건 전면 반환'을 슬로건으로 5만~10만 단위의 민중을 동원하는 규모로 확대되었다.

'민족주의적 복귀'에서 '헌법 복귀', 그리고 '반전 복귀'로 복귀 주장 강조점이 이동하는 복귀 요구의 변천 과정은 '평등'이나 '반전 평화' 등의 시민성 원리를 근본적으로 되묻는, 형식성과 상징성이 높은 '시민 주체'를 확립하는 정치적 · 역사적 맥락을 준비한 것이다.

1960년대 후반 오키나와 정책의 주도권이 미국에서 일본으로 이동하는 과정에서 오키나와 반환 프로그램이 확정되었다. 일미 양국 정부가 체결한 반환 협정의 내용이 운동 측의 요구에 부합하지 않는 것이 명확해지는 가운데, 복귀론과 반복귀론이 '조국 복귀'를 근본적으로 다시 묻는 시도로 표면화되었다. 양측 모두 '일본인' 대 '오키나와인'이라는 이분법적 민족 표상을 등장시키며 오키나와의 역사를 검증하는 점에서는 공통적이었다.

여기에 나타난 민족 표상은 대 오키나와 정책의 주도권 이동과 병행하여 운동의 대항 축을 미국에서 일본 본도로 옮겨가는 과정에서 등장한 것이었다. 이 정치적 맥락에 주목한 것은 그 표상의 의미를 보다 정확히 파악하기 위해서였다.

이와 같은 관점에서 복귀론과 반복귀론을 분석함으로써 밝혀진 것은 '조국 복귀' = '일본 국민이 되는 것'이라는 주체 관여의 과정이 주제화되고, 그 근본적 의미를 처음으로 문제시했을 때 역사적 존재로서의 '오키나와인'이 상기된다는 점이다. 말하자면 '조국 복귀'는 오키나와 전투에 이르게 되는 오키나와 근대사에서 '일본인이 된다'는 과정의 아날로지(유추)에 의해 평가된 것이다.

✦ 폭력의 기억

더 중요한 것은 '오키나와인'이 형상화될 때 각 논자에게서 보이는 '일본(인)'에 대한 '이질감'이나 '불신감'을 내포한 언발란스(이율배반성)이다. 복귀론자이든 반복귀론자이든 '일본인이 되고 싶어도 될 수가 없다'는 '찢겨버린 자아'를 경험하고, 광대한 미군 기지라는 부정적인 현실 앞에서 '평화'와 '평등'의 이념 실현을 목표로 한 유토피아적인 '공생사회'를 그리면서 오키나와에 대한 집착을 드러내고 있는 것이다. 눈앞에 버티고 서 있는 미군 기지라는 폭력에 대한 부정성과 '일본 국민'에 대한 불신감, 이러한 것들에 대한 설명 언어로서 '일본인'／'오키나와인'이라는 공동체 표상이 사용되고 있다.

여기서 표명된 '오키나와인'은 각 논자의 신체에서 발견되어 그것이 급격히 역사적 범주로서 표상된, 말하자면 소외 상태라고 부를 수 있는 것이다. 왜냐하면 각 논자는 '부정적 현재'를 마주하며 겪는 고통을 차별의 표식으로서 기능했던 '오키나와인'의 상기와 연동하여 자각된 것이라고 고백하고 있기 때문이다. 동시에 주제가 된 역사는 반복적으로 되묻는 오키나와 전투라는 '폭력의 기억'이었다.

약간 일반화해서 말하자면 오키나와에는 오키나와 전투라는 사회 전체가 파국을 맞은 역사의 상흔과 미군 범죄 등 기지 피해의 기억이, 전후 수십 년 동안 눈앞의 동양 최대의 미군 기지에 대한 끊임없는 발화(동일성에 대한 물음과 기지에 대한 이의 제기) 속에서 계속해서 상기되고 있는 상황이 존재한다. 이는 일종의 강제를 수반한다. 기지의 피해와 공포가 계속 존재하기 때문에 망각을 허락하지 않는다.

'오키나와의 아픔'이란 '죽고 죽이는 공포'를 끊임없이 상기해야 하는 이러한 현상 그 자체이다. 그것은 폭력의 역사가 끊임없이 일상으로 스며들고, '부정적 자기'라는 역사의 폭력이 행사되는, 끝이 보이지 않는 연속적인 순간이기도 하다.

'오키나와 문제'의 본질적인 문제점은 국토 면적의 0.6%에 불과한 오키나와에 전국 미군 전용 시설의 약 70%가 집중되어 있다는 숫자에만 있는 것이 아니라, 오키나와에 대한 '폭력의 역사'가 오키나와 사람들의 일상에 스며들어 계속해서 '공포'를 불러일으키는 상황, 말하자면 죽음과 맞닿아 살아가야 하는 상황, 거기에 존재하는 것이다. 이러한 상황이 오키나와 사람들의 마음 깊숙이 축적된 '마그마'나 '영혼의 기아감'과 같은 역대 지사의 말을 만들어내고 있다. 말하자면, 오키나와 전투의 트라우마(마음의 상처)에 미군 기지가 칼처럼 박혀 있는 상태다. 미국이 해외에서 전쟁을 할 때마다 오키나와의 기지가 출격지가 되어 전장과 맞닿아 있다는 공포를 불러일으킨다. 그 매개체인 기지는 마음의 상처를 헤집는 칼인 것이다.

2. '오키나와인'의 주체 형성을 둘러싸고

✦ 오키나와는 아시아의 교두보

전후 오키나와에서의 일본 복귀 운동이 가져온 '오키나와인'은 계속해서 방치된 채 존재하는 광대한 미군 기지라는 '현재의 책임'과 오키나와 전투라는 '과거의 책임'을 동시에 묻는 주체였다. 책임을 묻는 '오키나와인'이라는 역사적 주체는 피억압적 자기라는 부정적 역사뿐만 아니라, 그것을 극복하기 위해 항상 자신의 가능성에 맞서며 자신을 미래에 던지는 존재이기도 하다.

'기지의 정리 축소 · 철거'를 목표로 한 '저항의 주체'로서 세워진 '오키나와인'은 결과적으로 오키나와의 미래에 대해 '조국 복귀'에서 '자립'으로 논점의 이행을 초래했다. '국민국가'에 완전히 포섭되지 않는 과잉된 성격을 부여받은 이 주체는 미군 기지에 대한 부정성이 강해지면 강해질수록 국가를 초월하는 존재로서 정당화되어 간다. 1972년 일본 복귀 이후 '자립' 논의가 정책 과정으로 이동하는 과정에서 '오키나와인'은 국제적으로 다채로운 사람들, 혹은 '해양민족'으로 재정의되어 왔다. 이 연속된 논리에는 '토착으로 향하는 인터내셔널리즘'이라는 패러독스(역설)가 존재한다. 그것은 '복귀' 논의가 분절화된 논리이고, 자유나 평등 등을 추구하는 시민 주체로서의 형식성과 상징성을 높였기 때문에 현재의 시점에서 과거나 토착 문화를 재평가하고, '오키나와인'에게 내실을 부여하는 논리가 필요했기 때문이다. 이러한 논리 전개를 명확히 하였다.

재정의된 '오키나와인'은 '새로운 오키나와현 건설'이라는 정책 과정에서 계속해서 살아가며, 역사적 영향력을 지속적으로 행사하고 있다. 오타大田 현정 시기의 기지 액션 프로그램이나 국제도시 형성 및 개발 계획, 자유무역지구 등을 지역구상에는 '해양민족' '만국진량万国津梁의 시민民' '평화애호의 시민'으로서의 '오키나와인' 상이 근저에 자리잡고 있다. 오키나와를 '아시아의 교두보'로 자리매김하고 있는 현재의 오키나와 진흥 지침 '오키나와 21세기 비전'에서도 그러한 이미지가 계승되고 반영되고 있다.

✦ 토착주의의 함정

이 국경을 뛰어넘는 '오키나와인'은 '평화애호의 시민'으로서 국제 교류의 주역으로서의 역할을 하면서도 동시에 기지 문제에 대한 이의 제기로 반사적으로 부각된 역사적 존재였다. 이곳에서 볼 수 있는 논리 전개는 이의 제기 과정에서 계속해서 문제시되어 왔던 시민성의 원칙이 '국민국가'에 포함되지 않는 과잉성을 낳고, 그 과잉성이 토착성으로 재정의되는 역설적인 사고이다. 그러한 논리 전개를 야기하는 미군기지에 대한 부정성이야말로 '오키나와인'이라는 주체를 재생산하는 언어의 원동력인 것이다. '조국 복귀'에서 '자립'으로 향하는 논의 전개의 장에는 이러한 정치성이 포함되어 있었던 것이다.

한편, 민족적 명칭을 떠안고 있는 '오키나와인'은 공동체로서 공유하는 시간을 자아내고, 역사의 연속성을 보증하는 자연체로서의 역할도 맡고 있다. '평화애호의 주민 = 오키나와인'이 14,5세기 이래의 본질적인 민족적 속성으로 간주되며, 미군 기지를 둘러싼 '역사적 · 구조적 차별'에 대한 '이의 제기'와 함께 등장할 때, 대조되는 '일본인'은 예를 들어 '추악한 일본인'(오타 마사히데大田昌秀)으로 규정된다.

즉, 미군 기지 반대의 표명이 평화나 공존, 평등 등의 근대 이념을 바탕으로 하여, '오키나와인'의 주체성이 형식적이고 상징적인 측면을 높이며, 계속해서 더 많은 타자를 향한 주체를 환기시키는 한편, 그것이 마치 '오키나와인'의 문화적 본질인 것처럼 언급되어 버리는 문화주의적 논리가 작용하고 있다.

'오키나와인'이 재정의될 때 '토착으로 향하는 인터내셔널리즘'에 대해서는 이러한 균질적으로 덮어버리는 '오키나와인'의 비역사화나, '추악한 일본인'을 새롭게 창조해버리는 언어적 폭력성을 문제화할 수도 있다. 이것은 팔레스타인계 미국인 문학 연구자 E. 사이드가 언급한 오리엔탈리즘을 반전시킨 토착주의라고 하는 자민족 중심주의에 대한 비판으로도 이어진다. 또한 알제리의 정신

분석의인 F. 판논은 피억압적 역사를 회수해버리는, 이러한 토착주의적인 문화주의에 대한 유혹과 싸웠다.

✦ 표명의 상황

'오키나와인'이라는 민족적 표상은 인식론적 폭력의 주체가 된다는 유혹에 항상 노출되어 있다. 이 민족적 범주가 형성되어 온 역사를 망각하면 망각할수록 바로 '균일지향 사회성'이 그 틈으로 몰래 들어와서 타자를 배제하는 힘의 작용과 실천의 장을 만든다. '우리 오키나와인'을 주어=주체로 삼는 순간에 일어나는 배제의 논리와 그 폭력성에도 주의를 기울여야 한다. 오키나와 섬과 야에야마八重山 제도, 미야코 제도, 오키나와 섬 주변의 섬과의 관계에서 사람들의 차별/피차별의 역사를 감추어버리는 위험성도, 이 '우리 오키나와인'이라는 아이덴티티 표명에는 포함되어 있다.

그러므로 표명된 '오키나와인'이라는 주체를 더 깊이 고찰할 필요가 있다. 이러한 인식론적 폭력의 문제에 대해 집착해야 하는 이유는 '단일 민족'을 '다민족'으로 바꾸는 것뿐인 '문화적 다원주의'와 '일본 단일 민족 사회 비판'의 한계를 넘어설 수 있는 논점이 존재하기 때문이다. 이 점에 관해서는 Ⅰ장에서 살펴본 서경식徐京植의 지적은 중요하다.

서경식은 '문화'나 '민족'을 미리 설정된 속성이 아니라, 오히려 '문화'나 '민족'을 정의하는 행위 그 자체와, 또는 차별이나 억압이 박피와 '결락의 아픔'을 발생시킨다고 주장했다. 그 '아픔'을 기점으로 '문화'나 '민족'은 표명되는 것으로 자리매김했다.

중요한 것은 이러한 '결핍의 아픔'을 느꼈을 때 '조선인' 혹은

'오키나와인'이 표현되는 순간이다. 그 순간을 기점으로 발화되는 '오키나와인'이 누구인가가 중요한 것이다. 이를 위해 본서에서는 누가, 언제, 누구에게, 어떤 요구와 의미와 함께 민족적 명칭을 들이댔는가라는 컨텍스트(맥락 · 상황)에 착목해왔다. 그것은 차별/피차별의 관계가 과거의 연속성 주장과 함께 정의되는 순간이기도 하다.

'내셔널리티 형성'의 관점에서 '오키나와인' 카테고리의 역사화에 집착해 온 이유는 '오키나와인'이 어떤 정치적 · 역사적 컨텍스트에서 의미를 부여받아 왔는가를 명확히 하고 싶었기 때문이다. 역사화의 의의는 개인의 분절화 실천을 무시하는 시간의 박탈을 회피하는 것뿐만 아니라, 민족적 표상이 어떤 의미를 갖는지, 어떤 존재인지를 파악하는 데에도 있다. 그러므로 1970년 전후의 복귀론 · 반복귀론에서부터 자립론에 이르는 정치적 담론의 각각의 자장磁場에서 주의 깊게 '오키나와인'상을 보아야만 했던 것이다.

✦ 폭력에 대한 책임

이렇게 해서 세워진 '오키나와인'이 '추한 일본인'을 만들어낸다는 문화주의를 견인하고, 인식론적 폭력을 작동시키는 것은 어떤 담론을 생성하는 논리에서 해결하기 어려운 문제(아포리아)라 방치될 수밖에 없는 것일까. 그렇다고 생각하지 않는다. 먼저 주의해야 할 것은 '오키나와인'이 표현되는 순간, 그곳에는 물리적 폭력이 현재진행형으로 작동하고 있다는 사실이다.

일본 복귀 전 "오키나와 미군 기지가 베트남 인민의 살해에 가담하고 있다."는 운동 내부의 현상 인식은 실제로 살해당하는 베트남 사람들에 대한 상상과 그 부정성을 전제로 발화된 것이다. 복귀 직전의 '반전 평화'를 동반한 '복귀 요구'는 오키나와 미군 기지의 기능이 많은 인명을 앗아가는 물리적 폭력이라 간주되어, 바로 그 현장에서 반전 복귀(예를 들어 2 · 4 제네스트)가 요구되었다. 광대한 미군 기지가 남은 채로의 일본 복귀라는 상황에 대한 이의 제기나, 1995년의 소녀 폭행 사건 등, 미군과 관련된 수많은 사건 · 사고 때마다 외쳐왔던 '우치난추(오키나와인)'는 물리적 폭력에 대한 항의의 외침이었다.

외쳤던 것은 국민국가 내부의 민족이나 문화의 다양성의 하나로서의 민족의 표상이 아니다. 표명된 것은 물리적 폭력이 발동되는 장소에서 폭력에 대항하는 특정한 사람들(소수자)이 인식론적 폭력 혹은 물리적 폭력의 담당자로서 주체를 세울 수밖에 없는 저항의 순간이다. 말하자면 토착주의적 문화주의가 내재하는 인식론적 폭력이 유혹이 될 수 있는 것은 압도적인 물리적 폭력에 둘러싸인 장소, 바로 거기에 존재하는 것이다.

말할 필요도 없이 이때 중요시되는 것은 압도적인 물리적 폭력을 발동시켜 온(시키고 있는) 것은 누구인가, 혹은 무엇인가라는 책임을 추궁하는 질문이다. '오키나와인'의 토착주의나 문화주의 측면을 비판하기 전에 먼저 이 책임을 추궁해야 한다.

이와 더불어 이러한 메커니즘이 이제 더 이상 '민족'이라는 카테고리의 문제 영역에 그치지 않는다는 것에도 주의를 해야 할 것이다. 예를 들어 1995년 미군에 의한 소녀 폭행 사건 시 소녀 폭행=강간이라는 물리적 폭력에 대해서 그 배경에 있는 군대의 구조적 폭력을 문제화하고 항의의 목소리를 높인 여성들이 있었다(예를 들

어 '기지 · 군대를 용서하지 않는 행동하는 여성들의 모임基地・軍隊を許さない行動する女たちの会'). '여성'이라는 카테고리를 세움으로써 남성/여성의 권력 관계의 문제 영역도 부각시켰다.

근대의 역사적 산물인 아이덴티티, 즉 '민족'이나 '성'을 둘러싼 정체성을 분절화하는 힘이 미군 기지나 강간과 같은 물리적 폭력에 둘러싸인 현장에서 작동하고 있다. 폭력으로 인한 '고통'을 느낀 그 순간에 '시민이란 누구인가'라는 구제에 대한 희구希求가 정체성 표명을 환기시키고 있는 것이다.

마이너리티의 이의 제기를 둘러싼 정체성의 정치에 대해 생각할 때 근대성 그 자체에 내재하는 물리적 폭력과 인식론적 폭력의 연동적 관계성이나 저항의 논리, 그리고 이러한 항쟁적 관계성에 대한 통찰 없이 문제의 핵심에 다가설 수는 없을 것이다.

3. 물리적 폭력과 부조리

✦ 미군 전용 시설의 차별성

현재로 이어지는 오키나와로부터의 이의 제기는 국토 면적의 불과 0.6%에 불과한 오키나와에 주일 미군 전용 시설의 70% 이상이 집중하는 현상이 '차별'을 고발하는 하나의 근거가 되고 있다.. 미군 전용 시설이 집중되어 있다는 것은 그만큼 치외법권적인 내용을 가진 미일지위협정의 적용 범위도 넓다는 것을 의미한다.

자위대 기지나 자위대와 미군의 공동 사용 지역도 포함하면 오키나와의 기지 부담 비율은 더 작다는 지적이 인터넷 등에서 자주 보이지만, 이것은 미군 전용 시설의 차별성에서 눈을 돌리는 것이며, 차별의 고발을 축소화하려는 의도가 빤히 들여다보인다.

기지라는 물리적 폭력이 집중되는 오키나와에서는 그 자체의 폭력성뿐만 아니라 끊임없는 사건 · 사고, 헌법이 보장하는 권리와의 모순, 그리고 그것에 엄청나게 부수하는 일미지위협정과 같은 불합리도 중첩되어 있다. 그 불합리는 예를 들어, 미군과 관련된 사건 · 사고에 대한 일본과 미국 정부의 대응에서도 볼 수 있다. 미군기지의 운용을 최우선시하는 나머지, 현민의 생명과 인권, 재산, 생활, 자연을 지키는 대응을 하지 않고 현민의 민의를 무시하고 있다.

미군 기지의 물리적 폭력은 평시에는 미군과 관련된 여성에 대한 강간 등의 폭행 외에도 미군 병사에 의한 살인, 방화, 절도 등 수많은 사건으로 나타난다. 오키나와가 일본에 복귀한 1972년부터 2016년 5월까지 미군 인원 · 군속 · 가족의 형법 범죄는 5,910건에 달한다. 그중 살인 · 강도 · 방화 · 폭행 등의 흉악범죄는 575건이다. 복귀 후 오키나와에서 발생한 미군기의 추락 사고는 2017년 5월까지 48건. 1년에 한 번 이상 빈도로 발생하고 있다.

미군과 관련된 사건 · 사고는 미군 기지가 없었다면 발생하지 않았을 것이며 피해자는 일어나지 않아도 될 사건의 '불필요한' 피해를 입는다. 피해자는 심각한 상처를 입고, 가족이나 친척, 친구 · 지인들도 슬퍼하며, 현민은 "또야?" 하고 분노하며, 재발에 대한 불안과 공포에 빠진다.

✦ 오키나와인의 '마그마'

군용기 사고의 경우는 원인 규명 및 재발 방지책이 철저히 마련

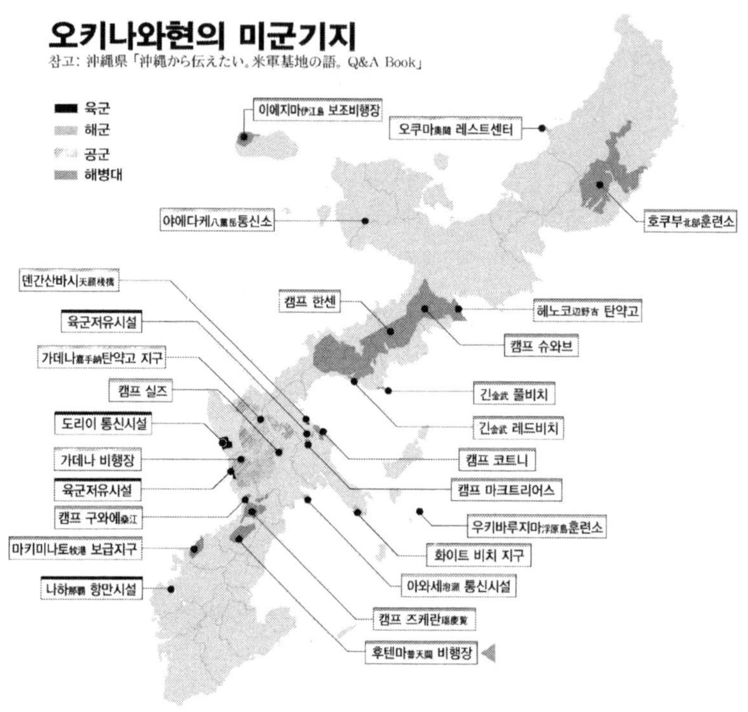

될 때까지 비행을 중단하도록 현 측이 요구를 해도 비행은 강행된다. 사건의 경우, 미군은 '규율의 철저'와 '안전 순찰' 등을 반복하지만, 실효성이 희박하고, 미군 병사는 너무나도 쉽게 규칙을 어기고 다시 사건을 일으킨다. 미군의 대응을 일본 정부는 추인한다. 이러한 불합리가 계속해서 중첩되고 있다.

미국이 해외에서 전쟁을 벌일 때마다 오키나와의 기지가 출격지가 되는 유사시에는 현민이 전쟁의 가담자가 되어 적지에서 표적이 될 위험에 처하게 된다. 평시에는 인권 침해와 자연 파괴, 유사시에는 생명의 착취. 그런 물리적 폭력에 계속해서 둘러싸여 있는 것에 대한 축적된 분노가 바로 오키나와인의 '마그마'인 것이다. 그것은 주요 선거, 예를 들어 지사 선거나 국정 선거 등에서 '민의'로서 여기저기서 분출된다.

그 '마그마'는 '일본인이다', '일본 국민이다'라는 것에 균열을 일으킨다. 오키나와인의 내면에 자기 분열을 일으키는 요인이 되기도 한다. 오키나와에는 헌법이 적용되고 있는가, 자치가 존중되고 있는가, 민주주의가 있는가 …… 항의가 반복되어도 사건・사고는 끊이지 않는다. 이 상태가 계속되면 "우리 우치난추는 일본인으로서 취급받고 있는가? 일본 국민으로 간주되고 있는가?"라는 의문은 점점 커져갈 것이다.

이 상태의 지속은 결과적으로 '저항의 주체', '이의 제기의 주체', '역사적 주체'인 '오키나와인'의 표명으로 이어질 것이다. 반대로 말하면 '오키나와인'을 배양하는 것은 오키나와를 개속해서 국방의 도구로 이용하고, 자기결정권과 인권을 침해하여 식민지처럼 만들고 있는 일본과 미국의 식민주의라고 할 수 있다. '미일 동맹'이라는 이름 아래, 그것을 결과적으로 지지하는 일본인도 오키나와에 대한 식민주의의 책임을 져야 할 당사자이다.

4. '우치난추'란 누구인가

✦ 재정의된 '오키나와인'

본서에서는 일본의 내셔널리티 형성과 연동된 오키나와의 정체성을 탐구하는 목적에서, 주로 1970년 전후의 일본 복귀론과 반복귀론에 주목했다. 그 당시 '일본인'을 근본적으로 묻는 '오키나와인'이 표명되었기 때문이다. 오키나와의 전후 최대 정치 이벤트인 '일본 복귀' 시기에 표명된 오키나와의 정체성은 그 논의나 내용, 논자들을 보더라도 상징성 · 대표성이 높은 담론이었다고 할 수 있다.

일본 복귀 전 오키나와를 통치하고 있던 미국은 '오키나와인' 혹은 '류큐인'의 정체성을 자각하게 하는 정책을 펴서 일본과 분단시켜 영구적인 지배를 노렸다. 이에 반발한 복귀 운동에서는 그러한 민족 표상을 공개적으로 드러내는 것을 피하는 경향이 있었다. 오히려 '히노마루' 깃발을 흔들며 '일본인'을 어필했다. '히노마루'는 미군에 대한 저항의 상징이었다.

그러나 복귀를 앞두고 오키나와 반환 협정의 내용이 밝혀져 대부분의 미군 기지가 남는다는 사실이 드러나자 '일본에 배신당했다'는 생각에서 전중 · 전전의 역사를 되짚으며 복귀를 근본적으로 재검토하는 논의가 분출했다. 그것이 복귀론 · 반복귀론이다.

거기에서 표명된 '오키나와인'은 일본의 근대 국민국가 형성 과정에서 형성된, 없애야 할 '오키나와인'과는 다른 모습이었다. 표명된 것은 '야만', '미개', '후진성' 등의 부정적 이미지가 부여된 '오키나와인'이 아니라 '평화를 사랑하는 민족', '해양 민족', '휴머니즘의 담당자' 등 긍정적 이미지로 역전된 '오키나와인'이었다. 이러한 담론은 '오키나와인'을 재정의하는 지적 작업이라 할 수 있다.

언어를 시니피앙(의미하는 것)과 시니피에(의미되는 것)의 관점에서 분석하는 기호론의 관점에서 보면, 복귀론·반복귀론에서 '오키나와인'의 시니피에가 다시 쓰여졌다. 여기에서 분절화의 정치를 볼 수 있었다.

새롭게 정의된 '오키나와인'은 미군 기지라는 물리적 폭력을 부정하고, 오키나와의 차별 역사를 바탕으로 세워진 '저항의 주체', '역사적 주체'였다. 그리고 폭력과 차별을 부정하면 할수록 자유, 평등, 평화, 공생, 민주주의 등의 보편적 가치에 공명하는, 형식적·상징성이 높은 '시민 주체'로서의 성격을 띠고 있었다.

✦ 오키나완 스리피트

이 주체성을 띤 '오키나와인'은 1972년 일본 복귀 후, 오키나와·자립 담론과 국제성 담론에서 단련되어 갔다. 오키나와인으로서의 가치는 '열등감'에서 '자신감'과 '자부심'으로 변환되었다. 특히 주목하고 싶은 것은 오키나와 정신(오키나완 스피릿)으로 시민권을 얻고 있는 다섯 가지 키워드이다. 현외·해외의 우치난추를 포함하여 오키나와인에게 널리 공유되고 있는 '오키나와인다움'이라 불려온 것이다.

첫 번째는 '누치두타카라'(命どぅ宝, 생명이야말로 보물=인명 존중)이다. 오키나와 전투의 체험과 그 후의 토지 투쟁 등을 통해 배양되었다.

두 번째는 '유이마루'(ゆいまーる, 서로 돕기=공생)이다. 사탕수수 수확 작업, 모아이(模合)[120] 등의 상호부조, 또는 일상적인 복지

120 일종의 계(契)−역자주

정신에도 사용된다.

세 번째는 '지무구쿠루'(ちむぐくる, 간진肝心=배려하는 마음)이다. 사람에 대한 친절한 마음을 의미하며, 인권 사상으로도 이어진다.

네 번째는 '이차리바초데이'(いちゃりばちょーでー, 만나면 모두 형제)이다. 사람과 사람의 마음의 벽이 허물어진(마음의 배리어프리적인) 인간관계이다. 타인에 대한 관용의 정신으로 연결된다.

다섯 번째는 '조상 숭배'이다. 조상 덕분에 우리의 생명과 생활이 있다는 관념이 담겨 있으며, 조상을 소중히 여기는 것이 우리의 행복으로 이어진다고 믿어진다. 민간 신앙으로 정착해 있다. '조상－우리－자손'이라는 오키나와인의 초시간적 관계를 만들어, 자손을 소중히 여기는 마음으로도 연결된다. 세대를 초월한 공생의 정신이다.

세계의 우치난추를 취재하며 하와이, 미국 본토, 브라질, 아르헨티나를 방문한 경험이 있는데, 각각 먼 지역임에도 "오키나와인의 아이덴티티란 무엇인가?"라고 물으면, 이 다섯 단어는 신기하게도 모두가 입을 모아 대답하는 단어들이다. 이러한 정신성은 오키나와의 노래와 산신三線, 춤, 문학 등의 예술 작품, 지역 신문과 텔레비전, 영화 등의 표상 · 담론에서 매일 사용되며, '오키나와다움'으로서 매일 생산되고 있다. 오키나와의 일본 복귀 후, 그 생산성 · 확산성은 줄어들지 않고 오히려 활발해지고 있는 것처럼 보인다.

✦ 대화와 교류의 중재자

이러한 단어들은 각각 설명한 바와 같이 생명, 공생, 인권, 관용과 같은 보편적 가치와 공명하는 의미를 가진다. 세련洗練되어 남아 있고, 지금도 오키나와의 정신으로서 유포되고 있는 것은 복귀론·반복귀론에서 보인 '토착으로 향하는 인터내셔널리즘'이라는 사고방식이 미군 기지의 폭력을 부정하는 것과 함께 오키나와에서 일반화되고 정착된 결과라고 생각할 수도 있다. 복귀론·반복귀론이 그 토대를 만들었다고 할 수 있다. 이것이 본서의 결론 중 하나이다.

오키나와인의 아이덴티티는 자유, 평등, 평화, 공생 등의 보편적 가치와 공명하는 형식성·상징성이 높은 '시민 주체'의 성격을 띠고 있다고 말했다. 이는 타인과 가치관을 공유할 수 있는 가능성을 더욱 크게 지니고 있다. 상징성·형식성이 높다는 것은 쉽게 말하면 그릇이 크다는 것이다. 오키나와인은 오키나와 전투, 미군 기지 투쟁, 그리고 미국 통치하에서의 자치권이나 생활권 등의 권리 획득 투쟁의 체험을 통해, 시민성 원리를 추구하는 주체성을 스스로 길러왔다.

오키나와의 아이덴티티에 대한 질문이나 폭력을 부정해 온 경험은 보편적 가치의 실현을 향해 타인과 교섭할 수 있는 소양을 연마해 온 것이다. 오키나와의 반기지 운동이 '비폭력'을 고수해 온 것으로도 뒷받침된다.

그 상징성·형식성이 높은 주체를 길러온 특성은 야마토인, 아시아 여러 나라 사람들, 미국인을 포함한 대화·교류의 조정자 역할에 적합한 자질을 가지고 있다고 생각된다. 동아시아의 평화와 공생의 실현을 향해 나라나 사회의 벽을 넘은 많은 사람들에게 대화와 교류를 통해 영향력을 미치는, 동아시아와 세계의 가교역할을 맡는 것이다. 시민 주체는 시민성 원리의 실현을 목표로 더 크게 외부를 향해 교섭과 대화를 하는 지평을 여는 힘이 될 수 있다.

5. 오키나와의 자기결정권과 탈식민주의

✦ 국가의 도구로 이용되어 온 역사

현재 오키나와현 나고시名護市 헤노코辺野古 앞바다에 미군 신기지 건설을 둘러싸고 건설을 강행하는 일본 정부와 건설 포기를 목표로 하는 오키나와현이 치열한 법정 싸움을 벌이고 있다. 왜 이렇게까지 대립이 깊어졌는가. 그것은 '미일 동맹'과 그 아래의 안보 정책을 '국익' 또는 '공익'으로 간주하며 오키나와의 민의를 들을 필요가 없다고 생각하는 일본 정부와, 자기결정권이 무시되어 온 오키나와의 역사를 바탕으로 미래를 개척하려는 오키나와의 각오에 따른 행동이 격렬하게 충돌하고 있기 때문이다. 달리 말하면 일본의 식민주의와 오키나와의 자기결정권에 대한 주장이 날카롭게 대립하고 있는 것이다. 그 상징이 헤노코 문제라고 할 수 있다.

식민주의란 쉽게 말해 '국익'이나 '공익'의 이름 아래 특정 지역을 도구처럼 취급하는 것이다. 이에 대해 오키나와가 자기결정권을 주장하는 배경에는 '국익'이나 '공익'의 이름 아래 오키나와가 계속해서 국가의 도구로 이용되어 온 역사가 있다.

1879년 메이지 정부가 군대와 경찰을 동반하여 강행한 폭력적인 병합('류큐 처분')으로 일본은 오키나와를 영토로 편입했다. 그 발상에는 오키나와를 국방의 '요새'로 삼고, 일본 본토의 방파제로 삼음과 동시에 국토 확장의 희생양으로 삼는다는 생각이 있었다.

약 500년 동안 이어진 류큐 왕국은 소멸했고, 류큐인은 토지와 주권을 빼앗겼다.

1880년에는 일본과 청(중국)이 류큐 제도를 분할하는 조약에 합의하기에 이르렀다. 조인되지는 않았지만 일본이 서구 열강과 같은 지위와 중국 시장에서 이익을 얻기 위해 류큐의 미야코 · 야에야마 제도를 중국에 양도하는 내용이었다.

1945년 아시아 · 태평양 전쟁의 오키나와 전투에서 오키나와는 본토 결전을 위한 시간 벌기 용도로 '버려진 돌'이 되었다. 주민들도 진지 구축 작업과 전투에 동원되어 약 10만 명이 희생되었다.

1952년 발효된 샌프란시스코 강화조약에서는 일본의 독립과 맞바꾸어 오키나와는 미국의 통치하에 놓였고, 반공 방어를 위한 '침몰하지 않는 항공모함'으로서 군사 요새화되었다. 인권보다 군사 우선의 무국적 상태에 놓였다.

1972년의 미일에 의한 오키나와 반환 협정에서는 오키나와 사람들이 바라는 '기지가 없는 평화로운 섬'은 무시되고 광대한 미군 기지가 남았다. '미일 동맹'이라는 '국익'이나 '공익'의 이름 아래 동아시아의 '군사 요충지'가 되어 오늘에 이른다.

일본은 전후의 '독립' 이후 일관되게 미일 동맹을 '국익' · '공익'으로 삼아 '기지의 섬 오키나와'를 미국에 대한 일종의 '공물'로 바쳐왔다.

✦ 자기결정권이란

그러한 식민주의로부터의 탈피를 목표로 하는 개념으로 최근 오키나와에서 자주 외치는 것이 자기결정권이다.

자기결정권이란 일반적으로 '자신의 삶이나 생활에 대해 자유롭게 결정할 권리'를 말한다. 개인의 권리 측면도 있지만 국제법인 국제인권규약(사회권규약, 자유권규약)에서 집단의 인권으로도 규정되어 있다. 이 규약이 유엔에서 채택된 것은 냉전 시대인 1966년. 사회주의 국가들의 인권 가치관을 반영한 것이 사회권규약(A규약)이고, 자유주의 국가들의 그것이 자유권규약(B규약)인데, 두 규약 모두 제1부 제1조, 즉 제1장 제1절에 놓여 있다. 이는 이데올로기와 관계없이 인권 중에서 가장 중요한 권리로 자리매김하고 있다는 것을 의미한다.

원문은 "All peoples have the right of self-determination." 일본어로 번역하면 "全ての人民は、自己決定権を有する(모든 인민은 자기결정권을 가진다)"로, 주어는 '제인민(諸人民)', 즉 집단의 권리이다. 집단의 자기결정권이 무시되면 그 집단의 구성원인 개개인의 인권이 침해될 우려가 매우 높다고 여겨지기 때문에 인권 중에서 가장 중요하게 여겨지고 있다.

오키나와에 비유하자면 오키나와의 사람들=집단은 미군 기지의 정리 축소나 철거 등을 요구하며 그것을 "자기결정하고 싶다."고 목소리를 높이고 있다. 그러나 그것이 더디게 진행되고 무시되는 상태가 계속되면서, 예를 들어 여성의 강간 사건 등 미군 관련 사건·사고가 잇따르며 오키나와 주민 개개인의 인권이 침해되고 있다고 할 수 있다.

국제법학자인 아베 히로미阿部浩己 가나가와대학神奈川大学 교수에 따르면, 이 자기결정권은 이제 국제법의 기본 원칙 중 하나가 되었으며, 어떠한 일탈도 허용하지 않는 '강행 규범'으로 파악하는 견해도 있다.

자기결정권은 두 가지 권리로 구성된다. 하나는 자신의 운명에 관련된 중앙정부의 의사 결정 과정에 참여할 수 있는 권리(내적 자결권)이다. 또 하나는 그것이 심각하게 손상되었을 경우 독립을 주장할 수 있는 권리(외적 자결권)이다.

오키나와가 현재 직면하고 있는 나고시 헤노코 신기지 건설 문제에 대해서 말해보자면, 외교와 방위에 관해서는 국가의 '전권 사항'으로 간주되고 있기 때문에 국가는 그 입장을 이용하여 건설을 강행하고 있다. 그러나 그 기지 건설 자체가 오키나와 주민의 운명을 크게 좌우하는 것이라고 오키나와 주민이 인식하고 있기 때문에 그 의사 결정 과정에 오키나와 주민의 민의를 반영하라는 주장이 자기결정권의 행사 요청이다.

✦ '하나의 민족, 하나의 국가'의 한계

지금까지 오키나와가 주장해온 자치권이나 전국적으로 외쳐지고 있는 지방 분권론 등, 이러한 틀이나 사고방식으로는 좀처럼 돌파구를 찾기 어려운 상태가 오키나와에서는 계속되고 있다. 복귀론・반복귀론이 '일본 복귀의 좌절'을 묻고 복귀 후 자립론으로 이어진 과정은 오키나와 전후부터 이어진 사회 운동, 즉 권리 획득 투쟁의 역사이기도 하다.

운동이나 정치의 장 등에서 끊임없이 외쳐온 자치권 획득은 복귀 후 이 정부의 '전권 사항'의 벽에 부딪혀 진퇴양난에 빠지게 되었다. 이 벽을 돌파하는 개념으로 국제법에서 가장 고귀한 인권으로 규정된 자기결정권에 호소하는 단계까지 오키나와는 이르렀다.

이렇게 보면 오키나와의 자기결정권 주장은 복귀 운동부터 1970년 전후의 복귀론·반복귀론, 그 후의 자립론, 미군 기지를 둘러싼 자치권·인권 투쟁 등의 권리 획득 투쟁의 연장선상, 그 하나의 도달점으로 위치지을 수 있다. 참고로 일본에서 '자기결정권'은 종종 '민족자결권'으로 번역된다. 그러나 원문의 주어는 앞서 언급한 '제 인민들'(peoples)로, '민족'(nation)이나 '소수민족'(ethnic group)과 같은 혈연이나 문화적 동일성을 떠올리게 하는, 이른바 '민족'이 아니다. 그 배경에는 이 권리가 제국주의 또는 식민주의적 지배하에 종속 상태에 놓여 있던 사람들을 해방하는, 즉 독립할 권리와 동의어였던 역사가 있다.

아베 씨에 따르면 그 독립은 하나의 민족=하나의 국가라는 '민족국가'로 이해되었다. 즉, 자결의 주체는 민족(nation)이었다. 민족 자결이라는 말은 서구 열강에 의한 제국·식민주의에 대한 이의 제기라는 시대적 배경이 있어서 사용되었다. 그러나 그렇게 독립한 여러 나라도 또한 국내의 여러 민족·여러 집단에 대해 억압적인 정책을 수행했다. 아베 씨는 이렇게 지적한다.

"자결권의 중요성이 국제법상 명확히 되는 한편, 기존 국가의 분열을 허용하는 것은 국제 질서의 근간을 뒤흔드는 것으로 무너뜨릴 수 없다. 그래서 자결권은 내적 자결을 원칙으로 하고, 예외적인 경우에만 독립의 가능성을 남기는 규범 내용이 된 것이 현 상황이다. 그리고 국제 사회에서는 하나의 민족=하나의 국가라는 생각이 완전히 과거의 것이 되어, 자결권의 주체에 대해서도 이것을 '민족'(nation)이 아니라, '인민'(peoples)로 자리매김하고, 주관적·객관적인 요소를 통해 그 존재를 가늠하고 있다."

그런 점에서 오키나와를 포함한 일본이 하나의 국가이며, 민족으로서의 기본권을 가진다는 생각이 당연하게 제기되고 있다. "하나의 민족=하나의 국가라는 민족자결권을 지탱하던 인식의 발로이며, 그 배후에는 '일본은 단일 민족'이라는 심층 의식도 동시에 엿볼 수 있다."고 지적하고 있다.

✦ 권리 행사 방법

그러면 오키나와 사람들은 과연 국제법에서 말하는 '집단의 자기결정권'을 행사할 주체가 될 수 있는가? 국제법에서 규정하는 '인민'에 대한 일의적一義的 정의는 없다. 그러나 민족적 정체성, 공통의 역사적 전통, 문화적 동질성, 언어적 일체성, 영토적 결속 등 객관적인 조건과 그 집단의 자기 인식이 중요하게 여겨진다.

이에 비추어 보면 오키나와의 경우 객관적인 조건이나 자기 인식에서 부합하는 요소가 많다. 우치난추(오키나와인)라는 정체성(자기 인식)이 강하고, 미군 기지 집중이라는 차별적 상황, 류큐 왕국이라는 역사적 경험, 고유성이 강한 전통 예능과 관습, 시마쿠투바(류큐 제어諸語)라는 언어적 일체성, 류큐 제도라는 영토적 결속이 있다.

이 자기결정권의 행사를 둘러싸고 오키나와에서는 현재 크게 두 가지 생각이 존재한다. 하나는 이 국제법을 사용하여 오키나와인 또는 류큐인은 민족임을 주장하고, 자기 결정의 권리를 획득하려는 방법이다. 류큐민족독립종합연구학회琉球民族独立総合研究學會는 주로 이 입장에 서 있다. 오키나와 사람들을 선주민족으로 인정하고 있는 유엔에 호소하는 것도 주안점에 두고 있다.

또 하나는 이른바 스코틀랜드 방식으로 사회계약론을 기본으로 하고 있다. 구체적으로는 "우리는 자기결정권을 가지고 있다."고 권리 선언을 하고, 자주 헌법을 제정하여 주민 투표를 실시하는 등의 방법으로 자기결정권을 획득해 가는 방법이다. 그 과정에서 '민족'을 전면에 내세우지 않더라도 출신지와 관계없이 오키나와에 살고 있는 사람들이 권리자로서 (속지주의) 싸울 수 있다는 생각이다. 주로 시마부쿠로 준島袋純 류큐대학琉球大学 교수가 주장하고 있다.

어느 쪽도 장점과 단점이 있을 것이다. 민족 선언 방식은 '방언표(方言札)' 등을 통해 억압받아 온 류큐 제어를 보호하고 장려하여 오키나와의 풍부한 문화와 민족성을 회복하는 데 기여할 것이다. 권리 선언 방식은 야마토인, 우치난추 등 출신에 관계 없이 폭넓은 연대를 꾀할 수 있을 것이다.

✦ 오키나와인은 선주민족인가

한편, 오키나와인은 선주민족임을 전제로 한 자기결정권 논의도 있다.

국제연합 비정부기구(NGO)인 '류큐호琉球弧의 선주민족회'는 오키나와인/류큐인은 선주민족이며, 류큐 병합('류큐 처리')은 국제법에 비추어 보면 '불법'이라고 주장하며 선주민족으로서의 권리를 유엔에 호소해왔다. 그 결과 유엔은 2008년에 류큐 민족을 선주민족으로 공식 인정하고, 문화유산과 전통 생활양식을 보호・촉진할 것을 일본 정부에 권고했다.

그 후에도 2009년에 유네스코가 오키나와 고유의 민족성을 인정하고, 역사, 문화, 전통, 류큐어의 보호를 요구했다. 2010년에는 인종차별 철폐 위원회가 "오키나와에 대한 미군 기지의 불균형한 집중은 현대적인 형태의 인종차별이다."라고 인정하고, 일본 정부에 대해 오키나와 사람들의 권리 보호·촉진과 차별 감시를 위해 오키나와 대표자와 폭넓게 협의할 것을 권고했다. 그러나 일본 정부는 이러한 권고를 받아들이지 않고 있으며, 유엔은 그때마다 '우려'를 표명하고 있다.

선주민족이란 선주성, 문화적 독자성, 자기 인식, 피지배 등의 기준으로 정의되는 집단으로, 유엔은 2007년 '선주민족의 권리 선언'을 채택하여, 선주민족은 자기결정권을 가지며 그 행사에 있어서 자율 및 자치의 권리가 있다고 명확히 밝혔다. 세계의 선주민족에게 자기결정권의 내적 자결권은 권리 주장에 중요한 권리가 되고 있다.

국가는 선주민족에 영향을 미칠 가능성이 있는 법률이나 행정 조치를 채택·실시할 때는 "자유롭고, 사전의, 정보에 기초한 동의(Informed Consent)를 얻기 위해 대표 기관을 통해"(동 선언) 성실히 협의하고 협력해야 한다고 규정하고 있다. 이 규정에서 중요한 것은 토지와 영토, 자원에 관한 권리이다. 선주민족의 자유로운 동의 또는 요청이 있는 경우를 제외하고는 선주민족의 토지 또는 영토에서 군사 활동을 해서는 안 된다고 명확히 규정하고 있다.

규정에 의하면 국가가 군사 활동을 위해 토지를 사용하는 경우 선주민족과 사전에 정책 결정에의 효과적 참여와 협의를 의무화하고 있다. 이는 국가 권력의 행사를 제한하고, 설명 책임을 요구하며, 소수자의 목소리를 존중할 기회를 보장하는 것을 의미한다.

✦ 유엔과 다른 일본 정부의 역사 인식

종래에는 그 참여와 협의는 선주민족의 동의를 의미하지 않았다. 그러나 '선주민족의 권리 선언'은 "자유롭고, 사전의, 정보에 기초한 동의를 얻는다."고 한 걸음 더 나아갔다. 즉, 선주민족의 동의를 얻지 않으면 선주민족의 토지에서 군사 활동을 해서는 안 된다. 만약 오키나와인/류큐인이 선주민족이라면 그러한 동의를 얻지 않은 채 토지를 접수하여 미군 기지로 사용하는 상태는 '권리 선언'이라는 국제 조약에 위반되는 것이다.

일본 정부는 오키나와의 사람들을 선주민족으로 인정하지 않는 공식 견해를 보여왔다. 유엔과 역사 인식이 다르기 때문이다. 그것은 1879년의 류큐 병합('류큐 처리')까지 류큐 왕국이 독립 왕국으로 존재했는지에 대한 평가와 깊이 관련되어 있다. 유엔이 규정하는 '선주민족'은 타인에 의해 토지를 빼앗긴, 원래 그 땅에 살고 있던 사람들을 지칭한다. 혈통이나 언어 등의 인종이나 민족적 동일성이나 차이도 지표가 되지만, 가장 중요한 포인트는 그 땅이 원래 누구의 것이었는가 하는 '토지의 권리'이다.

유엔이 오키나와의 사람들을 '선주 민족'으로 인정한 것은, ① 류큐 왕국이 1850년대에 미국, 프랑스, 네덜란드와 수교 조약을 맺어 국제법상의 주체=주권 국가로서 존재하고 있었다는 것, ② 1879년에 일본에 의해 병합되어 오키나와 현이 설치되었다는 것, ③ 그후 일본에 지배받고 차별의 대상이 되었다는 것-주로 이 세 가지를 사실로 인정했기 때문이다.

한편, 일본 정부 측은 류큐 왕국이 국제법상의 주체로서 독립 국가였는지에 대해 "'류큐 왕국'을 둘러싼 당시의 상황이 반드시 명확하지 않아서 확정적인 것을 말하기 어렵다."는, 판단을 피하는 견해를 반복해왔다. 즉, 공식적으로는 류큐 왕국의 존재를 확정적인 것으로 인정하지 않고 있다.

다만, 정부의 견해에 있는 것처럼 일본의 선주민족은 "아이누의 사람들 외에는 없다."는 것이라면 적어도 1879년 이전에 류큐인은 존재하지 않았고, 류큐 왕국의 국민은 일본인이었다는 것이 된다. 류큐 왕국의 존재를 인정하는 경우 선주민족론에 가장 중요한 근거를 제공하게 되므로 판단을 피하고 있다고 보여진다. 정부가 오키나와의 사람들을 선주민족으로 인정하면 미군 기지 문제 등 그동안의 오키나와 정책에서 많은 '불공정'을 시정하지 않을 수 없게 될 것이다.

✦ 식민지 해소법

류큐민족독립종합연구학회는 2013년 5월 15일에 발족했다. 약 100명이었던 초기 회원은 현재 300명 이상으로 늘어났다. 20대 전반에서 80대까지 다양한 직업을 가진 사람들이 독립 실현까지의 과정과 경제, 법 제도, 역사 등을 다루는 20가지 주제에 따라 부회별로 연구를 거듭하고 있다. 미국과 브라질 등 해외에도 회원이 있다.

오키나와의 독립을 목표로 하는 조직의 활동이 이토록 활발해진 것은 전후에 전례 없는 움직임이다. 술자리에서 야마토에 대한 불만을 입에 담으며 오키나와의 독립을 논하는 '이자카야 독립론'은 자주 언급되어왔지만 새롭게 발족한 학회는 30대에서 50대의 연구자를 공동 대표로 내세워 본격적인 논의를 진행하고 있다.

학회가 목표로 하는 것은 자유, 평등, 평화 등의 이념을 기반으로 한 '류큐연방공화국'의 창설이며, 주권 회복을 통해 오키나와를 일미의 식민지에서 해방시키는 것이다. 아마미奄美, 오키나와, 미야코宮古, 야에야마八重山의 각 제도諸島가 주가 되어 대등한 관계로 류큐국에 참여한다. 각 섬과 고향의 정체성이 류큐인의 기반이며 각지의 자기결정권을 중시한다. 류큐의 수도뿐만 아니라 각 주가 의회, 정부, 법원을 갖추고, 헌법을 제정하여 독자적인 법과 세금, 사회보장 제도를 확립하고, 그 아래에 시정촌을 둔다.

안보에 대해서는 "군대의 존재는 공격의 표적이 된다."며 비무장 중립을 유지하고, 동아시아의 평화를 만드는 국제기관의 설치도 목표로 한다.

한편, 일본 본토 측에서도 오키나와의 자기결정권을 존중하면서 식민자라는 입장에서 자신을 해방하려는 운동이 시작되고 있다. 그것은 본토에 오키나와의 기지를 받아들이려는 운동으로, 오사카, 후쿠오카, 니가타, 나가사키, 도쿄의 다섯 곳에서 모임이 발족되었다. 이 운동의 발상은 미군 기지를 두는 근거가 되는 미일 안보조약에 국민의 대다수가 찬성하고 있음에도 불구하고 그 위험을 초래하는 미군 기지를 오키나와에 집중시키는 것은 차별이라는 것이다. 오키나와의 역사를 바탕으로 식민자였던 일본인이 식민자 및 차별자의 입장에서 해방되기 위해서는 우선 오키나와의 기지를 본토로 받아들여야 한다는 생각이다.

대표적인 제안자인 도쿄대학 대학원의 다카하시 데쓰야高橋哲哉 교수는 오키나와 측에서 발신된 미군 기지의 '현외 이전' 주장에 맞서 오키나와의 기지를 받아들이는 운동에 참여하고 있다. 그의 저서 『오키나와의 미군 기지－현외 이전을 생각하다』(集英社新書)에서 이렇게 기록하고 있다.

"'일본인'은 오키나와의 미군 기지를 '거둬들여야' 한다. 정치적·군사적·경제적 등의 힘을 행사하여 오키나와를 자기 이익을 위해 이용하고 희생시켜 온 역사를 끊기 위해서. 그리고 오키나와 사람들과 차별하는 쪽과 차별받는 쪽의 관계가 아니라, 평등한 인간으로서 관계를 다시 맺기 위해서"[121]

✦ 포지셔널리티

이러한 운동을 지지하는 개념이, 차별하는 자와 차별받는 자가 대등한 관계가 되는 것을 목표로 하는 '포지셔널리티'이다. 이 개념은 일반적으로 '어떤 사회 집단이나 사회적 속성이 가져오는 이해관계의 정치적 위치성'이라는 의미로 사용되지만, 이케다 미도리池田緑 오쓰마여자대학大妻女子大學 준교수准教授는 이렇게 재정의하고 있다.

"자신이 속한 집단에 관련된 이해관계에 의해 개인이 지는 정치적 책임의 양태를 지칭하는 개념"[122]

기지를 오키나와에 집중시킴으로써 얻어지는 이익을 본토 일본인 전원이 누리고 있는 이상, 그 결과 발생하는 오키나와의 피해 등의 책임은 본토 일본인 각자에게 존재한다는 생각이다. 본토 일본인 중에도 오키나와의 기지에 반대하는 사람이 있지만 그런 사람

---

121 같은 책, 「머리말」.

122 池田緑「ポジショナリティ・ポリティクス序説」慶應義塾大学法学研究会『法學研究』vol.89 No.2.

도 그 이익을 누리고 있는 이상 결과 책임을 피할 수는 없다. 이케다는 이렇게 지적한다.

"포지셔널리티의 문제 제기는 차별 해소, 여성 해방, 기지 문제 해결에 대한 결과 책임이 물어지고 있는 것이며, 비록 그 개인의 의사에 반하더라도 누리게 되는 이익의 정당성에 대한 의문이 표명되고 있는 것에 불과하다."[123]

히로시마 슈도대학修道大学의 노무라 히로야野村浩也 교수는 오키나와의 미군 기지 문제에 대한 일본인의 포지셔널리티에 대해 이렇게 말하고 있다.

"일본인은 일본인임을 그만둘 수 없다. 한편, 식민자임을 그만두는 것은 가능하고, 권력을 내려놓는 것도 가능하다. 일본인임을 그만둘 수 없는 것은 그것이 일본인의 정체성이기 때문이다. 한편, 식민자임을 그만둘 수 있는 것은 그것이 일본인의 정체성이 아니기 때문이다. 이러한 현실에서 도출된 것이 포지셔널리티라는 개념이다. ……포지셔널리티는 기본적으로 정체성과 관계가 없다. "상대가 백인이기 때문에 쏘는 것이 아니라, 상대 백인이 저지른 행위 때문에 그를 쏜다."라고 말한 말콤 X의 발언이 그 이유이다. 일본인은 그/그녀 자신이 저지르고 있는 식민주의라는 행위 때문에 비판받는 것이지, 일본인임 자체가 문제가 되는 것은 아니다."[124]

이 포지셔널리티 개념을 통해 정체성 개념으로는 다룰 수 없는 영역을 문제화할 수 있다. 그것은 간단히 말해 집단 간의 이해관계

123 앞의 책.

124 野村浩也『無意識の植民地主義—日本人の米軍基地と沖縄人』御茶の水書房.

나 차별・피차별 관계에서 파생되는 정치적 책임이다. 본서에서는 이 점에 대해 깊은 논의는 할 수 없지만 일본인과 오키나와인 간의 관계를 역사와 현재의 시점에서 파악할 때는 매우 중요한 개념이다. 억압의 역사부터 현재까지 오키나와에 대한 책임을 야마토인들이 져야 한다는 것을 시각화하는 것이다.

오키나와 전투 등에 대한 전쟁 책임을 묻는 논의는 이전부터 있었지만 이러한 포지셔널리티나 식민주의에 대한 책임을 묻는 논의는 일본 전체적으로는 매우 약한 인상을 준다. 그로 인해 많은 본토 일본인은 오키나와의 미군 기지 문제에 대한 당사자 의식을 결정적으로 결여하고 있다.

6. 복귀 45년, 현재의 오키나와

✦ 오키나와에 대한 혐오

필자는 2016년 3월 초순 류큐신보琉球新報 도쿄 지사에 4월부터 부임하기 위해 방을 구하려고 오키나와에서 상경했다. 교통의 편리성 등 조건이 좋은 물건을 찾아 바로 입주를 신청했으나, 다음날 부동산 중개업자로부터 전화를 받고 이렇게 전해 들었다. "집주인이 "류큐신보에는 빌려주지 않겠다."고 말했습니다." 설명에 따르면 '집주인은 우익 성향'이라고 한다. 곧 떠오른 것은 오키나와 신문 2사에 대한 보도 압력이었다.

자민당 본부에서 열린 자민당 젊은 의원들에 의한 공부 모임에서 국회의원으로부터 류큐신보와 오키나와 타임스의 보도에 대한 압력을 제기하는 발언이 있었고, 이에 대한 답변으로 작가 햐쿠타 나오키百田尚樹 씨가 "오키나와의 두 신문은 없애야 한다."고 발언한 문제다. 아마도 집주인은 압력을 가하는 쪽에 공감했을 것이라 생각했다.

최근 군사 기지에 부정적인 오키나와의 사람들이 헤이트스피치와 헤이트크라임의 표적이 되고 있다. 미군 기지에 비판적인 류큐신보도 그중 하나다. 2013년 오키나와에서 '건백서'를 가지고 상경한 현의회와 시정촌 대표자들은 거리에서 '매국노' 등의 비난을 받았다. 헤노코에서는 텐트 파괴 등도 발생하고 있다. 서점에는 '나라를 위해 기지 부담을 참아라'라는 취지의 '오키나와 혐오 서적'이 널려있다. "오키나와를 다시 본토 방어의 도구로 삼고 싶은 것인가?"라는 생각조차 든다.

오키나와에 대한 공격은 세계적으로 가시화되고 있는 배외주의와 국가주의의 대두와 동일한 흐름으로 보인다. 지금까지 잠재화되어 있던 오키나와에 대한 차별 의식이 분출하기 시작한 것으로 볼 수 있다.

미군 기지 집중이라는 기존의 물리적 차별에 배외주의와 인종차별 등의 차별이 더해져 오키나와를 덮치고 있다. 이중의 차별에 노출되고 있는 것이다.

오키나와에서는 반대 운동을 무릅쓰고 타카에高江에 헬리패드가 건설되고 헤노코에서는 신기지 건설이 강행되고 있다. 센카쿠 열도에서는 자위대의 배치가 강화되고 있다. 정부가 말하는 오키나와의 '부담 경감'은 실제로는 최신 무기와 군함에 대응한, 즉 기지의 재개발이며 기지 기능의 강화다.

미 해병대 · 후텐마普天間 비행장에 배속된 오스프레이

오키나와의 기지를 반환할 때는 반드시 '대체 시설'을 오키나와 현내에 신설하는 것을 조건으로 한다. 미군 후텐마 비행장의 '대체 시설'로 간주되는 나고시 헤노코의 기지에는 후텐마 비행장에는 없는 군항 시설과 탄약고가 정비되었다. 이 최신형 강습 상륙함이 접안 가능한 군항은 최신예 강습양육함強襲揚陸艦이 접안할 수 있다.

✦ 공범 관계

최신형 군용기인 오스프레이는 결함이 지적되고 있다. 현민의 반대를 무릅쓰고 후텐마 비행장에 강행 배치된 24대 중 이미 2대가 추락 사고를 일으켰다(2017년 9월 현재). 첫 번째는 나고시에서, 두 번째는 호주에서 발생했다. 오스프레이는 이에지마伊江島 보조 비행장을 비롯해 오키나와 본토 내의 오스프레이 대응 헬리패드

69곳에서 격렬한 훈련을 반복하고 있다. 후텐마에서 헤노코까지의 직선거리는 불과 36km이다. 이전한다고 해서 오키나와 본토와 주변 섬들의 안전성이 정말로 높아질 것인가에 대한 의문이 남는다. 정부의 '부담 경감'에는 의문이 끊이지 않는다. 진정한 부담 경감이란 후텐마 비행장의 무조건 반환이다.

오히려 내구 연수가 100년, 200년인 기지가 헤노코에 신설되면 오키나와는 반영구적으로 '기지 섬'이 된다. 평시에는 사건·사고로 인해 인권 침해와 자연 파괴에 시달리고, 유사시에는 표적 또는 방파제가 되어 목숨이 빼앗긴다. 오키나와 전투를 잊지 못하게 하는 그런 상태가 영속되는 것이다. 멀리 미래까지 오키나와를 국방의 도구로 만드는 것, 그것이야말로 식민지주의이다. 오키나와의 민의를 무시하고 강행되고 있는 헤노코 신기지 건설은 바로 그 상징이라고 할 수 있다.

'부담 경감'의 실제 내용은 기지 기능의 강화이며, 그에 대해 현민이 분노와 공포를 느끼고 있는 '본질'을 본토의 많은 정치가나 주요 언론은 널리 국민에게 알리거나 해결하려고 하지 않는다. 오히려 묵살하거나 문제를 축소하거나 은폐하고 있다.

다카에의 헬리패드 건설에 반대하는 시민에게 기동대원이 발언한 '도진土人' 발언을 옹호하는 정치가가 있거나, 내각이 '도진'을 차별 표현이 아니라고 각의 결정한 것도 그 예다. 그것들은 식민지주의 그 자체이다. 많은 언론이 그것에 가담하고 있는 것처럼 보인다. "오키나와는 기지가 없으면 먹고살 수 없다."고 진지하게 믿고 있는 본토 언론 기자도 아직 존재한다.

"오키나와 진흥 예산 3,000억 엔을 순증純增으로 받고 있다.", "기지 반대 운동에 참여하는 시민은 일당을 받고 있다." 등의 유언비어도 공공 전파를 통해 텔레비전에서 흘러나오고 있다. 이러한 유언비어, 오해, 편견을 방치하거나 오히려 보강함으로써 많은 정치가와 언론은 식민지주의와 '공범 관계'에 있다.

✦ 안보관의 차이

많은 정치가와 언론의 태도에 일관되어 있는 것은 '일미 관계', '일미 동맹' 지상주의이다. 일본의 안전 보장을 고려하는 데 그것들이 '국익' 또는 '공익'이라는 인식이 있기 때문에 그 시점에서 보면 "일미 관계를 손상시킨다."고 여겨지는 오키나와의 기지 반대 운동은 장애물로 보인다. 오키나와를 혐오의 표적으로 삼는 사람들은 기지 반대자에게 '국적', '반일', '테러리스트' 등의 낙인을 찍어 국가에 대한 반역자인 것처럼 이미지를 만들어내고 있다.

많은 본토 언론도 '일미 동맹' 지상주의는 다르지 않아 오키나와의 기지 반대 운동에 대한 태도는 극히 차갑다. 이 경향은 북한이 미사일 실험을 하면 할수록 증폭된다. "일본을 지키기 위해 미군 기지는 필요하다. 오키나와를 너무 배려하지 말라."는 논조이다. 이러한 언설이 유포됨으로써 일본인의 식민자 · 차별자로서의 포지셔널리티는 은폐되고 많은 일본인이 오키나와에 대한 책임을 외면하는 결과를 초래하고 있다.

안보의 위험과 모순이 집중되는 오키나와에서는 이러한 본토 일본인의 차가움이 전달된다. "자신들은 아프지도 가렵지도 않은 곳에 있어서 오키나와의 아픔을 모른다.", "오키나와에 떠넘기면 지금까지처럼 평화를 누릴 수 있다.". 많은 본토 일본인은 그렇게 생각하는 것일까.

참고로 2016년 4월에 오키나와에서 발생한 전 해병대원에 의한 여성 폭행 살해 사건을 계기로 한 류큐신보와 오키나와 TV의 여론 조사에서는 일미안보조약을 '평화우호조약으로 개정해야 한다'가 가장 많아 42%에 달했다. '파기해야 한다'는 19%로 두 번째로 많았다. 다음으로 '다자간 안보 조약으로 개정해야 한다'는 17%였고, 현재의 일미안보조약을 '유지해야 한다'는 겨우 12%에 불과했다.

교도통신共同通信의 전국 여론조사 등에서는 일미안보조약과 일미동맹에 대해 '유지'와 '강화'의 합계가 80%를 넘는다.

평화우호조약과 안보조약의 차이는 외국 군대를 둘지 말지. 기지를 떠안고 있는 오키나와에서는 현행 안보 조약을 중단하길 80%의 사람들이 절실히 바라고 있다. 이에 반해 본토에서는 오키나와에 기지를 집중시킨 채, 기지의 유지·강화를 90% 가까이 희망하고 있다. 본토와 오키나와는 안보에 대한 태도가 너무도 대조적이다.

일본이 일미안보조약을 체결했을 때 오키나와는 미국 통치하에 있었기 때문에 의사 결정에 참여하지 않았다. 그럼에도 불구하고 안보의 리스크라는 부정적인 책임을 계속 떠안고 있다. 이것을 식민지라는 표현 이외로 설명하기는 어렵다. 오키나와에 기지를 떠넘기고 그 이익을 누리고 있는 당사자인 본토 일본인의 책임은 무겁다.

✦ 오키나와와 본토의 간극

본토 측에서 오키나와의 미군 기지 문제는 어떻게 보일까? 도쿄에서 생활한 경험으로 말하자면, 북한이나 중국의 '위협'을 출발점으로 보느냐, 아니면 오키나와의 고난의 역사의 연장선상에 위치시키느냐에 따라 시각이 극단적으로 나뉜다. '위협'에서 보면 "미군 기지는 일본을 지켜주기 때문에 오키나와는 제멋대로 굴지 말라."가 된다. 역사적으로 보면 "더 이상의 부담은 지게 해서는 안 된다."는 시각이 된다.

다만, 본토 사람들은 대체로 오키나와의 역사에 대한 인식이 매우 약하다. 오키나와 전투는 수학여행에서 배운 정도의 사람들이 많고, 미국 통치하의 전후사에 대해서는 그 고난을 아는 사람이 극단적으로 적다. 여기에 본토와 오키나와의 큰 간극이 생기는 원인이 있다.

북한이나 중국의 '위협'의 관점에서 보는 의견이라도 오키나와 미군 기지의 대부분을 차지하는 주오키나와駐沖縄 해병대가 정말 억지력을 가지고 있는지, 유사시 방어 능력으로서 발휘될 수 있는지 등의 기본적인 지식이나 논의가 매우 부족하다. 이것이 오키나와와의 간극을 깊게 만드는 원인 중 하나이다.

이러한 상황에서 앞서 언급한 오키나와에 대한 편견·오해·혐오가 만연하고 있어 사태는 매우 심각하다. 오키나와에 대한 일본의 식민지주의가 조장되는 환경이 조성되고 있다. 일본인이 자기 이미지를 정당화하기 위해 자신들의 편의에 맞는 오키나와 이미지를 일방적으로 만들어내는 시선은 현대의 오리엔탈리즘적 양상을 띠고 있다. 이는 "오키나와 사람들이 두 종류의 지역 신문에 조작당하고 있다."는 식의 경멸적 관점, 즉 자신이 판단할 능력이 없거나 돈을 위해 기지 반대를 외치며 '생떼를 쓰고 있다'는 시각 등, 수

많은 차별적 언설에 단적으로 드러난다.

한편 일본 정부와 일부 언론은 예를 들어 미군기 사고가 발생해 원인 규명 전에 비행을 강행하더라도 미국을 비판하지 않고 추인하며, '일미 관계 중시'라는 이름 아래 미국 추종의 논조를 펴고 있다. 그 논조는 권력측이 발신하는 언설이나 태도가 오키나와의 민의를 무시하거나 왜곡하는 것을 정당화하는 근거를 제공하고, 결과적으로 오키나와에 대한 편견이나 오해, 혐오에 '정당성'을 부여하고 있다. 이로 인해 대다수 국민이 그것을 믿고 있는 상태이다. 식민지주의의 부정적 악순환이 증폭되고 있다.

✦ 사람, 돈, 꿈

"대체 오키나와에서 무슨 일이 일어나고 있는 것입니까?" 많은 본토 언론이 오키나와에서 일어나고 있는 일의 '본질'을 전하지 않기 때문에 도쿄에 부임한 후 강연에 초대받는 기회가 늘었다. 그때마다 오키나와의 역사를 가능한 한 이해한 후 현재의 기지 문제를 바라보도록 반드시 강조하고 있다. 또한 본토에서 오키나와를 바라보는 시각을 단련하기 위해 세 가지 키워드를 제시하고 있다. '사람, 돈, 꿈(비전)'이다.

'사람'은 인권 의식과 감각을 철저히 연마하는 것이다. 그 시점에서 오키나와의 문제를 바라보면 안전 보장 문제와는 다른 '인권 문제' 또는 '생명'의 문제가 보인다. 일본은 선진국 중에서도 인권 후진국으로 여겨지는 경향이 있다. 다시 한번 가정이나 학교 등에서 인권 교육을 철저히 하고, 미디어를 포함한 사회 전체에서 인권 의식을 높여가면서 오키나와에 눈을 돌려 일어나고 있는 일의 심각성을 공감해주길 바란다.

혐오 문제에서도 인권 의식은 중요하다. 혐오 발언이나 혐오 범죄는 우선 사람에게 상처를 입힌다. 혐오를 하는 사람만의 문제가 아니라, 그것을 방치하고 있는 사람들과 사회도 문제다. 2060년에 일본의 인구는 8,000만 명대로 감소하고, 더욱 초고령화 사회를 맞이한다. 일본의 경제나 사회 서비스 수준을 유지하기 위해서는 이민자에 의존할 수밖에 없다는 논의도 있다. 외국에서 이주해 온 사람들에 대한 혐오가 있어서는 아무도 일본에 오고 싶어 하지 않을 것이다. 그런 의미에서 혐오는 자녀와 손자들이 책임져야 할 미래를 망치는 행위라고 할 수 있다.

'돈'은 주로 국가의 방위 예산을 가리킨다. 육상 자위대가 미국에서 오스프리 17대를 약 3,500억 엔에 구매할 계획이 있다는데, 오스프리 한 대는 80억 엔에서 100억 엔이 시세로 알려져 있다. 시세보다 2배 이상 비싼 가격에 구매하는 것이다. 결함이 있다고 지적되는 기체에 그렇게 많은 돈을 쓰는 것이 과연 이득일까. 사회 보장 비용의 재원을 마련할 방도가 없어서 소비세를 8%로 올리고, 다시 10%로 올리려는 상황이다. 한편, 연간 방위 예산은 5조 2,000억 엔에 달하며 한도 없이 증가하고 있다. 거기에 메스를 대고 철저히 검증하는 '시민의 눈'을 길러야 한다.

앞으로 북한이나 중국의 '위협'으로 인해 고가의 미사일을 미국에서 구매하는 것도 예상된다. '억지력'이란 미명하에 군비 경쟁에 나설 여유가 이 나라의 재정에 과연 있는지 의문을 제기하며 군비 경쟁에 제동을 거는 것도 중요하다. 외교력을 높임으로써 이를 보완할 수는 없는지 묻고 싶다. 군비 경쟁은 적대감을 높여 분쟁이나 전쟁의 요인이 되기 쉽다. 핵 개발에 열을 올리는 북한을 보면 애초에 핵의 '억지력'이 기능하고 있는지 의문이다. 오히려 핵에 대응하는 미사일을 가지는 것이 긴장과 위기를 고조시키지 않을까.

'꿈(비전)'은 바로 그 외교 비전을 의미한다. 일미 관계도 중요하지만, 한편으로는 아시아와 협력하는 틀을 만드는 것도 중요하다. 아베 정권은 사실상의 중국 포위망인 TPP(환태평양 파트너십 협정) 체결에 열심이다. 외교를 봐도 중국 · 북한 적대 정책처럼 보여 관계는 좋지 않다. 지금까지의 정권과 비교해서 상당히 '일미 관계 중시', 실질적으로는 대미 종속에 치우쳐 있는 느낌을 지울 수 없다.

✦ '평화'의 주체

근년 ASEAN 10개국에 일본, 중국, 한국을 더한 ASEAN+3을 축으로 한 '동아시아 경제권', '동아시아 공동체' 구상이 제창되었다. 인구는 약 20억 명에 달하고, EU의 약 4.4배, 경제 규모는 EU를 웃돈다. 이것이 실현되면 세계의 경제 · 세력의 중심이 서양에서 동양으로 이동할 것으로 보인다.

만약 실현된다면 오키나와는 그 중심지가 되어 지금까지의 '군사의 요석要石'에서 벗어날 수 있다는 논의가 있다. 아시아의 공생, 물류 등의 경제, 사람, 문화의 교류라는 '평화의 요석'으로서의 역할을 할 수 있다는 것이다. 군사력을 높인 '억지력'에 의한 '평화'가 아니라, 대화와 교류, 외교에 의해 쌓아 올리는 '평화'의 주체이다. 후자의 '평화'를 강화함으로써 동아시아에서 군사력의 역할을 작게 만드는 환경을 조성할 수 있다면 오키나와에 있는 기지의 필요성을 줄일 수 있다.

그렇게 되면 군사 기지에서 파생되는 전쟁에 대한 두려움과 일상의 기지 피해로부터 오키나와 사람들이 해방될 뿐만 아니라, 현재 관계 악화가 우려되는 한중일 국민들에게도 EU처럼 더 평화롭고 군축으로 이어지는 양호한 관계를 구축할 수 있을 것이다. 여기에 북한을 어떻게 관여시킬 것인가라는 발상이 중요하다.

이민 배척이나 인종차별, 배외주의 등은 내향적인 성향이 온상이다. '자국 우선'도 그러한 것과 연결되기 쉽다. 다른 나라나 타자와의 공생을 그리는 비전이나 꿈이야말로 지금 일본 전체에 가장 필요한 것이 아닐까.

오키나와에서는 시민 단체나 간담회 등에서 오키나와의 미래상에 대해 기존 헌법의 틀 내에서 자치권 확대를 목표로 하는 방안이나, 도주제道州制를 염두에 둔 오키나와 자치주 외에도 연방제안, 국가연합안, 독립론도 논의되어 왔다 (자세한 내용은 저서 『오키나와의 자기결정권』을 참조하기 바란다). 이 모든 것에 공통되는 점은 '아시아의 평화를 담당하는 가교 역할'을 오키나와가 맡고 싶다는 것이다.

오키나와현의 오키나와 진흥 지침 '오키나와 21세기 비전'은 오키나와를 '아시아의 교두보'로 자리매김하고 있다. 진흥 기본 방침도 "오키나와는 아시아·태평양 지역의 관문으로서 큰 잠재력을 지니고 있으며, 일본에 펼쳐지는 프론티어 중 하나가 되고 있다."고 표방하며, 잠재력을 이끌어내는 것이 "일본 재생의 원동력이 될 수 있다."고 강조하고 있다. 오키나와는 아시아의 가교가 되어 자신만이 아니라 일본이나 다른 아시아 국가들의 발전을 담당할 수 있다는 것이다. 그것은 복귀론·반복귀론이 제기한 이후 활발해진 자립론이 다져온 방향성이다.

일본은 지금 역사 교과서와 야스쿠니 신사 참배 문제, '종군위안부' 문제 등 역사 인식 문제나, 센카쿠 및 다케시마 등의 영토 분쟁의 불씨를 안고 있다.

오키나와에서 대화와 교류를 촉진할 수 있다면 오키나와뿐만 아니라 한일·중일을 비롯한 동아시아 전체의 평화 구축에도 유익하다. 오키나와에는 섬노래島唄나 산신三線, 춤 등 풍부한 예능과 다른 문화를 관용하는 참프루(혼합) 문화도 있다. 대화와 교류의 잠재적 가능성이 풍부하다. 오키나와가 아시아 여러 국가를 연결한다면, 먼저 다양한 문제의 해결의 장을 만드는 퍼포머로서의 자각과 기개를 키울 필요가 있다. 오키나와는 아시아뿐만 아니라 미국을 포함한 세계 여러 나라와 사람들의 대화와 교류의 장이 될 자격을 가지고 있다. 그것이 이 책에서 가장 강조하고 싶은 점이다.

왜냐하면 오키나와는 평화와 평등, 공생, 민주주의 등의 보편적 가치와 공명하는 아이덴티티를 길러왔기 때문이다. 오키나와의 근대사, 전후사를 거슬러 올라가면서 선인들이 걸어온 현재와 이어지는 권리 획득 투쟁의 연속성에서 우치난추의 아이덴티티를 풀어낸 것은 그 자격을 명확히 하고 싶었기 때문이다.

그 아이덴티티에 기반한 주체성을 발휘하여 퍼포머가 되기 위해서는 자기결정권이 열쇠를 쥔다. 오랜 세월 동안 '군사의 요충지'였던 오키나와가 생존하고 번영을 이루기 위해서는 자기결정권을 확립하고 행사하여 스스로 미래를 개척하는 것 외에는 길이 없다.

전후 오키나와의 '일본 복귀' 관련 연표

1945	6 · 22	오키나와 전투에서 일본군의 조직적인 전투 종료
	8 · 15	일본, 무조건 항복
1946	1 · 29	GHQ 각서에 의해 북위 29도선 이남의 남서 제도의 행정 구분 분리
	4 · 11	오키나와 민정부 (오키나와 중앙정부) 발족
1947	5 · 3	일본국 헌법 시행
	9 · 20	'천황의 오키나와 메시지' 미국 국무부에 전달
1949	5 · 6	트루먼 미 대통령, 오키나와 기지의 유지 · 강화책을 제안한 국가안전보장 보고서 승인
1950	6.26	한국전쟁 시작
1951	3 · 18	사회대중, 인민 양당, 각각의 당 대회에서 일본 복귀 운동의 추진을 결의
	3 · 19	오키나와 군도 회의, 일본 복귀 요청을 결의
	4 · 29	일본 복귀 촉진 기성회 결성. 유권자의 50% 서명을 6월까지 모음
	8 · 28~29	히라 다쓰오平良辰雄 지사와 군도 의회, 일본과 미국에 일본 복귀 요청을 타전
	9 · 8	샌프란시스코 강화 조약 · 일미 안보 조약 서명
1952	4 · 1	류큐 정부 발족
	4 · 28	센프란시스코 강화 조약 · 일미 안보 조약 발효
	11 · 1	미군 정부, 군용지의 임대 계약 방법, 기간, 지료를 정한 포고령 109호 '계약권'을 공포 군용지 문제 표면화
1953	4 · 3	미군 정부, 새롭게 필요한 포고령 109호 '토지 수용령'을 공포
	7 · 15	이에지마 토지 투쟁 시작
	12 · 25	아마미 군도 반환

1954	1 · 7	아이젠하워 미 대통령, 일반 교서에서 오키나와의 무기한 보유를 선언
	3 · 17	미군 정부, '지대 일괄 지급' 방침 발표
	4 · 30	류큐 입법원, '군용지 처리에 관한 청원' (토지를 지키는 네 가지 원칙)을 전원 일치로 가결
	10 · 6	인민당 사건, 세나가 가메지로瀨長亀次郞로 씨 등 체포
1955	1 · 17	아사히 신문, 특집 기사 '미군의 '오키나와 민정'을 파헤치다' 게재 (아사히 보도)
	1 · 17	아이젠하워 미 대통령, 오키나와의 무기한 보유를 재확인
	3 · 4	입법부, '일괄 지급 반대' 결의. 토지를 지키는 네 가지 원칙을 전원 일치로 확인
	5 · 23	군용지 문제 협상을 위해 류큐 정부 대표 미국 방문
	9 · 3	이시카와시石川市에서 '유미코 양 사건由美子ちゃん事件' 발생
	10 · 13	M. 프라이스를 위원장으로 하는 조사단이 오키나와 방문
1956	1 · 16	아이젠하워 미 대통령, 다시 오키나와의 무기한 보유를 강조
	6 · 5	프라이스 조사단, 보고서의 요지를 발표
	6 · 14	입법부, 행정부, 시 · 정 · 촌 회, 군용지 연합회 4단체의 협의회가 '프라이스 권고 저지 · 영토 권리 사수 · 철의 단결' 등을 결의, 총사직의 결의 표명 합의
	6 · 20	군용지 4원칙 관철 주민 대회. '섬 전체 토지 투쟁島ぐるみ土地闘争' 시작
	6 · 28	미군 정부, 토지 문제로 류큐 정부 당국이 총사직하면 직접 통치도 사양하지 않겠다고 선언
	7 · 28	4원칙 관철 현민 대회. 8만여 명이 참가
	8 · 8	오키나와 본섬 중부 전역에 미군 출입 금지
	12 · 25	세나가 카메지로瀨長亀次郞 인민당 서기장, 나하 시장에 당선
	12 · 28	미군 정부, 세나가 씨 당선에 대한 보복 조치로 나하시 자금 동결
1957	6 · 5	고등판무관 제도 실시
	6 · 21	기시岸-아이젠하워 공동 성명 발표
1958	4 · 18	나이키 기지 군사 완성
	9 · 11	후지야마藤山-달레스 회담에서 안보 조약 개정에 합의
1959	1 · 12	'지대 일괄 지급' 폐지
	6 · 30	이시카와시(현 우루마시うるま市) 미야모리 초등학교宮森小学校에 미군 제트기 추락, 사망자 17명

1960	4·28	오키나와 현 조국 복귀 협의회(복귀협) 결성
	5·6	미 하원, 오키나와 미사일 메이스 B 기지 건설을 승인, 입법부는 5월 19일에 건설 반대를 결의
	6·19	아이젠하워 미 대통령, 오키나와 방문
	6·20	일본 국회, 신안보조약을 강행 통과
1961	1·19	케네디 미 대통령, 일반 교서 연설에서 '극동의 긴장이 계속되는 한, 오키나와의 기지와 시정권을 보유한다'고 확인
	2·21	1961년 4월: 입법부, 일본 국회에의 참여 요청을 결의
	12·7	오키나와 본섬 구시카와마을具志川村(현 우루마시의 민가에 미군 제트기 추락. 2명 사망
1962	1·18	케네디 미 대통령, 다시 오키나와의 시정권 보유를 선언
	2·1	입법부, 유엔의 식민지 해방 선언을 인용하여 복귀 요청을 전원 일치로 결의(2월 1일 결의)
	3·10	쿠바 위기
	3·19	케네디 미 대통령, '오키나와는 일본의 일부'라고 성명
	12·20	가데나嘉手納, 야라屋良에서 미군 수송기 추락. 7명 사망
1963	3·5	캐러웨이 고등판무관, 금문 클럽에서 '오키나와의 자치는 신화'라고 연설 캐러웨이에 의한 '직접 통치' 강화 (캐러웨이 선풍)
	4·28	조국 복귀 현민 총결기 대회에 2만여 명 참가. 29도선에서 첫 해상 대회
1964	6·10	입법부, 주석 공선·자치권 확대 요청을 결의
	6·26	주석 공선, 자치권 획득 현민 대회. 약 4만 명 참가
1965	1·13	사토-존슨 공동 성명에서 미일 양국은 오키나와 기지가 극동의 안전에 중요하다고 확인
	2·7	미국, 북베트남 폭격(북폭) 시작
	4·9	오키나와 주둔 미군의 베트남 분쟁 개입 항의 현민 대회
	4·28	전후 최대의 복귀 현민 대회 개최
	6·11	요미탄무라読谷村에서 미군 트레일러가 하늘에서 떨어져, 초등학생이 사망
	7·28	B52 미 폭격기가 태풍 피난을 구실로 괌에서 가데나로 날아와, 베트남으로 이동
	7·30	입법부, 베트남 전쟁에 대해 "전쟁 행위의 즉시 중지를 요청하는 결의"를 전원 일치로 채택

1965	8 · 16	모리森 총무장관, 오키나와의 교육권 분리 반환 구상을 제기
	8 · 19	사토 에이사쿠佐藤栄作 총리, 오키나와 방문. “오키나와의 복귀 없이는 일본의 전후는 끝나지 않는다.”라고 발언
1966	11 · 9	존슨 주일 미 대사, 교육권 반환은 어렵다고 표명
1967	1 · 19	사토 총리, 교육권 반환을 부정
	2 · 1	시모다 외무차관, 오키나와의 ‘핵 포함 반환’을 제기
	2 · 3	앵거 고등판무관, “기지의 보유는 복귀를 방해하지 않는다.”라고 성명
	2 · 24	‘교공敎公 2법’ 저지 투쟁. 교직원의 반대로 실실 폐안
	3 · 21	B52가 오키나와에 도착
	3 · 28	복귀협, 안보 폐기, 핵기지 철거, 미군기지 반대 운동 방침을 결정
1968	2 · 1	앵거 고등판무관, 입법부에서 주석 공선 실시를 발표
	2 · 5	B52가 재도착, 이후 주둔
	10 · 9	일미, 오키나와의 국정 참여에 합의
	11 · 10	첫 행정주석 공선에서 야라 조뵤屋良朝苗 씨 당선
	11 · 19	가데나 기지에서 B52 추락 사고
1969	1 · 24	제너럴 스트라이크를 향한 총결기 대회
	2 · 4	2.4 제너럴 스트라이크 중지
	3 · 22	복귀협, 기지 철거 방침을 결정
	7 · 18	월스트리트 저널이 ‘오키나와 기지에서 VX 신경가스 누출 사고 발생’을 보도, 미국방부는 이를 인정
	11 · 21	사토-닉슨 회담에서 오키나와의 1972년 반환 합의
	12 · 4	미군, 기지 직원 2400명 대량 해고를 통보
1970	1 · 14	채프먼 미 해병대 사령관, 오키나와의 해병대 기지는 반영구적으로 유지된다고 언급
	6 · 8	야라 주석屋良主席, 시정방침 연설에서 안보 반대를 표명
	6 · 22	안보 폐기 · 기지 철거 요구 현민 총결기 대회
	6 · 30	오키나와 미 공군, 핵 미사일 메이스 B 철거 완료 발표
	11 · 15	국정 참여 선거
	12 · 20	고자 소동. 미군 차량 80대 이상을 방화
1971	1 · 13	독가스 이송 시작
	1 · 20	채프먼 미 해병대 최고사령관, “오키나와 기지는 복귀 후에도 자유롭게 사용”이라고 명언

1971	5 · 19	제너럴 스트라이크 단행, 10만 명 참가. 야라 주석, 오키나와 반환 협정 서명식 참석을 거부
	6 · 17	오키나와 반환 협정, 미일에서 동시에 서명. 전국 약 300곳에서 수십만 명이 참가해 반대 시위. 체포자 850명
	11 · 17	야라 주석, '복귀 조치에 관한 건의서'(야라 건의서)를 가지고 상경
1972	1 · 8	사토-닉슨 회담에서 오키나와 반환을 5월 15일로 결정
	4 · 17	일본 정부, 국방 회의에서 오키나와에 자위대 배치를 공식 결정
	5 · 15	오키나와 반환. 반환 기념식과 함께 오키나와 처분 항의 현민 총결기 대회도 개최 야라 조뵤 씨, 초대 현지사에 취임 통화 교환, 달러에서 엔으로
	6 · 25	지사 선거 · 현의회 의원 선거. 지사에 야라 치로나오 씨 당선
1973	1 · 11	닉슨 대통령, 북베트남에 대한 전투 전면 중지 명령
	1 · 27	베트남 전쟁 종결을 위한 평화 협정 서명
1975	7 · 20	오키나와 국제 해양 박람회가 시작
1976	6.25	다이라 고이치平良幸市 씨, 현지사에 취임
1978	7 · 30	차량은 오른쪽에서 왼쪽으로, 교통 방법 변경
	12 · 13	니시메 준지西銘順治 씨, 현지사에 취임
1990	8 · 23	제1회 세계 우치난추 대회 개최
	12 · 10	오타 마사히데大田昌秀 씨, 현지사에 취임
1992	11 · 2	슈리성首里城 정전 등이 복원되어, 슈리성공원이 개원
1995	6 · 23	'평화의 기념비' 건설
	9 · 4	미 해병대원 3인에 의한 소녀 폭행 사건 발생
	10 · 21	소녀 폭행 사건에 항의하는 현민 대회에 주최자 발표로 8만 5천 명이 결집
	12 · 7	정부가 대리 서명 소송을 제기. 오타 지사를 고소
1996	4 · 12	미일이 후텐마普天間 비행장의 반환에 합의
	9 · 8	기지의 정리 · 축소와 지위 협정의 재검토 여부를 묻는 현민 투표 실시. 89%가 찬성
1998	12 · 10	이나미네 케이이치稲嶺恵一 씨, 현지사에 취임
2000	7 · 21	규슈 · 오키나와 서밋 개최

2003	5 · 16	일본 · 태평양 제도 포럼 정상 회의(통칭: 태평양 · 섬 서밋)가 처음으로 오키나와에서 열림
2004	8 · 13	오키나와 국제대학교에 미군 헬기 추락
2006	12 · 10	나카이마 히로카즈仲井真弘多 씨, 현지사에 취임
2007	9 · 29	교과서 검정 의견 철회를 요구하는 현민 대회에 약 11만 명(주최자 발표)이 참가
2012	9 · 9	오스프리 배치에 반대하는 현민 대회에 약 10만 명이 참가
	9 · 11	일본이 센카쿠 제도를 국유화
2013	12 · 27	나카이마 히로카즈 지사가 미군 후텐마 비행장의 나고시 헤노코 이전을 위한 매립을 승인
2014	12 · 10	오나가 다케시翁長雄志 씨, 현지사에 취임
2015	12 · 25	오나가 지사, 미군 후텐마 비행장의 헤노코 이전에 따른 매립 승인 취소 처분의 효력 정지 결정을 철회하기 위해 국토교통상을 고소
2016	4 · 28	전 해병대원이 우루마시의 여성을 강간하고 살해한 후 시체를 유기하는 사건 발생
	12 · 13	미군 후텐마 비행장 소속 오스프리, 나고시名護市 아부 해안에서 추락
2017	8 · 5	미군 후텐마 비행장 소속 오스프리, 호주에서 추락
	10 · 11	미군 후텐마 비행장 소속 헬기, 히가시촌 타카에에 불시착하여 불탐

【참고문헌】－편저자명 오십음도순

【あ行】

▽ 新川明『新南島風土記』大阪書房、「本土と沖縄—平和意識の基礎」『世界』No.408、「『非国民』の思想と論理」谷川健一編『沖縄の思想』木耳社、「沖縄民衆史への試み」『「異族」と天皇の国家』二月社、『反国家の兇区』現代評論社

▽ 新川明・新崎盛暉「対談沖縄にとって〈復帰〉とは何だったか」『世界』475号

▽ 新崎盛暉「沖縄闘争—その歴史と展望」『情況』情況出版、「復帰運動とその周辺」『世界』275号、「反復帰論」1989年3月7日付夕刊『沖縄タイムス』、本土戦後史における沖縄認識」日本平和学会編『沖縄—平和と自立の展望』早稲田大学出版部、『戦後沖縄史』日本評論社、「沖縄返還論の現実と運動の原理」『世界』264号、『基地のない世界を一戦後50年と日米安保』凱風社、「思想としての沖縄」『現代の眼』、「沖縄は反安保の砦」『現代の眼』、『沖縄・世替わりの渦中で』毎日新聞社、新崎他編『沖縄自立への挑戦』社会思想社

▽ 池田緑「ポジショナリティ・ポリティクス序説」慶應義塾大学法学研究会『法學研究』vol.89、No.2

▽ 石原昌家「沖縄戦の全体像解明に関する研究Ⅰ、Ⅱ」沖縄国際大学『文学部紀要』、「収容所からの出発」『浦添市史第七巻資料編6』浦添市、「沖縄戦—民衆の眼差しから」『世界』475号、「戦後沖縄の土地闘争」沖縄国際大学『文学部紀要』1-1、「沖縄人出稼ぎ移住者の生活史とアイデンティティの確立」沖縄国際大学『文学部紀要』10-1、「戦後沖縄の土地闘争」沖縄国際大学『文学部紀要』1-1

▽ 稲嶺恵一「国際交流と地域経済」『国際交流を考えるシンポジウム』沖縄県

▽ 伊波普猷「進化論より見たる沖縄の廃藩置県」『伊波普猷全集 第一巻』平凡社、伊波普猷物外忌記念講座『伊波普猷と近代の言論人』
▽ 井端正幸論文「サンフランシスコ体制と沖縄—基地問題の原点を考える」
▽ いれいたかし『沖縄人にとっての戦後』朝日新聞社
▽ E・サイード、板垣雄三他訳『オリエンタリズム』平凡社、杉田英明訳「アイデンティティ・否定・暴力」『みすず』341号
▽ E・バリバール、松葉祥一訳「市民主体」『批評空間』II-6、阿部文彦訳「市民権の新しい姿」『現代思想』23(12)、若森章孝他訳『人種・国民・階級—揺らぐアイデンティティー』大村書店、大西雅一郎訳「『ネオ・ラシズム』は存在するのか」『現代思想』21(9) 青土社
▽ E・ルナン、鵜飼哲訳「国民とは何か？」『批評空間』9号
▽ E・ホブスバウム、前川啓治他訳『創られた伝統』紀伊国屋書店
▽ 大城立裕「沖縄自立の思想」『現代の眼』、「沖縄問題と人権」『新沖縄文学』15号、「沖縄で日本人になること—こころの自伝風に」谷川健一編『わが沖縄』第一巻・木耳社、『同化と異化のはざまで』潮出版社、『内なる沖縄—その心と文化』読売新聞社、『ハーフタイム沖縄』ニライ社、『沖縄、晴れた日に』家の光協会、『休息のエネルギー』人間選書、大城・大野明男「対談 創造力の回復としての復帰」『現代の眼』
▽ 大城将保「沖縄—歴史と文学—同化志向から自立志向へ—」『歴史学研究』No.457、「戦時下の沖縄県政」沖縄県沖縄史料編集所『沖縄史料編集所紀要』第2号
▽ 大田昌秀『沖縄崩壊—「沖縄の心」の変容』ひるぎ社、『沖縄人とは何か』グリーンライフ、『沖縄の民衆意識』弘文堂、大田他座談会『世界』、『醜い日本人』サイマル出版、「沖縄と日本国憲法—『平和憲法』下への復帰は幻想か」『世界』、「沖縄に参政権を与えよ」『世界』、『拒絶する沖縄』サイマル出版、『沖縄のこころ』岩波新書
▽ 大野光明『沖縄闘争の時代1960/70』人文書院
▽ 岡本恵徳『現代沖縄の文学と思想』沖縄タイムス社
▽ 沖縄開発庁沖縄総合事務局『沖縄における東南アジア諸国との情報交流基礎調査報告書』
▽ 沖縄県『第三次沖縄振興開発計画の案』、知事公室国際交流課『国際交流

関連業務概要』、『平成8年度重点施策』、『国際交流を考えるシンポジウム』、『沖縄振興開発計画県事業計画(昭和49年～昭和51年度)』、『第2次沖縄振興開発計画総点検報告書—沖縄振興開発の現状と課題』、『第2次沖縄振興開発計画書』、『第2次沖縄振興開発計画総点検報告書』、『「平和の礎」建設基本計画書』、『基地返還アクションプログラム(素案)』、企画調整室『振興開発に関する資料』、知事公室『自立への新たな胎動』、『沖縄県史Ⅰ通史』

▽ 沖縄県祖国復帰協議会『沖縄県祖国復帰運動史』沖縄時事出版社、沖縄県祖国復帰闘争史編纂委員会『沖縄県祖国復帰闘争史　資料編』沖縄時事出版社

▽ 沖縄タイムス社「特集　反復帰論」『新沖縄文学』18・19号、「特集沖縄にこだわる—独立論の系譜」同53号、『沖縄と 年代—その思想的分析と展望』

▽ 沖縄労働経済研究所『復帰 年目の開発課題と展望』

▽ 小熊英二『単一民族神話の起源—〈日本人〉の自画像の系譜』新曜社

▽ 小倉利丸「『日本』的権力批判とフーコーの方法」『インパクション』53号

▽ 親泊寛信「日本軍のウチナーンチュ虐殺」『新沖縄文学』54号

【か行】

▽ G・スピバック、鈴木聡他訳『文化としての他者』紀伊国屋書店、清水和子他訳『ポスト植民地主義の思想』彩流社

▽ 嘉数啓「沖縄経済自立への道」『新沖縄文学』56号、「国際交流の現状と課題」同72号

▽ 鹿野政直『戦後沖縄の思想像』朝日新聞社、「周辺から 沖縄」歴史学研究会編『国民国家を問う』青木書店

▽ 我部政明「国際交流にみる差別と偏見」『新沖縄文学』72号、論文「沖縄占領と東アジア国際政治」、同「占領初期の沖縄における政軍関係」、同「戦後沖縄の政治」『日米関係のなかの沖縄』三一書房

▽ 我部政男『近代日本と沖縄』三一書房、『沖縄史科学の方法—近代日本の指標と周辺』新泉社

▽ 川村邦光『幻視する近代空間』青弓社

▽ 川満信一『沖縄・根からの問い—共生への渇望』泰流社、『沖縄・自立と共生の思想』海風社

▽ 姜尚中「『日本的オリエンタリズム』の現在—『国際化』に潜む歪み」『世界、「東洋の発見とオリエンタリズム」『現代思想』 青土社、『オリエンタリズムの彼方へ』岩波書店

▽ 儀間進「沖縄と本土との断絶感」『新沖縄文学』14号

▽ 儀間園子「明治30年代の風俗改良運動について」『史海』No.2、「明治期の沖縄教育界—本土出身教師と沖縄出身教師」『史海』No.1

▽ 金城正篤他「『沖縄歴史』研究の現状と問題点」新里恵二編『沖縄文化論集第一巻歴史編』平凡社

▽ 久場政彦「なぜ『沖縄方式』か」『中央公論』、「復帰＝国政参加と沖縄」『中央公論』

▽『国際法外交雑誌』54巻1-3合併号「特集 沖縄の地位」

▽ 国場幸太郎「沖縄の日本復帰運動と革新政党—民族意識形成の問題に寄せて」『思想』452号

▽ 米須興文「文化的視点からの日本復帰」谷川健一編『わが沖縄』第六巻・木耳社、『ピロメラのうた—情報化時代における沖縄のアイデンティティ』沖縄タイムス社

【さ行】

▽ 酒井直樹「ナショナリティと母(国)語の政治」酒井他編『ナショナリティの脱構築』柏書房、「他者性と文化—序にかえて」『思想の科学』No.125、「種的同一性と文化的差異—主体と基体をめぐって」『批評空間』Ⅱ-4、「種的同一性と文化的差異—主体と基体をめぐって②」『批評空間』Ⅱ-6、『死産される日本語・日本人』新曜社、「文化的差異の分析論と日本という内部性」『情況』、「天皇制と近代」日本史研究会編『日本史研究』361、「近代の批判：中絶した投企—ポストモダンの諸問題」『現代思想』臨時増刊号、「現代保守主義と知識人—『西洋への回帰』と人種主義をめぐって」『岩波講座現代思想5』岩波書店、「日本社会科学方法序説—日本思想という問題」『岩波講座社会科学の方3巻』岩波書店、「『東洋』の自立と大東亜共栄圏」『情況』

▽ 崎山政毅「文体に抗する『文体』—サバルタン研究の批判的再考のための覚書」『思想』866号

▽ 島尾敏雄「ヤポネシアと琉球弧」『沖縄文学全集第 巻』国書刊行会

▽ 霜多正次「沖縄と民族意識の問題」『文学』岩波書店

▽ 下地清順「心情的な返還ではなくあるべき日本に帰る」『新沖縄文学』14号

▽ 進藤榮一『分割された領土―もうひとつの戦後史』岩波書店、『敗戦の逆説』筑摩書房、『戦後の原像』岩波書店、進藤榮一・木村朗共編『沖縄自立と東アジア共同体』花伝社

▽ 関広延『沖縄人の幻想』三一書房

▽ 関本照夫他編『国民文化が生まれる時』リブロポート

▽ 徐京植「文化ということ」『思想』859号

【た行】

▽ 平良好利『戦後沖縄と米軍基地』法政大学出版局

▽ D・マクドネル、里麻静夫訳『ディスクールの理論』新曜社

▽ 平恒次「沖縄経済の基本的不均衡と自立の困難」『新沖縄文学』56号、『日本国改造試論』講談社、「人間、国家、ナショナリズム」『中央公論』、「『琉球人』は訴える」『中央公論』

▽ 高桑史子「民族学からみた沖縄研究の概観とその展望」『南島史学』第11号

▽ 高嶋伸欣「皇民化教育と沖縄戦」藤原彰『沖縄戦と天皇制』立風書房

▽ 高橋哲哉『記憶のエチカ―戦争・哲学・アウシュヴィッツ』岩波書店、『沖縄の米軍基地―県外移設を考える』集英社新書

▽ 高良倉吉「思想としての近代史像―『近代沖縄の歴史と民衆』に寄せて」『沖縄歴史論序説』、「『日琉同祖論』のねらい(向象賢)」『沖縄歴史物語』ひるぎ社

▽ 滝沢秀樹「怨と恨」『歴史学研究』574号

▽ 伊藤成彦他編『グラムシと現代』御茶の水書房

▽ 田中克彦『ことばと国家』岩波新書

▽ 谷川健一『わが沖縄方言論争』木耳社

▽ 知念ウシ『シランフーナーの暴力』未来社

▽ 辻内鏡人「脱『人種』言説のアポリア・エッセンシャリズムとポストコロニアルの相剋」『思想』No.854

▽ 渡名喜明「沖縄論の展開」『復帰20年記念沖縄研究国際シンポジウム―沖縄文化の源流を探る』文化印刷、「日本『本土』と沖縄の〈差異〉はどう解釈されたか」琉球大学教養部『復帰 年・沖縄の政治・社会変動と文化変容』

▽ 富永茂樹「後悔と近代世界」作田啓一他編『自尊と懐疑』筑摩書房
▽ 冨山一郎『近代日本社会と「沖縄人」』日本経済評論社、「ナショナリズム・モダニズム・コロニリズム—沖縄からの視点」駒井洋監修『日本社会と移民』明石書店、「忘却の共同体と戦場の記憶—『日本人』になるということ」日本寄せ場学会『寄せ場』6号、「戦場動員と戦場体験—沖縄戦の諸相」日本史研究会編『日本史研究』355号、「国民の誕生と『日本人種』」『思想』845号、「ミクロネシアの『日本人』—沖縄からの南洋移民をめぐって」『歴史評論』No.513号、「記憶の政治学」日本アジア・アフリカ作家会議『aala』95号、「戦場の記憶」『現代思想』23(2)、「戦場動員」『脈』44号、『戦場の記憶』日本経済評論社、「歌うこと、記憶すること、想起すること」『インパクション』89号、「対抗と遡行」『思想』866号、「レイシズムとレイプ」インパクト出版会『インパクション』
▽ 富山和夫「復帰の思想的系譜—同化論から反復帰論へ」国立国会図書館『沖縄復帰の基本問題—昭和 年度沖縄調査報告』
▽ 豊下楢彦『安保条約の成立—吉田外交と天皇外交』岩波新書、『昭和天皇・マッカーサー会見』岩 波現代文庫

【な行】

▽ 永井俊哉「フーコーにおける権力の弁証法」『思想と現代』35号・白石書店
▽ 仲宗根勇『沖縄少数派』三一書房、「日本国家による異族平定作業の裡に胎動する"沖縄自立"論」『現代の眼』
▽ 仲地博「自治の変容と課題」琉球大学教養学部『復帰 年・沖縄の政治・社会変動と文化変容』、「沖縄自立構想の系譜」『自治基本条例の比較的・理論的・実践的総合研究報告書 No.5』
▽ 仲地哲夫「沖縄における天皇制イデオロギーの形成・上・中・下」沖縄国際大学南島研究所『南島文化』8号
▽ 中野好夫編『戦後沖縄資料』日本評論社、中野・新崎盛暉『沖縄問題二十年』岩波新書、同『沖縄・70年前後』岩波新書
▽ 名嘉真三成「近代化と標準語教育—沖縄の場合」『国文学解釈と鑑賞』(7)
▽ 仲吉良光『沖縄祖国復帰運動記』沖縄タイムス社
▽ 那覇市『那覇市史 資料編2巻中の3』
▽ 西里喜行「祖国復帰運動史の総括と教訓—沖縄における70年代闘争の展望

のために」『歴史評論』第238号、「沖縄近現代史研究の現状と課題」『論集沖縄近代史—沖縄差別とは何か』沖縄学事出版
▽ 西原文雄「昭和十年代の沖縄における文化統制」沖縄県沖縄史料編集所『沖縄史料編集所紀要』創刊号
▽ 西原森茂「沖縄の復帰運動についての一視点」沖縄国際大学南島文化研究所『南島文化』5号、「復帰運動の変容と評価」沖縄国際大学南島文化研究所『シンポジウム、復帰—その評価をめぐって』
▽ 日本国際政治学会編『沖縄返還交渉の政治過程』有斐閣
▽ 野村浩也『無意識の植民地主義—日本人の米軍基地と沖縄人』御茶の水書房、「同化と異化」沖縄関係学研究会『沖縄関係学研究会論集』第2号、「沖縄人のエスニシティにおける二つの側面」『日本解放社会学会大会』
▽ 野村正起「沖縄県民を殺した日本軍将兵」『現代の眼』現代評論社

【は行】

▽ 鳩山友紀夫『脱大日本主義』平凡社新書
▽ 浜本満「文化相対主義の代価」『思想』No.627
▽ 林博史「『集団自決』の再検討—沖縄戦の中のもうひとつの住民像」『歴史評論』No.501
▽ 比嘉春潮「屈辱の歴史からの脱却」『世界』265号
▽ 比嘉幹郎「沖縄自治州構想論」『中央公論』、『沖縄—政治と政党』中公新書、「沖縄の復帰運動」『国際政治』52, 有斐閣
▽ 比嘉良彦「沖縄自立論序説—復帰論、反復帰論の変遷と自立論」『インパクション』17号
▽ 比屋根照夫『自由民権思想と沖縄』研文出版、比屋根他「土地闘争の意義」『国際政治』有斐閣、『近代沖縄の精神史』社会評論社、「復帰思想の形成—“島ぐるみ土地闘争”を中心に」琉球大学教養部『復帰20年・沖縄の政治・社会変動と文化変容』
▽ 深沢徹『オリエンタリズム幻想の中の沖縄』海風社
▽ 福井治弘「沖縄返還交渉—日本政府における決定過程」『国際政治』52, 有斐閣
▽ F・ファノン、海老坂武他訳『黒い皮膚・白い仮面』みすず書房、鈴木道彦他訳『地に呪われたる者』みすず書房

▽ B・アンダーソン、白石隆他訳『想像の共同体』リブロポート
▽ 外間守善「沖縄の主体性」『新沖縄文学』臨時増刊号、「沖縄における言語教育の歴史」『日本語の世界9』中央公論社
▽ H・ハルトゥーニアン、横山貞子訳「文化的同一性、歴史的差異、政治的実践」『思想の科学』No.125

【ま行】

▽ 真栄城守定「経済自立化―その回路と態度」『新沖縄文学』56号
▽ ましこひでのり「おきなわの地名・人名・のうつりかわりにみる社会変動論のこころみ」『史海』7号、「同化装置としての『国語』―近代琉球文化圏の標準語浸透における準拠集団変動・知識人・教育システム」『教育社会学研究第 集』、「ことばの政治性と近代化」『東京大学教育学部紀要』第29巻
▽ 三木健『ヤポネシア文化論』海風社、『沖縄脱和の時代』ニライ社、『沖縄返還交渉史』日本経済評論社
▽ M・フーコー、中村雄二郎訳『監獄の誕生―監視と処罰』新潮社、中村訳『言語表現の秩序』河出書房、田村俶訳『狂気の歴史』新潮社
▽ 宮城弘岩『「沖縄発」の時代』沖縄出版
▽ 宮里政玄「米民政府の沖縄統治政策―1964年~1969年」『国際政治』有斐閣、『日米関係と沖縄 1945~1972』岩波書店、『アメリカの沖縄政策』ニライ社、『アメリカは何故、沖縄を日本から切り離したか』沖縄市、『アメリカの沖縄統治』岩波書店、宮里編『戦後沖縄の政治と法』東京大学出版会

【や行】

▽ 安田浩「近代日本における『民族』観念の形成―国民・臣民・民族」『思想と現代』No.31
▽ 山崎カヲル「民族問題の再検討のために」『インパクション』
▽ 由井晶子「沖縄、女たちの決起と国際連帯の試み」『情況』
▽ 尹健次「異質との共存―民族的自覚へのひとつの回路」『思想』750、『民族幻想の蹉跌』岩波書店、「孤絶の歴史意識―『昭和』の終焉とアジア」『思想』786号、「植民地日本人の精神構造―『帝国意識』とは何か」『思想』778号
▽ 吉川公一郎編著『沖縄・本土復帰の幻想』三一書房

▽ 吉川博也『世紀沖縄の企業産業戦略―大交易時代の再来を』サザンプレス
▽ 吉田健正『「軍事植民地」沖縄』高文研

【ら行】

▽ R・レイン、阪本健二他訳『ひき裂かれた自己』みすず書房
▽ 琉球新報社・新垣毅編著『沖縄の自己決定権―その歴史的根拠と近未来の展望』高文研
▽ 歴史学研究会編『国民国家を問う』青木書店

후기

한 번은 오키나와현 밖으로 나가 살아보고 싶다는 꿈을 이룬 것은 나이가 들고 도쿄의 대학원에 합격했을 때였다. 대학원 동료에게 '오키나와 출신'이라고 자기소개를 하면 부러워했다. 당시에는 아무로 나미에와 스피드 같은 오키나와 출신 연예인들이 화려하게 활약하고 있었기 때문이다.

한편, 같은 대학원생 중 한 명에게는 이런 질문도 받았다. "오키나와 사람들은 바퀴벌레를 먹나요?" 느끼기에 악의는 없었다. 솔직히 질문한 것이다. 즉, 오키나와에 대한 지식을 가지고 있지 않은 사회학을 공부하는 대학원생이 있었다. 조금 충격적이었지만 별로 신경 쓰지 않고 "그렇지 않아요."라고 정중히 설명했다. 대면적인 인간관계에서 악의적인 차별은 사라졌다고 믿었기 때문이다.

그러나 오키나와를 강렬히 느끼고 차별을 깊이 생각할 수밖에 없는 사건이 발생했다. 1995년 9월의 미 해병대원 3인에 의한 소녀 폭행 사건이었다. 오키나와의 미디어뿐만 아니라 재경 미디어도 사건을 크게 다루고 '오키나와의 분노'를 보도했다. 오키나와현 밖 출신의 동료들로부터 오키나와의 현황이나 '분노'에 대해 자주 질문을 받았지만 쉽게 설명할 수 없었다. 미일 안보 등의 지식을 공부해도 자신이 갖고 있는 우치난추 의식에서 솟아오르는 '분노'와

'슬픔'을 표현할 수 없었다. 그런 자신을 깨달았다. 당시 배우고 있던 영국 발상의 문화연구에서 포스트콜로니얼리즘으로 이동하고, 이후 오키나와 문제를 주제로 석사 논문을 쓰기로 결심했다. 두 학문 모두 기호학과 담론 이론을 기반으로 하고 있었기에 이행이 쉬웠다.

하지만 오키나와 아이덴티티 문제에 몰두하는 학생 생활은 솔직히 힘들었다. 적절한 단어를 찾을 수 없었다. 어떤 학문의 개념으로도 우치난추로서의 의식과 감정을 완전히 표현할 수 없었다. 그런 내면의 혼란에 언어를 부여해 준 것은 복귀론이나 반복귀론을 주장한 지식인들이었다. 그들의 말은 내가 오키나와에 대해 쓰는 표현자로서 신문 기자가 되는 길로 나를 이끌어 주었다.

그로부터 몇 년이 흘렀다. 도쿄의 풍경은 확연히 달라졌다.

학생 시절에 살았을 때는 듣지 못했던 욕설이 귀에 들려온다. "바퀴벌레 같은 놈들 죽여버리겠다.", "국적 없는 놈", "조선으로 돌아가라", "오키나와로 돌아가라" – 길거리에서 들을 때마다 절망감에 사로잡힌다.

방 빌리기를 거부당하는 것부터 시작되었다. 텔레비전 방송의 공공 전파에서 기지 건설 현장에서 앉아 있는 오키나와의 할아버지나 할머니가 조롱당하거나, 정치인들이 오키나와에 대한 차별적인 표현을 사용하고, 그 표현이 용인되기도 한다 …… 지금 일본에서 무슨 일이 일어나고 있는 걸까. 몇 년 전과 무엇이 달라졌을까. 도쿄로 올라온 이래로 계속 그것을 생각해왔다.

나 나름의 하나의 답은 일본의 대미 자립정신의 고갈이다. '일미 동맹'이 '국체'가 되고, 그 강화와 함께 대미 종속이 심화된다. 그 '국체' 유지가 목적으로 변질되면서 정치, 경제, 군사적으로 미국과의 일체화가 진행된다. 미국식 글로벌리즘과 함께 불평등 확대를 초래하고 사회는 고통을 외치고 있다. 그 고통을 덮기 위해 '아름다운 나라 일본', '보통 국가 일본'이라는 구호가 유포된다. 패권을 다투는 대국을 목표로 자기 자존심을 유지하려면 '순수하고 진정한 일본인'을 형상화하기 위해 '비일본인' = '타자'를 만들어낼 필요가 있다. 그렇게 표적으로 삼은 '타자'를 배척하고 차별함으로써 일본인의 '자기애'를 증폭시키고 일본의 쇠퇴를 감추는 것이다.

이런 암세포처럼 만연한 분위기는 중국과 북한에 대한 적대 정책을 촉진하는 한편, 미국에 대한 달콤한 '기대'를 더욱 높여 점점 더 대미 종속을 심화시킨다. 그 분위기는 국내의 '비일본인'인 재일 한국·조선인이나 아이누 사람들, 오키나와 사람들의 타자화를 촉진한다. 끝없이 가속화되는 악순환이다. 북한이 미사일 실험을 할수록 그 분위기는 강해지고, 정치인, 미디어 인물, 지식인들이 일체가 되어 타자화의 메커니즘을 더욱 작동시킨다. 그 '타자' 중 하나로 만들어지고 있는 것이 미군 기지에 비판적인 오키나와 사람들이다. 타자를 공격하는 측에서 보면 혐오 발언 대책법의 보호 대상에서 제외된 오키나와 사람들은 좋은 표적일 것이다.

실제로 오키나와에 대한 혐오 발언과 혐오 범죄는 증가하고 있다. 이러한 오키나와에 대한 혐오와 타자화에 따른 무관심은 일본 정부가 오키나와 주민의 의사를 무시하고 다카에에 헬기 패드나 헤노코에 새로운 기지를 강행 건설하는 행위를 결과적으로 후원하는 셈이다.

조금이라도 이 분위기를 바꾸고 싶고 작게나마 돌파구를 찾고 싶다. 그런 강한 생각이 이 책을 출판하게 된 동기가 되었다. 기지 건설에 반대하는 오키나와 사람들이 편견과 차별, 혐오의 표적이 되고 있는 지금 '평화, '자립, '공생', '민주주의', '인권 보장' 등 보편적 가치를 강하게 희구하는 '우치난추'의 아이덴티티를 재확인하는 것이 필요하다고 생각했다. 특히 그 아이덴티티가 형성된 전후 오키나와의 경험을 전하는 것이 중요하다고 생각했다. 도쿄에 살면서 느낀 것은 본토 사람들은 오키나와 전투에 대해서는 어느 정도 지식이 있지만 전후 오키나와의 역사에 대해서는 전혀 모르는 경향이 있다는 것이다. 이 때문에 현재 왜 오키나와의 민의가 새로운 기지 건설에 강하게 반발하는지 이해를 방해하고 있다. 오키나와 전투라는 '점'과 현재의 기지 문제라는 '점'이 선으로 연결되지 않는다. 이것도 이 책을 집필한 이유 중 하나이다. 본토 사람들에게 전후 오키나와의 경험을 알리고 싶다는 마음이 있다.

지금의 일본을 '니혼마루日本丸'라는 배에 비유해보자. 역사의 흐름이라는 시간을 세로축으로 국제 사회라는 공간을 가로축으로 한 큰 좌표축을 가정해보자. '자유', '평등', '평화', '자립', '공생', '민주주의', '인권 보장' 등의 보편적 가치는 '나침반'이다. '우익'이나 '좌익'과 같은 이데올로기를 뛰어넘는 인류 보편의 항로이다. 그 좌표 속에서 니혼마루의 위치와 방향성을 파악했을 때 '나침반'이 가리키는 '목표'를 향해 올바른 길을 가고 있는 것인가. 선저에 구멍이 나서 물이 새고 있지 않은가. 미국이나 일본의 정권 중심부 등 권력에 대한 아부로 인해 '구멍'과 같은 불편한 진실이나 부조리를 감추고 있지 않은가.

보편적 가치와 모순되는 사건이나 부조리가 빈번히 일어나는 오키나와의 현장에서는 니혼마루의 항로의 위험성이나 선저의 '구멍'이 잘 보인다. 저항의 주체로서 전후에 형성된 보편적 가치를 추구하는 '우치난추'라는 아이덴티티는 니혼마루의 항로와 일본인의 '진정한 모습'을 비추는 거울이기도 하다. 아무리 꾸미려 해도 그 '진정한 모습'을 비춰버리는 것이 오키나와의 현상이다. '우익'이나 '좌익'과 같은 이데올로기로는 다 덮어버릴 수가 없다.

나는 다행히도 류큐신보사에서 2014년 2월부터 오키나와의 자기결정권을 주제로 한 캠페인 보도를 담당하게 되었고, 같은 해 6월에 책으로 출판할 수 있었다(琉球新報社・新垣毅編著『沖縄の自己決定権—その歴史的根拠と近未来の展望』高文研). 그 책에서 언급한 '류큐 처분'(류큐 병합)의 역사도 이번 책의 중심 테마인 전후사와 선으로 연결하고 싶었다. 그래서 이번 책 제목에 '속 오키나와의 자기결정권続 沖縄の自己決定権'을 붙인 이유이다. 전작도 함께 읽어 주신다면 오키나와의 오랜 차별 역사와 자기결정권에 대한 이해를 더욱 깊게 하실 수 있을 것이다.

이 책은 제가 1996년도에 호세이대학法政大学 대학원에 제출한 석사논문「오키나와에서의 내셔널리티의 역사적 형성-'조국 복귀' 논의를 중심으로沖縄におけるナショナリティの歴史的形成—「祖国復帰」論議を中心に」를 수정・삭제・가필하고 최근의 동향과 생각을 더해 완성한 것이다. 학설의 리뷰는 생략하고 학술적 서술 등은 논지에서 벗어나지 않는 범위에서 최대한 줄여 이해하기 쉬운 표현으로 바꾸었지만,

부족한 점이 많다고 생각한다. 이는 전적으로 내 역량 부족에서 비롯된 것이니 널리 양해해 주시기 바란다.

칼럼은 류큐신보 지면에서 2015년에 연재한 '미래를 여는 자기결정권-전후 70년 차별을 끊다未来築く自己決定権—戦後70年 差別を断つ'의 내 집필 부분에서 발췌했다. 현장에서의 기자 활동이라는 귀중한 경험은 자기결정권 캠페인 보도에 이어, 이 책을 집필하는 데 큰 밑거름이 되었습니다. 그 경험을 허락해주신 류큐신문사에 진심으로 감사드립니다.

또한 이번 출판에 있어서도 고분켄高文研의 도움을 받았다. 고분켄의 야마모토 구니히코山本邦彦 씨에게는 많은 조언과 지도를 받았다. 깊이 감사드린다.

또한 2017년 6월에 이 책에 많이 등장한 전 오키나와 현지사 오타 마사히데大田昌秀 씨가 별세하셨다. 그것도 졸저를 세상에 내놓겠다는 의지를 더욱 굳게 만들었다. 오타 씨에게는 취재에서 많은 도움을 받았다. 고인의 명복을 빕니다.

이 책에 등장하는 다른 지식인들을 포함한 아이덴티티 표명인 '우치난추'는 보편적 가치 추구의 상징이다. 오키나와 사람들에 의해 그 '혼'이 앞으로 몇십 년, 몇백 년이라도 이어지기를 바란다.

2017년 10월

아라카키 쓰요시新垣毅

저 자 약 력

아라카키 쓰요시(新垣 毅)

오키나와현 나하시 출신. 류큐대학 졸업 후 호세이대학(法政大学) 대학원에서 사회학 석사학위를 취득했다. 류큐신보(琉球新報) 논설위원, 정치부장. 2015년 오키나와의 자기결정권을 묻는 일련의 보도로 제15회 '이시바시 단잔(石橋湛山) 기념 와세다 저널리즘 대상을 수상. 저서로는『沖縄の自己決定権－その歴史的根拠と近未来の展望』(高文研). 『これが民主主義か? 辺野古新基地に"NO"の理由』(影書房) 등 다수가 있다

옮긴이 약력

박용구 한국외국어대학교 융합일본지역학부 교수
김경옥 한국외국어대학교 일본연구소 학술연구교수
김경희 국립순천대학교 일본어일본문화학과 교수
오성숙 한국외국어대학교 일본연구소 전임연구원
이권희 단국대학교 교양학부 초빙교수
김동규 한국외국어대학교 일본언어문화학부 교수

이 저서는 2022년 대한민국 교육부와 한국연구재단의 지원을 받아 수행된 연구임.(NRF-2022S1A5C2A02092312)

續 오키나와의 자기결정권
오키나와의 아이덴티티
'우치난추'란 누구인가

초판인쇄 2025년 01월 16일
초판발행 2025년 01월 24일

저　　자 아라카키 쓰요시
옮 긴 이 박용구 · 김경옥 · 김경희 · 오성숙 · 이권희 · 김동규
발 행 인 윤석현
발 행 처 제이앤씨
책임편집 최인노
등록번호 제7-220호

우편주소 서울시 도봉구 우이천로 353 성주빌딩
대표전화 02) 992 / 3253
전　　송 02) 991 / 1285
홈페이지 http://jncbms.co.kr
전자우편 jncbook@hanmail.net

ISBN 979-11-5917-249-6 93300　　　　정가 20,000원